하나님이 주신 복과
우리의 복된 삶

혜강문집 · 23

하나님이 주신 복과 우리의 복된 삶

김남식 지음

도서출판 베다니

Blessing of God and Our Blessing Life

by

Nam Sik Kim

Bethany Book House
Seoul, Korea
2022

머리말

우리의 삶은 헤일 수 없는 복을 받고도, 그 복을 복으로 알지 못하며 감사하지도 않고 누리지도 못하는 일상을 보내고 있다.

그러함에도 불구하고 우리는 '복 주옵소서'라는 기도를 입에 달고 산다. 이것이 이른바 '기복신앙'이 되었고, 대형교회를 형성하는 기초적 요인이 된 현실이다.

본서는 우리의 '복된 삶'을 위해 '하나님의 주신 복'을 음미하고, 성경 교훈을 바로 이해하며, 한국인의 정신세계에 영향을 미친 여러 종교들이 가르치는 '복'에 대해 고찰하여 우리의 삶이 하나님의 섭리 안에서 풍성해지기를 탐구하였다.

하나님이 주시는 복이 무엇일까? 성경은 이것을 어떻게 가르치고 있는가? 우리는 이 복을 어떻게 누리며 복된 삶을 살아야 할 것인가라는 문제가 제기된다. 여기에 대해 우리는 어떻게 응답할 것인가?

우리의 일상에서 직면하는 이 주제를 탐구한다. 그래서 이 땅에서의 우리의 삶이 복된 삶이 되기를 열망한다. 복의 근원되신 하나님 홀로 영광 받으소서.

혜강 김남식

차 례

도표 목록

서론

Blessing of God and Our Blessing Life

서론

인간이 가지는 관심사 가운데 중요한 것이 '복'이다. 여기에 대해 여러 가지 논란이 있는데 우리 기독교 안에서도 문제가 제기되고 있다.

우리는 성경이 가르치는 '복'을 바로 알고, 우리의 복된 삶이 이루어지기를 바라고 있다. 본 연구에서는 여기에 촛점을 맞추어 탐구하려고 한다.[1)]

1. 우리의 현실

한국 기독교가 선교 초기의 보수적 정통신앙에서 차츰 기복적 민간신앙의 영향을 받아 상당히 변질되어 가고 있음은 확실하다. 그것은 초기 한국 기독교 목사들의 설교 내용과 오늘날 목사들의 설교 내용

---

1) '복'에 대한 연구는 기독교를 비롯한 각 종교에서 꾸준히 연구되고 있다. 본서에서 복에 대한 기본적 이해와 각 종교의 복의 이해 그리고 성경이 교훈하는 복을 조명한다. 그리고 이 복을 우리의 삶에서 누리는 것에 초점을 맞춘다.

을 분석해 보면 쉽게 알 수 있는 것이다. 사회 · 문화적 배경이 변천함으로 물론 그 시대에 따라 설교의 내용도 변천해야 함은 당연지사이다. 그러나 설교의 근본 메시지와는 관련이 없는, 말하자면 기복적 내용으로 변질되어 가고 있다는 말이다. 도교는 말할 것도 없고, 불교도 처음에는 중생의 구원에 관심을 기울였지만 한국의 샤머니즘의 영향을 받아 차츰 「제세만민」의 기복종교로 변천하여 오늘에 이르러서는 돌이킬 수 없는 경지에까지 이르렀고, 선비의 종교인 유교도 처음에는 무당을 멀리하고 기복적 불교승려를 사이비로 인정하여 내몰았으나 그들 역시 샤머니즘적 기복사상의 침투를 배제할 수는 없었다. 그래서 오늘에 이르러서는 「제사(祭祀) 제일주의」에 빠져 온갖 다신을 인정하기에 이른 것이다. 한국 기독교도 겨우 100여년 만에 그들이 걸어간 길을 답습하고 있는 것 같다는 말이다.[2)]

어떤 이들은 "무슨 소리냐, 종교는 모두가 그런 것 아니냐, 사실 누구나 복받기 위해서 종교를 믿는 것이지 화받기 위해 종교를 믿는 사람이 어디 있느냐" 고 대꾸한다. 그 말도 옳다. 여러 종교행위에는 기복심이 있고 민중의 종교적 심성은 그것을 채우기 위해서 애쓰고 있다. 거기에는 기독교라고 예외일 수는 없다.

그래서 요즘 목사들의 설교를 들어보면 30여분의 설교에 "축복을 받는다" 는 말이 30번도 더 나오는 것이 보통이다. 그 설교의 내용이 "복" 에 관한 것이든 아니든 상관없이 "축복" 타령을 늘어놓다가 「축도」로 예배를 끝내는 것이다.

그런데 한 가지 간과할 수 없는 사실은 기독교의 기본용어인 〈복〉

---

2) 강춘오, 『복(福)과 축복(祝福)』, 풀빛 목회, 1984년 11월호, 77-82.

과 〈축복〉이 혼동되어 아주 크게 잘못 사용되는 것에 있다. 그러면 여기에서 복과 축복에 대한 용어가 어떻게 사용되고 있는지 알아보자.

먼저 사전적 의미로서 국어사전에는 〈복〉(福)이란 "아주 좋은 운수", "큰 행운과 오붓한 행복" 이라 했고, 〈축복〉(祝福)이란 "앞길의 행운을 비는 것" 이라 했다.

2. 성경의 가르침

신약성경에서는 헬라어로 μακάριος와 Εὐλογέω가 주로 쓰이는데 μακάριος는 "하나님께서 주시는 번영과 행복" 을 뜻하고 〈복〉이라고 번역된다.

「심령이 가난한 자는 〈복〉이 있나니」(마 5장) 「…이 사람은 그 행하는 일에 〈복〉을 받으리라」(약 1:25), 「너희가 이것을 알고 행하면 〈복〉이 있으리라」(요 13:17). 「…〈복〉되신 하나님…」(딤전 1:11). 「…너희 귀는 들음으로〈복〉이 있도다」(마 13:16) 등에서 볼 수 있다.

그리고 Εὐλογέω는 "번영하게 하고 자애를 베푸는 것", "하나님의 은혜를 받고 그것을 다른 사람에게 전하는 것"을 뜻하는데, 이것은 〈축복〉혹은 〈찬송〉이라고 번역된다.

「…하늘을 우러러〈축복(사)〉하시고」(마 14:19, 막 8:7) 「…모욕을 당한즉 〈축복〉하고」(고전 4:12), 「악을 악으로, 욕을 욕으로 갚지 말고 도리어〈복을 빌라〉(축복)」(벧전 3:9). 「떡을 가지사 〈축복〉하시고」(마 26:26). 「〈찬송〉하리로다 주 이스라엘의 하나님이여…」(눅 1:68) 등에서 볼 수 있다.

그리고 Εὐλογέω는 종종〈복〉으로도 쓰이고 있는데 그것은 복음서에서가 아니라 서신에서 찾아 볼 수 있다. 「〈찬송〉하리로다 하나님 곧 우리 주 예수 그리스도의 아버지께서 그리스도 안에서 하늘에 속한 모든 신령한 〈복〉으로 우리에게 〈복〉주시되」(엡 1:3). 그러나 μακάριος가 〈축복〉으로 쓰이는 예는 없다.

구약에서는 〈복〉과 〈축복〉에 대한 용어를 다음과 같이 사용하고 있다.

① אַשְׁרֵי(ashre) 「〈복〉있는 사람은 악인들의 꾀를 따르지 아니하며」(시 1:1). 「명철을 얻는 자 〈복〉이 있나니」(잠 3:13).

② בְּרָכָה(berakah) 「내가 너로 큰 민족을 이루고 네게 〈복〉을 주어 네 이름을 창대하게 하리니 너는 〈복〉이 될지라」(창 12:2). 「여호와께서 네게 주신 〈복〉을 따라」(신 12:15). 「〈복〉을 쌓을 곳이 없도록 붓지 아니하나 보라」(말 3:10). 참조, 창 27:12; 28:4; 49:25; 출 32:29; 신 26장; 잠 10:22; 겔 44:30 등).

③ טוּב(tub) 「주의 큰〈복〉을 즐겼사오나」(느 9:25). 「시온에서 네게 〈복〉을 주실지어다」(시 128:5).

④ בָּרוּךְ(beruk) 「여호와께 〈복〉을 받은 자여」(창 24:31). 「솔로몬 왕은 〈복〉을 받고」(왕상 2:45). 「여호와께 〈복〉을 받는 자로다」(시 115:15). 「만군의 여호와께서 〈복〉을 주시며」(사 19:25). 참조, 창 2:3; 출 20:14; 신 1:11; 욥 42:12; 시 28:9; 사 61:9, 렘 31:23 등.

이 외 동사가 몇 가지 더 있다.

그리고 개역성경에서 〈축복〉으로 번역된 경우는, 「그의 아버지가 야곱에게 〈축복한 그 축복〉으로 말미암아」(창 27:41). 「네 아버지의 〈축복〉이 네 선조의 〈축복〉보다 나아서」(창 49:26). 「이스라엘 자손을 위하여 〈축복〉함이」(신 33:1). 「그가 아브라함에게 〈축복〉하여 이르되」(창 14:19). 「그를 위하여 〈축복〉하였은즉」(창 27:33). 「그가 오히려 너희를 〈축복〉하였고」(수 24:10). 「마음껏 내게 〈축복〉하소서」(창 27:19). 「나를 위하여 〈축복〉하라」(출 12:32). 「여호와의 이름으로 백성에게 〈축복〉하고」(삼하 6:18). 「이스라엘의 온 회중을 … 〈축복〉하니」(왕상 8:14). 「백성이 왕을 위하여 〈축복〉하고」(왕상 8:66). 「시므온이 그들에게 〈축복〉하고」(눅 2:34). 「너희를 박해하는 자를 〈축복〉하라」(롬 12:14). 「손을 들어 그들에게 〈축복〉하시더니」(눅 24:50) 등이다.

이상 살펴 본대로 개역 성경에서 하나님이 인간에게 "축복"하신다는 말은 나오지 않는다(공동번역은 군데군데 하나님이 축복하시는 것으로 번역하였다). 개역성경의 번역자들은 복의 근원으로서의 하나님이 인간과 만물에게 베푸시는 은혜로서의 "복"과 하나님의 이름으로 중보자가 타인에게 그 은혜를 전하는 것으로서의 "축복"을 분명히 구분하여 사용하고 있다.

예를 들면, 창세기 12장에 보면 아브람에게 "내가 너로 큰 민족을 이루고 네게 〈복〉을 주어 네 이름을 창대하게 하리니 너는 〈복〉이 될지라 너를 〈축복〉하는 자에게 내가 〈복〉을 내리고"라고 했다. 창세기 27장 29절에도 이와 같은 말이 나온다.

하나님은 "너를 사랑하시고 〈복〉을 주사 너를 번성하게 하시되 네게 주리라고 네 조상들에게 맹세하신 땅에서 네 소생에게 은혜를 베푸시며 네 토지 소산과 곡식과 포도주와 기름을 풍성하게 하시고 네 소와 양을 번식하게 하시리니"(신 7:13). 누구에게 〈복을 빌어〉〈축복〉주시는 분이 아니시다. 그러므로 〈축복〉은 인간이 타인을 위해서 하는 것이지 하나님이 인간에게 하는 것이 아니다. 하나님은 다만 〈복〉

을 주시는 것이다. 한자의 "福"은 「행복의 근본」을 의미하고 "祝福"은 「그 근본된 복을 달라고 비는 것」을 의미한다는 사실도 쉽게 알 수 있다.

그런데 예를 들면 욥기를 설교하는 사람이 욥이 고난 중에도 신앙으로 그 역경을 이겼으므로 하나님이 욥을 〈축복〉하였다고 말하거나, 혹은 자매님은 〈하나님의 축복을 받았다〉고 인사하는 것은 잘못이다. 욥이나 그 자매님은 〈하나님께서 축복〉하신 것이 아니라, 〈하나님께서 복〉을 주신 것이다.

만약 하나님을 〈축복〉하시는 신으로 인정하게 되면 그 하나님은 결국 열등(劣等)한 신이기 때문에 하나님보다 더 위대한 〈복의 근원〉이 되는 어떤 신이 있다는 의미가 될 수 있기 때문이다.

예수님도 이 땅에 계실 때 수차례 축복하셨다(막 10:16; 14:22; 눅 24:48 등). 그가 그의 제자들과 이웃들에게 축복하신 것처럼, 〈축복〉은 목사가 성도를 위하여, 성도가 이웃을 위하여, 교회가 사회를 위하여 하는 것이지 하나님이 인간에게 하는 것이 아니다. 하나님은 오직 그의 자녀에게 〈복〉을 주실 뿐이다.

3. 기독교와 타종교

무교(巫敎)는 한국인에게 풍부한 종교성을 심어주었으며, 기독교가 한국 땅에 정착하기까지 가장 용이한 역할을 담당한 것이 바로 무교라 할 수 있다. 긍정적인 면도 있지만 기독교의 유일신관에 어긋나는 면도 많다.

사실 무교나 성경에서 추구하는 복의 내용은 현실적이고 물질적이라는 공통적인 면이 많다. 예를 들면, 무교에 있어서의 복은 천재지변으로부터의 안녕과 육신의 질병의 치유, 사회적 성공과 실패, 장수와 자손의 번성, 많은 농토를 소유하거나 부를 축적하는 것이다.

성경에서 이와 비슷한 것이 하나님께서 족장들을 축복하심에 있어 자손의 축복을 강조하고, 무병장수로 인도하시고, 물질적으로 많은 가축의 번성도 보장하며, 토지의 소산을 풍성하게 거둔다고 약속되는 등, 복의 내용에 있어 매우 현세적이고 물질적이라는 것이 그 공통된 것이다.

기독교와 무교가 표면적으로는 이질적인 것 같지만 하나님에 대한 신앙과 숭배라는 점에서 공통점을 갖고 있다. 신을 지칭하는 이름이 같다고 하여 같은 성격의 신(神)이라고 할 수는 없지만 기독교와 무교에 있어 동질성이 아주 많다.

그러나 다신교적인 의식구조와 의례의 구조 속에서도 신을 지칭하는 이름이 같다는 것은 무교의 입장에서 기독교의 하나님을 스스럼없이 받아들이게 한 한 가지 요인으로 작용했다. 한국 종교사상에서 무교는 이미 불교와 유교의 만남에서 대립적이면서도 상호보완적인 관계를 유지하였다.[3)]

그러나 기독교와 무교에 있어, 무교가 현세적이고 물질적인 복을 강조하여 복을 누리는 것에 머무르는 반면, 기독교에서는 현실적이며 물질적인 복을 강조하는 동시에 영적이고 종말론적이며 현실세계를 극복하는 거룩한 면을 제시하고 있다. 성경말씀에서 그 대표적인 것

---

3) 박일영, 『무교의 이해』, (서울: 사계절, 2005), p. 115.

이 예수님의 산상설교에서 제시하신 팔복(八福)인 것이다.

우리나라의 경우, 외래종교인 불교와 유교가 전통종교인 무교(巫教)의 영향을 받아 많은 부분 무교화 되었던 것처럼 기독교의 경우도 자연스럽게 무교의 천신사상(天神思想)이 기독교적 신관에 투영되기도 하였다.

이렇게 기독교에 녹아든 무교적 종교성(인간 세상에서 복락을 누리고자 원하는 하늘 신앙, 무교에서 가장 높은 천신인 하나님이라는 신의 명칭과 그 섬기는 신이 바로 복의 근원이 된다)과 유사한 점이 우리 기독교인들이 추구하는 '복' 된 삶이면서도 우리의 기독교에서는 하나의 실체를 궁극적인 실체와 상대적인 실체로 구분한다.

기독교에 있어 궁극적인 실체는 창조주이신 하나님이시고, 상대적인 실체는 궁극적인 실체인 하나님께서 창조하신 모든 피조세계를 말한다. 여기에서 궁극적 실체인 하나님만이 절대적인 가치를 지니고, 상대적인 실체인 피조물들은 모두 상대적인 가치를 지닌다. 인간인 피조물은 삶의 중심에 궁극적인 실체인 하나님을 예배하고, 섬겨야 하는 것이 올바른 삶이다.

그러나 무교의 영향을 받은 우리 한국 기독교인들의 의식은 절대적인 가치를 인정하면서도 절대적인 가치의 하나님의 자리에 상대적인 실체에게 자리를 빼앗기고 있다. 우리 인간들이 추구하는 '현실적인 복' 그 자체가 우리가 섬기고 예배드려야 할 하나님의 자리에 모셔 놓여진 것이다.

이것은 전적으로 전통종교인 무교의 영향으로 한국교회 내에 신비주의와 부흥회가 성행하는 현실적 배경이 되었으며, 내세의 영혼구원을 강조하는 현실 도피적 신앙과 관련된다. 그들은 고통스러운 현실을 벗어나는 방법으로 내세적 신앙을 추구하면서 오직 천국만을 소망한다.

또한 한국 기독교는 깨달음을 통해 고통의 현실을 벗어나 윤회의 사슬에서 열반으로 돌아가는 것을 최고의 목표로 삼는 불교(佛教)의 영향으로 인하여 복의 추구에 있어 내세지향적인 신앙을 강조하며, 현실에서의 복을 강조하기보다는 믿음생활을 통해서 천국에서 복을 누리기를 말하며, 현실에서 다소 체념적인 복의 개념을 갖고 있다고 볼 수 있다.

한편 기독교 내에 유교적인 충(忠), 효(孝) 사상의 영향은 기독교에서 주장하는 무조건적이고 보편적인 사랑보다는 자기 부모를 먼저 사랑하고, 자기 가족이 더 잘되기를 원하므로, 기독교에서 지향하는 하나님의 복의 범위를 자신과 자신의 가족에게로 축소시키는 경향이 있다.

우리 한국 기독교인의 경우 성경에서 제시하고 선포하는 현세의 잘됨과 선한 삶과 함께 추구하는 종말론적인 복 개념이 아닌 자기 자신의 안위와 출세와 성공, 부귀 장수를 추구하는 전통종교인 무교와 타종교와 다를 바 없는 복을 추구하며 살아가는 경향을 나타내고 있다.

그러나 우리 그리스도인들이 기억해야만 하는 것은 예수님께서 산상수훈을 통하여 팔복을 선언하심같이 심령이 가난한 자의 삶, 자신의 죄와 불의를 애통해하는 자의 삶, 온유한 자의 삶, 의에 대한 갈급해 하는 삶, 타인을 긍휼히 여기는 삶, 마음이 청결한 자의 삶, 화평하게 하는 자의 삶을 살아야만 하는 것이다.

죄 없으신 예수님께서 죄인들의 십자가에 달려 자신의 생명조차 버려가면서까지 얼굴도 이름도 모르는 사람들의 생명과 영혼을 구원하신 것처럼 우리도 나 자신의 유익이나 성공을 위한 삶이 아니라 다른 사람의 잘됨을 함께 기뻐해 주고, 다른 사람의 어려움을 함께 나누며, 의로운 다른 사람의 목숨을 위해 죽어줄 수도 있는 삶을 살아가는 것이어야만 하는 것이다.

이것은 다른 종교에서는 찾아볼 수 없는 기독교인만이 지닐 수 있는 독특한 희생적이고, 종말론적인 '복'이라고 할 수 있다.

제1장

창세기에 나타난 복

Blessing of God
and Our Blessing Life

창세기에 나타난 복

I. 복에 대한 탐구

창세기는 만물의 시작을 교훈하는 책이다. 여기서 하나님의 창조사역을 볼 수 있고, 특별히 하나님이 주시는 복에 대하여 조명할 수 있다.

1. '복'에 대한 연구

하나님께서 세상과 사람을 창조하신 후 맨 처음 하신 일이 사람에게 복을 주시는 일이었다.[1] 그래서 복이란 성경에서 언급한 가장 중요한 과제라고 하지 않을 수 없다. 실제로 성경에서는 하나님이 복이 되시고(딤전 1:11, 6:15) 복을 주신다고 기록하고 있다. 구약성경 창세기

---

1) C. Westermann, *Blessing in the Bible and the Life of the Church,* 장일선 역, 『성서와 축복』(서울: 대한기독교출판사, 1983), p. 17.

서두에서 하나님이 사람에게 복을 주시며(창 1:28), 하나님이 안식하신 일곱째 날을 복되게(창 2:3) 하셨다고 기록하고 있다. 신약성경에서는 예수님이 산에서 팔복을 가르치셨으며(마 5:1-11), "예언의 말씀을 읽는 자와 듣는 자와 그 가운데에 기록한 것을 지키는 자는 복이 있나니(계 1:3)"라는 말씀처럼 요한계시록에도 "복(*maka, rioj*)"이라는 말이 7번이나 등장하고 있다.[2] 성경에는 일관되게 복을 언급하고 복에 대한 기사가 있음을 알 수 있다. 또한 사람이 살아가는 삶에서 복에 대한 관심은 매우 크며, 신앙생활에서도 어쩌면 가장 중요한 목적이 되기에 복을 간구하고 소원하고 있다고 볼 수 있다.

우리나라 사람들은 예부터 기복신앙에 물들어 왔다. 자손의 복, 물질의 복을 받기 위해 신령하게 생긴 자연 앞에 복을 기원하고, 정성을 기울여 왔다. 이런 기복신앙이 우리 기독교 신앙에 고스란히 들어와 성경이 말하는 참된 믿음의 길이 아닌 신앙생활의 목적이 복을 간구하는 것으로 착각하는 현상이 심각하게 드러나고 있다. 우리 교인들의 정서 속에 '축복받았다'는 의미는 부자되고 성공하고 출세했다는 뜻으로 인식되고 있으며, 복의 개념도 지극히 물질적이고 세속적인 의미로 이해되고 있는 실정이다. 복과 축복이라는 말조차도 구분없이 사용되고 있다. 복의 주체는 하나님이시며, 하나님이 복을 주시는 분이시다. 축복은 말 그대로 인간이 하나님께 복을 비는 것으로, 축복의 대상은 인간이 되는 것이다. 그러나 이를 혼돈하여 "하나님이여 축복하시옵소서"라는 식의 기도가 비일비재하다.

우리는 교인들에게 바르게 복을 설명하고, 교인들에게 복을 빌어주

---

2) 계 1:3; 14:13; 16:15; 19:9; 20:6; 22:7, 14.

기 위해 성경이 말하는 복에 대한 성경적 의미를 명확하게 파악해야 할 것을 현실적으로 느낀다. 성경에서 말하는 복을 생각할 때 복의 근원되신 하나님과 복의 전수자라고 불리는 아브라함을 생각하지 않을 수 없다. 그래서 이 장에서는 성경에서 말하는 복의 의미를 찾고자 하나, 그 중 대표적으로 창세기에서 말하는 복의 성격을 파악함으로써 복에 대한 바른 믿음의 길을 제시해 보고자 한다.

2. 창세기 '복'의 연구

창세기의 복에 대한 연구 범위는 성경 66권 중에서 창세기로 국한한다. 성경 전체가 복을 말하고 있지만 창세기로 연구범위를 제한한 것은 복의 개념이 광범위할 뿐 아니라 본 연구의 한계 때문이다. 성경의 출발점이라고 볼 수 있는 창세기에서는 복의 기원과 성격이 극명하게 드러나고 천지와 명암, 짐승과 사람, 죄와 구속, 축복과 저주, 사회와 문명, 결혼과 가정, 기술과 산업의 기원을 보여주고 있다고 할 정도로 다양하다.[3)]

3. 창세기 '복'에 대한 선행연구

구약성경에서 복이 언급되고 있는 부분, 특히 창세기에 나타난 복

---

3) G. L. Archer, *A Servey of Old Testament Instruction,* 김정우 역, 『구약총론』(서울: 기독교문서선교회, 1985), p. 201.

에 대한 연구 논문들 중에서 대표적 논문 2편을 선행연구로 다루고자 한다.

(1) 페더슨(Johannes Pedersen)의 연구

페더슨은 복에 대한 그의 견해[4]를 언급하고 있는데, 우선 영혼에 대한 그의 입장을 이해해야 한다. 통상 רוּחַ(*rûaḥ*)나 לֵב(*lēb*)가 영혼으로 번역되지만, 페더슨에게 있어서 "영혼은 נפשׁ(*nepeš*)를 번역한 것"[5]이다. 그는 נשׁ를 한 개인의 전인적 상태, 한 인간의 전체적인 존재를 나타내는 것으로 보았으며, 한 개인의 온전한 본질 속에 있는 부분이 영혼이라는 것이다. 영혼은 자라고 갈망하는 성질이 있고 어떤 일을 성취할 수 있게 하는 힘으로 가득 차 있다고 보았다. 영혼은 의지와 행동에 의해 인격화되어 결합된 전체다. 적어도 이스라엘 사람들에게 있어서 이 의지와 행동은 분리될 수 없기에 그 다음의 행동이 없는 비활동적이거나 이론적인 생각은 불가능하다고 보았다.

생물이 존재하기 위해 꼭 필요한 활력을 이스라엘 사람들은 복이라고 불렀고, 이를 הכָרָבְ(*berakhah*)로 이해했다. 복은 내적 능력이면서도 그 능력을 산출해 내는 외향적 행운이기도 하다. 활력을 가진 모든 것이 다 복이다.

복은 여러 가지 형태로 나타나는데, 첫째로 생산의 능력으로 나타난다. 이것이 복의 기본적 개념이며, 창세기 1장 22절, 28절이 뜻하는

---

4) J. Pedersen, *Israel: Its and Culture,* vols 1, 2 (London: Oxford University Press, 1959), pp. 182-212.

5) *Ibid.,* p. 102.

것이다.

אֱלֹהִים(’ĕ·lō·hîm) וַיְבָרֶךְ(way·ḇā·reḵ) אֹתָם(’ō·ṯām) לֵאמֹר(lê·mōr) פְּרוּ(pə·rū) וּרְבוּ(ū·rə·ḇū) וּמִלְאוּ(ū·mil·’ū) אֶת־הַמַּיִם(ham·ma·yim) בַּיַּמִּים(bay·yam·mîm) וְהָעוֹף(wə·hā·‘ō·wp̄) יִרֶב(yi·reḇ) בָּאָרֶץ(bā·’ā·reṣ) (하나님이 그들에게 복을 주시며 이르시되 생육하고 번성하여 여러 바닷물에 충만하라 새들도 땅에 번성하라 하시니라)

אֱלֹהִים(’ĕ·lō·hîm) וַיְבָרֶךְ(way·ḇā·reḵ) אֹתָם(’ō·ṯām) אֱלֹהִים(’ĕ·lō·hîm) וַיֹּאמֶר(way·yō·mer) לָהֶם(lā·hem) פְּרוּ(pə·rū) וּרְבוּ(ū·rə·ḇū) וּמִלְאוּ(ū·mil·’ū) בָּאָרֶץ(hā·’ā·reṣ) וְכִבְשֻׁהָ(wə·ḵiḇ·šu·hā) וּרְדוּ(ū·rə·ḏū) בִּדְגַת(biḏ·ḡaṯ) הַיָּם(hay·yām) וּבְעוֹף(ū·ḇə·‘ō·wp̄) הַשָּׁמַיִם(haš·šā·ma·yim) וּבְכָל־(ū·ḇə·ḵāl) חַיָּה(ḥay·yāh) הָרֹמֶשֶׂת(hā·rō·me·śeṯ) עַל־(‘al-) הָאָרֶץ(hā·’ā·reṣ) (하나님이 그들에게 복을 주시며 하나님이 그들에게 이르시되 생육하고 번성하여 땅에 충만하라. 땅을 정복하라, 바다의 물고기와 하늘의 새와 땅에 움직이는 모든 생물을 다스리라 하시니라)

무엇보다도 족장 이야기에서 베라카(*berakhah*)의 의미가 전개되며, 아브라함 이야기의 주제이기도 하다. 아브라함에게 있어서 복의 실질적인 의미는 첫째로, 자손을 많이 갖는 것이다. 자손을 가진 사람을 가리켜 번창하고 성장하는 영혼을 가졌다고 한다. 둘째로, 농업과 가축업의 번창을 포함한다. 그래서 복은 광범위한 의미에서 가족의 생산력을 뜻한다. 농업과 가축업의 번창을 포함한 복은 삶 중심이며 심지어 삶 자체이고 삶의 모든 면을 포함하는 것이다. 셋째로, 복은 원수를 격퇴시키는 능력도 포함한다.[6] 어느 한 개인의 전인적인 영혼은 그의 생활반경, 그의 주위에 있는 모든 것을 포함한다. 만일 그의 영혼이 강하면 그가 행하는 모든 사업에 큰 인상을 남기게 된다. 복을 받은 사람은 자기의 복을 가족과 함께 나눌 뿐 아니라 외국 땅에서도 주위 사람들에게까지 나누게 되었다. 복을 가진 자는 능력이 있기 때문이다. 복의 능력은 영적일 뿐만 아니라 육체적인 영향력까지도 가진다. 복은 모든 발전을 산출해 내는 영혼의 능력이기도 하다. 넷째로, 복은 지혜와 관련되어 있다. 지혜는 복과 마찬가지로 어떤 일을 성취시키고 성공시키는 능력이다.

복은 주는 활동, ברך(brk)란 다른 사람에게 활력을 나누어 주는 것을 말한다. 남에게 복을 주는 사람은 자기의 영혼의 일부를 내어 주는 것을 의미한다. 아버지가 자식에게 복을 물려주는 것도 그 영혼의 능력이 있기 때문이며 한 가족은 정신적으로 일체이기 때문에 복이 대를 이어 그 가족 안에 머물게 되는 것이다.

개인과 개인 간의 관계도 축복 없이는 불가능하다. 사람들은 서로 만날 때 축복을 하며 복을 빈다. 이스라엘에서는 서로가 만나 인사가 영적인 공동체를 서로 만들거나 또는 이미 존재하는 공동체를 재확인해 주는 것으로 믿었다. 그러므로 서로가 만나 인사한다는 것은 곧 복을 비는 것과 마찬가지며, 상호 관계를 유지하기 위해서는 절대적으로 필요한 것이다. 하나님의 사자가 기드온을 만났을 때, "여호와께서 너와 함께 계시도다"(삿 6:12)라고 인사한다. 이 인사는 일종의 축복하

---

6) 창 24:60; 27:29; 49:22-28.

는 것이며 만났다가 헤어질 때에도 축복으로 끝났는데, 이를 통해 개개인은 집단의 능력을 얻어서 돌아가는 것을 의미한다.

일반적으로 축복은 상호 교환적이다. 심지어는 아랫사람이 윗사람을 축복할 수도 있다. 이때 아랫사람은 윗사람이 가진 복을 확인하며 그 복이 더 커지도록 확장시키는 것이다.[7] 축복은 남을 칭찬하는 면도 있는데, 그래서 신하들은 왕을 축복하고 백성은 하나님을 찬양(축복)하는 것이다. 이런 의미에서 ברך(brk)의 두 가지 뜻, 즉 복과 찬양이 함께 쓰이고 있는 것이다.

페더슨은 "ברך(brk)"라는 복은 영혼을 만족시키는 힘이라고 규정하며, 복이 삶과 성장의 힘이라는 것이다.[8] 동시에 이스라엘 사람들은 내적인 힘과 외향적 표상을 구분하지 않기 때문에 복은 힘에 의해 생성된 성공과 행복이라는 것이다. 그런 표상의 예들은 좋은 상담, 지혜, 통찰력, 번영, 성공, 군사적 승리를 주는 것이다. 페더슨은 복이 삶의 모든 것을 포함하고 있다고 말하므로 무엇이 복인가 하는 개념을 요약했다. 그러한 복은 모든 진보와 자기 확장을 포함하는 힘과 삶의 온전한 능력이라고 말하고 있다.[9]

페더슨은 사람들이 관계를 만들기 위한 필수조건으로 서로 축복한다고 언급하면서, 그들의 의지를 다른 사람의 영혼에 부으므로 다른 사람에게 영향을 미친다는 것만을 말했을 뿐 하나님과 사람들이 왜 복을 주고 축복하는 지는 언급하지 않는다.[10] 페더슨은 우선 복이 어

---

7) 욥 31:20.
8) Pedersen, *op. cit.*, p. 182.
9) *Ibid.*, pp. 211-212.
10) *Ibid.*, p. 202.

떻게 작용하는가에 관심을 가졌다. 그는 복의 행위가 영혼의 능력을 옮긴다고 보았다. 하나님이 사람에게 복 주실 때, 하나님은 사람의 영혼에 능력을 증가시킨다고 여겼다. 하나님의 복은 번성함과 부요함 등과 같은 직접적인 복을 주는 것이기 보다는 사람이 번성하도록 해줄 수 있고 그 자신의 능력으로 영혼이 강하게 되어 부(富)를 이룰 수 있게 해주는 식의 복이라는 것이다. 인간의 축복들도 영혼 능력을 이동시킨다. 그 축복들이 서로 만나 인사로 하건, 물질적인 선물이건, 임종 직전의 아버지의 축복기도이든지간에, 복을 주는 사람은 그 자신의 영혼의 한 부분을 주는 것으로 이해했다. 일반적으로 손을 얹거나 입 맞추는 등의 육체적 접촉은 영혼의 적절한 전달을 위해 필요하다는 것이다.[11)]

인간이 하나님께 복을 빌 때 이는 하나님을 더 높이는 것이며 찬양하는 것이다. 하나님께 축복한다는 것은 그분의 부요하심을 확증하고 찬양하는 것을 의미한다. 대체로 페더슨은 복을 자기 자신을 충족시키는 능력으로 간주했다. 입으로 하는 축복은 더 이상 취소될 수 없는 것으로 여겼다. 왜냐하면 그 축복의 말은 축복한 사람이 가진 영혼의 능력에 의해 창조되었기 때문이다. 축복이 한번 말해지면, 그 안에 내재된 능력에 의해 축복한 말이 성취되어져야만 한다. 페더슨은 개인이 소유한 축복이 그의 삶을 통해 그의 운명을 어떻게 결정하는 지를 서술하는 일과 축복의 말을 운명과 동일시하는데 그의 상당한 시간을 보냈다.[12)]

---

11) *Ibid.*, pp. 200-201.

12) C. W. Mitchell, *The Meaning of brk "to bless" in the Old Testament* (Georgia: Scholars Press, 1987), p. 18.

이상과 같은 페더슨이 복에 대한 설명에 대해 베스터만은 그 결함을 지적하고 있다. 페더슨은 복의 현상을 역사적이거나 어떤 조직적인 체계, 심지어는 전승사적인 면도 고려하지 않고 인위적인 방법으로 서술했으며, 그는 별로 신빙성이 없는 인위적인 용어를 사용하고 있다는 것이다.[13)]

이러한 페더슨의 견해에 대해서 미첼(C. W. Mitchell)은 몇 가지 문제들을 제기하고 있다. 이스라엘 사람들의 생각, 태도와 영혼의 작용에 대한 그의 주장들은 다소 의심스러우며, 그의 용어는 신비스럽고 명확하질 않다. 그가 이스라엘 사람들이 모든 것을 전인적으로, 결합된 전체로 인식한다고 여기기에 개념을 정확하게 규정하지 못하고, 섞이게 만들었다. 페더슨의 신비주의적 신앙이 어휘적 수준으로 매듭짓게 했다. 복의 나타남과 복 자체를 동일한 것으로 여겼던 것이다.[14)]

마찬가지로 인간의 축복은 영혼의 힘을 의존하지 않는다. 예를 들어 죽어가는 족장들에 의해 주어진 축복기도에 대해 이스라엘 사람들은 그들의 영혼이 그들 조상들로부터 비롯되었고 "영혼을 통해서 가족 유산과 같은" 복이 전달되었다고는 여기지 않는다. 대신에 이런 축복기도들은 법적인 사회 풍습에 의존되어지는 것이다. 대부분의 인간의 축복의 유형들, 족장들의 축복기도들은 보통 하나님께 복을 주시라고 요청하는 것이다. 복의 전달은 인간 독단의 힘으로는 결코 성취될 수 없기 때문이다.[15)]

하지만 페더슨은 구약성경이 말하는 복의 중요성과 그 신학적인 적

---

13) Westermann, *op. cit.*, p. 42.
14) C.W. Mitchell, *op. cit.*, p. 19.
15) Pedersen, *op. cit.*, p. 193.

합성을 지적한 것은 매우 위대한 업적이며, 복과 복을 베풀어 준다는 것이 얼마나 중요한 부분을 차지하는가를 잘 보여 주었다.

(2) 베스터만(Claus Westermann)의 연구

C. 베스터만은 그의 저서 〈성서와 축복〉에서 호스트(Friedrich Horst)의 〈성서의 복과 복의 과제〉라는 논문을 근거로 다음과 같이 구약성경이 복에 관해 다섯 가지로 요약하고 있다.[16]

1. 언제 축복이 주어지는가? 인사를 주고받을 때, 결혼할 때 임종 전, 왕의 통치가 시작되기 전, 예배를 드릴 때 등이다.
2. 어떻게 축복을 베푸는가? 언어와 행동으로, 여러 가지 활동과 형식을 열거할 수 있다.
3. 무엇이 복의 내용인가? 복은 삶의 원동력과 생산력을 준다. 이스라엘 백성에게는 그들이 약속의 땅을 점령한 이래 새로운 의미를 갖게 되었다.
4. 누가 그 같은 복을 받는가? 하나님이 인간들에게 복주시며 그들을 위해 주위의 다른 존재들까지도 복 주신다.
5. 누가 복을 내리는가? 하나님, 하나님의 이름이 복에 능력을 부여하는 것이다. 인간이 복을 베풀기 위해서는 특별은총을 받아야 한다. 축복은 제사장들의 특권이기도 하다.

베스터만은 호스트의 다섯 가지 질문을 종합하므로 전혀 다른 문맥에 속한 자료들을 함께 수집할 수 있다는 가치가 있지만 복이라는 성

---

16) Claus Westermann, *op. cit.*, pp. 51-52.

경적인 현상이 제기하는 기본적인 신학적 문제에 대해서는 아무런 언급이 없기에 제한성이 있다고 비판했다. 그는 하나님께서 자기 백성을 다루시는 성경의 자료를 '구원'이라는 단일 개념으로 제한시키는 것은 성경 자료 자체를 왜곡시키는 것이라 했다. 구약성경에서는 하나님께서 자기 백성을 다루시는 활동을 구속하시는 하나님의 활동과 복을 주시는 하나님의 활동이 늘 평행적으로 나타나 있다고 말하고 있다.

베스터만은 복의 개념이 샬롬에 들어 있다는 주장에 대해, 복은 한 세대에서 한 세대로의 수평적인 성장의 능력이며, 샬롬은 수평적인 면에서 한 집단의 안녕을 말하는 것이다. 족장 이야기 속에서는 이 구별이 뚜렷하게 나타나고 있다. 아브라함 이야기의 주제는 아브라함에게 아들이 생겼기에 한 세대에서 다음 세대로의 문제로 복의 개념을 이해해야 하는 것이다. 반면 야곱 이야기는 복을 받은 자와 받지 못한 두 형제의 이야기이다. 그리고 요셉 이야기는 한 집단의 안녕, 샬롬 문제를 다루고 있다. 처음에는 관계성의 파열로 이야기가 시작되나 나중에는 집단의 안녕의 회복으로 마치게 된다. 그러므로 이 이야기의 동기는 샬롬으로 잘 묘사가 된다. 위의 예가 하나님이 복을 베푸실 때, 일반적인 복이 있는 곳에는 특수한 용어와 문구, 신학적인 문제점이 관련되어 있음을 보여주고 있는데 이는 구원의 역사와는 관련이 없기에, 복이라는 관점에서 하나님을 논하며, 하나님이 복을 베풀어 주시는 면을 논하는 "복의 신학"이라는 말을 그는 사용하고 있다.[17]

베스터만은 구약성경의 모세오경, 역사서, 시가서, 지혜서, 예언서

17) *Ibid.*, pp. 53-54.

에 나타난 복에 대해 서술했지만, 이 장에서는 창세기로 국한했기에 베스터만의 모세오경에 나타난 복에 대해서만 서술하고자 한다.

구약성경 창세기와 신명기에는 하나님이 그의 백성에게 베푸신 복의 내용을 많이 다루고 있다. 원역사(창 1-11장)에서는 복이 창조에서 시작하여 모든 생물에까지 미치고, 복이 생식력을 의미하기에 원역사 속에 등장하는 족보 역시 하나님이 베풀어주시는 복 주심의 활동일 수 있다. 그래서 복은 대를 이어 자손이 번성해 가는 것으로 나타나고 있다. 족장사(창 12-50장)에서는 복이 가족 또는 집단을 통해 나타나며, 신명기에서는 국가를 통해서 나타난다. 신명기의 줄거리는 하나님이 자기 백성에게 약속하신 새 땅에서 하나님의 복을 받는 것을 묘사한다.

창세기의 족장사에서는 복에 관한 여러 가지 면을 보여주고 있다. 족장사 서론인 창세기 12장 1-3절에는 "ברך(brk)"라는 어근이 다섯 번 등장하면서 복의 중요성이 부각되며, 복에 대한 약속이 모든 이야기를 꿰뚫고 가는 동기가 되고 있다.

모세오경 중 창세기와 신명기에 복에 대한 많은 언급이 있고 이스라엘의 구원의 역사를 다룬 출애굽기로부터 민수기가 앞의 두 책 사이에 끼이게 되었다는 것은 중요한 의미가 있다. 왜냐하면 토라의 배열이 하나님의 구속 행위와 그가 베푸시는 복 사이에 밀접한 관련성을 맺는다는 것을 보여주기 때문이다. 신명기 역사의 서론에서는 하나님이 구원하고 또 심판하시는 활동의 기록을 보여주고 있는데, 이는 구속 행위가 복의 수여와 밀접히 관련되어 있음을 말해주는 것이라 할 수 있다.

구약 예언서에서도 복의 약속과 번영의 모습이 구원의 약속과 더불어 중요한 역할을 한다. 구약성경에서 하나님의 약속은 그의 구속 행위와 복 수여와 관련된다.[18] 지혜 또한 하나님의 복 수여라는 문맥에서 고찰해볼 때 지혜는 복의 결과로 볼 수 있다.

위와 같은 베스터만의 견해에 대해 미첼은 다음과 같은 평가를 내리고 있다.[19] 베스터만은 복 사용 용례를 전통적 역사 방법으로 조사한다. 그는 창세기 27장에 나오는 복의 개념이 가장 오래된 것이라고 말하고 있다. 창세기 27장에 나오는 복은 삶의 힘과 번식력, 번성함의 내용을 포함하고 있기 때문이라는 것이다.[20] 후기 성경적 전통은 이러한 복의 내용을 확정지으며, 제사장 문서에서 보여주는 제사장 축복은 복의 개념이 가장 최근의 것임을 말하고 있다. 베스터만은 복의 범위 속에 하나님의 현존, 성공, 평화, 지혜를 포함시킨다. 또한 그는 성경 초기 시대에 복의 주술적 작용에 대한 선조들의 견해도 인정하지만 발람 이야기와 야훼기자의 문서에 대해서는 복의 주술적 작용을 제한하여 하나님은 사사로이 주술적 힘이 실린 말을 통제할 능력을 지녔고, 그가 바라는 대로 복을 효과적으로 이용할 능력이 있다고 주장한다. 이런 두 가지 전통이 하나님은 독립적으로 복을 주실 수 있다는 주장에 의해 복을 신학화 하게 되었다. 하나님이 약속한 땅과 후손이 복의 한 부분임을 확인함으로서 복을 구원의 역사의 한 부분으로 인식하게 했다.

구약의 역사서에서는 복의 작용과 왕권과 문화 제도를 결속시켜주고 있다. 이런 제도들이 하나님의 복을 사람들에게 전달시켜준다. 대체로 베스터만은 성문서에 있는 복에 대한 제의적 묵상에 대한 모빙

---

18) *Ibid.*, p. 61.
19) Mitchell, *op. cit.*, pp. 23-24.
20) Westermann, *op. cit.*, p. 54.

켈의 견해를 따른다. 대다수의 학자들과는 달리 베스터만은 복을 예언의 중요한 부분으로 간주했다. 예언적 간청의 목적은 복이 사람들에게 지속되는 것을 확인시켜주는데 있다. 구원 예언은 구원을 복의 상태로 묘사하는데 있다고 보았다.

베스터만이 말하는 복 개념은 하나님은 점진적인 번영상태에서 지속적인 활동을 통하여 복을 주신다는 것이며, 그래서 이런 복은 구원 행위를 통해 성취하시는 구속 활동과는 차이가 있다는 것이다. 복의 상태는 구속 행위의 결과라는 것이다. 그래서 결코 복이 구속 행위와 동일시되어서는 안 된다고 주장한다.

특히 족장 이야기, 신명기, 예언적 종말론과 같은 성경적 전통들은 복과 구속 사이를 엄격히 구분하지 않고 있다고 말하는 베스터만의 주장은 높이 평가할만하다. 그의 뛰어난 통찰력은 성경에서 복의 개념적 발달을 각 전통별로 부분 기술하고 있는 점이다.

II. 창세기 나타난 복 개념의 특징

창세기 족장사에서 복 개념의 다양한 발전의 흔적을 볼 수 있는데, 그 몇 가지 특징들을 살펴본다.

1. 초기 개념

복의 초기 개념이 창세기 27장에서 잘 나타나는데 여기에는 야곱이 속임수를 써서 그의 아버지 이삭의 복을 얻는 이야기이다. 이 이야기의 근본적인 요소는 다음과 같다.

(1) 복은 아버지에서 아들에게로 전해지는 생명의 능력이다. 복이란 말은 생산력과 번식력이라는 원래의 의미를 갖는다.[21] 이 능력은 복을 받은 사람뿐만 아니라 그의 소유물, 특히 가축에게까지 이어진다.

(2) 아버지는 오직 "한 가지의 축복" 만 할 수 있다. 이것이 초기 복 이해를 보여주는 것이다. 왜냐하면 족장사의 다른 구절에서는 야곱이 그의 열두 아들 모두에게 복을 주는 구절도 있기 때문이다.

(3) 한번 선언된 복은 회수할 수 없으며, 그것은 무조건적으로 활동한다. 이 특징이 이삭 이야기에서 중요한 역할을 하고 있다. 만일 복이 한번 베풀어졌으면 이것은 무효화할 수 없다.[22] 이삭은 자신이 복을 베푼 자에게 "그가 정녕 복을 받을 것이니라"라고 말한다.[23] 히브리어에서 '말' (word)이란 '사건' (event)을 의미한다.[24] 그러므로 이삭이 야곱에게 장자의 복을 베푼 것은 이미 사건화 된 것으로 취소할 수 없는 것이다. 이삭의 야곱에 대한 복은 돌이킬 수 없는 것이다. 그 복은 이삭의 입을 통해 하나님께서 주실 복이기 때문이다.[25]

(4) 복이 베풀어질 때는 아버지가 임종을 기다릴 때이다.

(5) 복을 베풀거나, 그것이 자녀에게로 전달될 때에는 일련의 행동

---

21) A. Murtomen & H. Mowvley, *The Concept and Content of Blessing in the Old Testament* (Guildford: Lutterworth, 1979), p. 78.

22) 창 27:30 이하.

23) 창 27:33.

24) 히브리어 '말'이라는 뜻의 'דבר'는 '사건'이라는 의미도 있다.

25) 정석규, 『구조로 읽는 창세기』(서울: 프리칭 아카데미, 2006), p. 283.

과 축복의 말을 포함한 특별한 의식이 뒤따른다. 이 이야기는 의식의 순서에 따라 구성되어 있다. 손을 들어 올리는 행위는 복을 초래한다고 믿었고, 손을 얹거나[26] 눈으로 어떤 대상을 바라보는 행위도 축복의 행위로 여겨졌다.[27]

(6) 여기서의 복은 아직도 신학 이전의 성격을 갖고 있다. 의식과 축복의 언어 속에서 하나님의 이름은 언급되어 있지 않고 또한 복을 중재하는 사람도 전혀 없다. 다만 아버지가 직접 복을 베풀고 있을 따름이다. 그러므로 이 창세기 27장의 경우는 제의 이전의 상태를 말하고 있다고 할 수 있을 것이다.[28]

2. 전형적 개념

(1) 리브가 개념

복의 또 다른 전형적인 과정은 리브가의 기사에서 찾아볼 수 있다. 리브가가 고향과 지파를 떠날 때 그녀의 오빠가 "우리 누이여 너는 천만인의 어머니가 될지어다 네 씨로 그 원수의 성문을 얻게 할지어다"(창 24:60)라고 축복하였다. 헤어질 때 축복하는 것이 이미 정해진 관습이며 아마 다양한 형태가 있었을 것이라고 추측해 본다.

---

26) 창 48:14.

27) 민 22:41.

28) Westermann, *op. cit.,* p. 54.

(3) 야곱 개념

야곱과 에서의 이야기에서는 복의 개념이 그 의미를 잘 반영하고 있으며 그 사용에 있어서 매우 발전되어 있음을 보여 지고 있다. 아브라함의 이야기가 더 많은 복의 약속으로 채워져 있을지라도, 야곱과 에서의 이야기에서 저자는 복의 단계와 그 결과에 관심을 나타내 보이고 있다.

(4) 투쟁 개념

전혀 다른 내용은 창세기 32장이다. 여기서는 복이 싸움을 통해서 얻어진다. 여기서 다른 이야기들과 이색적인 주제들을 발견할 수 있는데, 이것은 매우 초기의 것으로 보인다. 하나님이나 또는 신적인 존재가 복의 능력을 조절하며, 어떤 경우에는 인간에게도 그 능력이 전달 될 수 있는데, 그것은 창세기 32장처럼 싸움을 하거나 또는 다른 형태의 육체적인 접촉을 통해서만 가능하다는 신화적인 개념이 깃들어져 있다.

2. 주체적 개념

(1) 마술적 개념

창세기에도 복의 마술적인 개념이 존재한다. 즉 복은 신체적인 접

축을 통해 전달되는 능력의 이전 현상이 있고, 복을 베푸는 자가 특수한 음식을 먹음으로 강건해지도록 강요하며, 한 번의 복 행위로 복이 소멸되고, 복은 취소할 수 없으며, 아무런 조건 없이 작용하며, 복 행위 속에 하나님이 언급되지 않는다는 점 등이 종교사에서 널리 알려진 마술적인 과정을 연상시키는 것이라 하겠다.[29)]

(2) 장자권 개념

창세기는 장자권(בְּרָכָה, 베코라)과 아버지의 축복(בְּרָכָה, 베라카)을 구별한다. 창세기 27:34-36에서 에서는 이삭에게 축복을 요청한다. 에서는 동생 야곱이 전에 자신의 'בְּרָכָה' (장자권)을 빼앗았고, 이제는 자신의 'בְּרָכָה' (복)까지 빼앗았다고 말하면서 계속해서 자신을 위해 복을 달라고 요청한다. 본문은 '베코라'와 '베라카'의 언어적 유희를 통해 '장자권'과 '복'이라는 주제를 강조하고 있다.[30)]

장자권은 말 그대로 출생 순서에 따라 아버지 유산의 2배의 몫을 상속받는다. 그래서 이삭의 아들들 중, 한 아들은 아버지의 재산의 2/3를 받았을 것이고, 다른 한 아들이 1/3을 받았을 것이다. 반대로 축복은 거룩한 것으로 이해되어 결국에는 메시야와 맥락을 같이 하는 것으로 이해해야 할 것이다.[31)] 창세기에 나오는 복, בְּרָכָה는 개념상 모호한 면이 있어, 아브라함의 복의 그 후손들에게 미쳐 출애굽과 바벨론 해

29) *Ibid.*, p. 90.
30) 정석규, *op. cit.*, p. 275.
31) Michaell A. Harbin, *The Promise and the Blessing* (Grand Rapid: Zondervan, 2005), p. 105.

방을 경험하지만 결과적으로는 메시야이신 예수 그리스도에게 촛점이 맞추어진다. 그래서 이 용어는 경제적인 재산의 번창 차원보다는 선교적 차원의 성공에 포커스를 둔 것 같다. 메시야의 오심과 하나님 나라의 성취에 지연으로, 루트가 바뀌어 진 것으로 여겨진다.[32]

(3) 하나님 개념

창세기에는 주어가 '하나님' 인 문장이 많이 등장한다. 창세기 12장 1-3절에 주어가 하나님인 1인칭 문장이 다섯 번이나 반복되는 것은 복의 주체가 1인칭으로 표현된 하나님이심을 강조하는 수사학적 장치라 할 수 있다. 아브람이 이전의 삶의 터전이었던 본토, 친척, 아비 집을 떠나 하나님께서 지시하는 땅으로 가면, 하나님 자신이 그 이후의 모든 것을 책임져 주시고 미래에 큰 복을 주실 것이라는 말씀이다. ברך동사를 미완료형으로 사용함으로써 복을 약속으로 바꾸어 놓고 있다.[33] 하나님의 말씀은 약속의 땅 너머에 있었던 아브람에게만 주어진 것이 아니다. 하나님께서는 말씀에 순종하여 가나안으로 돌아온 아브람에게도 복의 약속을 다시 주신다. "내가 이 땅을 네 자손에게 주리라"(창 12:7) 하나님의 명령은 자손과 땅에 대한 복의 약속과 더불어 주어진다.[34]

베스터만은 야훼 기자가 문법적으로 와우 연속법에 완료형을 첨가시켜 미완료의 뜻을 나타나게 한 것은 복이 약속으로 바꾸어진 신학

32) *Ibid.*, p. 92.
33) 장일선, 『구약신학의 주제』 (서울: 대한기독교서회, 1994), p. 65.
34) 장석규, *op. cit.*, p. 172.

적 혁신이라고 말한다.[35] 그것은 물질적인 것이 영적으로, 보이는 것이 보이지 않는 것으로, 현세적인 것이 미래지향적인 것으로 바꾸어진 것을 말하는 것으로 아브라함을 통해 지금 당장 온 인류에게 복이 미치는 것이 아니라 먼 훗날 예측할 수 없는 미래에 그 복이 이루어지리라는 것이다.[36]

이처럼 창세기에 나타난 복의 특징은 복의 주체가 하나님으로, 하나님이 족장들에게 주시는 복이 많이 언급되고, 그 복은 자손과 땅을 주시리라는 약속과 더불어 선언되고 있다. 즉 복이 약속으로 바뀌어지면서 그 실현이 구약성경 전체를 통해 신약성경에까지 계속 이어지고 있음을 볼 수 있다. 약속과 더불어 주시는 하나님의 복은 하나님의 주도적이고 일방적인 인도하심으로 표현되고 있다. 단적인 예로, 하나님께서는 이삭과 리브가의 자녀에 대한 잘못된 사랑에도 불구하고, 그것을 사용하셔서 자신의 계획을 성취하신다. 에서만을 축복하려 했던 이삭과, 속이는 방법으로 복을 탈취하려고 도모하고 실행했던 리브가의 편애에도 불구하고, 하나님께서는 그 가운데에 자신의 계획을 진행하시고 이루신다. 이 세상은 하나님의 주권 하에 있는 것이다.[37] 선언된 복은 단시일에 이루어지기도 하지만 대개는 오랜 기간이 걸리되, 반드시 성취된다.[38] 그래서 창세기 내의 복의 변천과정이 함께 공존해 있다고 볼 수 있다.

---

35) Westermann, *op. cit.,* p. 85.
36) 장일선, *op. cit.,* p. 66.
37) 장석규, *op. cit.,* p. 284.
38) *Ibid.,* p. 186.

제2장

한국 전통 종교와 기복신앙

Blessing of God
and Our Blessing Life

한국 전통 종교와 기복신앙

한국의 전통종교들은 기복사상을 중심 주제로 삼고 있다. 이것이 한국인의 삶 속에 녹아들었고, 기독교 등 외래종교도 '기복화' 하는 요소가 되었다. 그러기에 전통 종교의 기복사상을 살필 필요가 있다.

I. 무교의 '복' 이해

샤머니즘(Shamanism)을 이해하는 데에 있어서 우리는 매우 다른 입장을 발견한다. 슈미트(W. Schmidt)는 샤머니즘이 종교가 아니라 접신을 통해 특징 지워지는 하나의 퇴화된 종교현상일 뿐이라고 했다.[1] 훌트크란츠(A. Hultkrantz)는 샤머니즘이 샤먼에게서 무엇인가를 기대하도록 만드는 신념체계를 가진 종교적 현상일 뿐 그 자체는

---

1) Helmut Hoffmann, *Symbolik der Tibetischen Religionen und des Schananismus* (München: Anton Hiesemann Stuttgat, 1967), p. 101.

종교가 아니라 모든 '문화복합체'[2]라고 했으며,[3] 시칼라(Anna-Leena Siikala)는 샤머니즘이 시베리아와 중부 아시아 문화의 기초이며, 현저한 특징이라고 정의하면서도 샤머니즘 그 자체는 종교가 아니라고 했다.[4] 그러나 샤머니즘이 종교라고 주장하는 학자들도 있다. 샤머니즘은 본질적인 요소 즉, 구원론이 부족한 것이 사실이나,[5] 스테들링(J. Stadling), 에브버리(Lord Avebury) 등은 샤머니즘을 종교의 영역으로 보았다.[6] 멕쿨로흐(J. A. Macculloch)는 샤머니즘을 우랄 알타이 민족의 자연종교로,[7] 캐플리카(Frau M. A. Czaplicka)는 샤머니즘을 시베리아 종교와 동일하게 여기면서 애니미즘 종교의 하나라고 주장하였다.[8] 핀다이센(H. Findeisen)은 샤머니즘을 고대의 강신술 종교로 보았으며, 엘리아데(M. Eliade)는 샤머니즘을 엑시타시의 고대적 기술[9]로 보았다.

---

2) Ake Hultkrantz, "The Place of Shamannism in the History of Religions", *Shamanism: Past and Present* (Budapest: Ethnographic Institute, 1989), p. 43.

3) 무교를 종교가 아닌 문화형태로 볼 경우 그것을 '무속'이라 부르는데, '무속'이란 민간층에서 신의 초월적인 힘을 채득하는 신병 체험을 거쳐 신권화(神權化)한 무당을 중심으로 하여 전승되는 종교적 현상이다. 그리고 굿은 무속에서 중요한 위치를 차지하며, 민간층의 종교의식이 집약된 한민족의 정신 속에 뿌리 깊게 자리잡고 있는 생활을 통해 생리화한 산 종교현상이라 볼 수 있다. "샤머니즘", 『기독교대백과사전』, 8권(1983).

4) Anna-Leena Siikala, "Siberian and Inner Asian Shamanism Studies on Shamanism", *Studies on Shamanism* (Helsinki: Finnish Anthropolgical Society, 1992), p. 1.

5) Kim. Young-Dong, *Der Schamanismus und das Christentum in Korea* (Ammersbek bei Hamburg: Verlag an der Lottvek 1993), p. 38.

6) *Encyclopedia of Religion and Ethics,* volume II, "Shamanism", by J. A. Macculloch, p. 441.

7) *Ibid.*

8) Kim. Young-Dong, *op. cit.,* p. 33.

9) M. Eliade, *Shamanism: Techrique of Ecstasy* (New York: Princeton University Press, 1964), p. 4.

정진홍은 "샤머니즘이란 그 나름의 '존재 양태의 변화 기제(Mechanism)'로 자신이 현존하는 문화와 시대 안에서 자신의 역할을 수행하는 구체적인 '종교'[10)]"라고 말하고 있는데, 이는 월프레드 캔트웰 스미스의 견해에 따른 것이다.[11)] 저자 또한 그 시대와 문화의 틀 안에서 인간의 존재적 내면에 있는 종교적 심성의 표현이라는 점에서 무교를 종교로 봄이 더 타당하다고 생각한다. 따라서 저자는 샤머니즘(Shamanism)을 종교(Religion)로 간주할 것이다.[12)]

무교는 우리 고유의 것이지만 우리만의 독자적인 신앙형태는 아니다. 그것은 중국, 만주, 시베리아 등지에 퍼져 있는 종교 현상인 샤머니즘의 일종이다. '샤만(Shaman)'이라는 말은 퉁구스어 '샤만(saman)'에서부터 러시아어를 통하여 유래한 말이다. 샤만은 주술사이기도 하고 주의(呪醫)이기도 하기 때문에 원시적인 샤만이든지 근대적인 샤만이든지 간에 의사들처럼 병을 치료하기도 하고 주술사들처럼 이적을 행하기도 한다. 그러나 엘리아데(M. Eliade)는 샤만의 역할이 여기에 머물지 않고 영혼의 안내자(psychopomp), 사제(priest), 신비가(mystic), 시인(poet) 노릇도 한다고 본다.[13)] 실제적으로 무교의 무당에게 이와 비슷한 역할이 이루어지고 있는 것을 발견 할 수 있다.

그런데 한국에서의 무교는 시베리아의 샤머니즘과는 다른 면이 있

10) 정진홍, "기독교와 무속", 『기독교사상』, 제456호(1996. 12): 11.

11) Wilfred Cantwelll Smith, *The Meaning and End of Religion,* 길희성 역, 『종교의 의미와 목적』(왜관: 분도출판사, 1991).

12) 유동식은 한국 무교를 샤머니즘과 구별해서 이해하고 있는데 그것의 차이에 대해서 그리고 한국 무교의 종교성에 대해서는 다음을 참고하라. 유동식, 『한국 무교 역사와 구조』(서울: 연세대학교 출판부, 1975, 1983).

13) M. Eliade, *Le Chamanisme et Thchniques Archaiques de L'extase,* 이윤기 역, 『샤머니즘』(서울: 도서출판 까치, 1992), p. 24.

다. 한국 무교의 경우에는 천계의 신령들이 무당의 몸에 실리는 빙의형인 반면, 시베리아의 샤먼들은 우리 무당의 경우처럼 신이 몸에 들어오는 것을 가만히 기다리는 것이 아니라 혼이 몸을 빠져나가 천상계로 가서 신령들과 직접 만나는 이동형이라는 사실이다.[14] 이러한 성향은 아마도 여러 곳으로 움직이기보다는 한 곳에 정착해야 하고, 기후와 같은 자연적 조건에 어쩔 수 없이 의존해야 하는 농경문화가 지배적인 우리나라에서 아무래도 정착형으로 수용적인 경향이 강하게 나타났다고 믿어진다. 그리고 샤머니즘은 주술과 종교의 다른 형태와 공존하는 모습을 보이는데 이러한 이유에서 한국의 무교와 샤머니즘을 구분할 필요가 있다. 그런 의미에서 샤머니즘보다는 무교가 더 한국적이며 샤머니즘과 구별하여 무교라는 용어로 사용하고자 한다.[15] 또 경우에 따라 샤머니즘도 병용한다.

1. 한국 무교의 역사와 사상

(1) 역사

3세기 경에 기록된 중국의 『삼국위지동이전(三國魏志東夷傳)』에 보면 우리 민족이 각 부족 국가마다 사람을 하나 세워 천신에게 제사를 지내게 했다는 기록이 있다. 이는 우리나라도 고대부터 최고신 개념이 뚜렷했음을 알 수 있다. 그리고 이 천신에게 제사지내는 사람을

14) 최준식, 『한국의 종교, 문화로 읽는다』(서울: 사계절, 1998), p. 17.
15) 샤머니즘에 대한 더 깊은 연구는 미르치아 엘리아데, *op. cit.*을 참고.

삼한에서 천군(天君)으로 불렀고 또한 소도(蘇塗)라고 부르는 신성한 장소를 두고서 이곳에서 나무에 방울을 달고 제사를 지냈다고 한다. 또한 『삼국사기(三國史記)』권32 '제4 조' 를 보면 신라 제2 대 임금이었던 남해왕의 누이동생 '아노' 가 종묘제사를 담당했다는 기록이 있다. 공주이면서 여사제로서의 역할을 감당했던 것이다.[16] 최남선에 의하면 '단군' 은 고유명사가 아니라 북방의 알타이어 계통에서 무당을 이르는 '탱그리' 라는 단어에서 온 보통명사로 정치적 우두머리이면서 동시에 종교적 사제를 지칭한다고 말한다. 단군의 경우보다 더 명확한 예는 신라의 두 번째 임금이었던 남해 차차웅의 경우로, 신라의 김대문에 의하면 '차차웅' 혹은 '자충' 은 무당을 뜻하는 방언으로 남해 역시 왕이면서 무당이었다고 한다. 그러나 국가 체계가 서고 왕권이 강화되면서부터 사제권이 분리되어 무당은 왕권에 복속되고 종교적 기능만을 전담하게 된다.[17]

한국에서 가장 오래된 직접적인 기록은 『삼국사기』와 『삼국유사』에 전하는 신라 제2대 왕인 남해 왕의 것으로 AD 1세기 초가 되며, 그리고 삼국지나 후한서 등의 『동이전』에 전하는 한국의 고대 계절행사들을 살펴보면 더 위로 소급될 수 있다.[18] 『삼국사기』와 같은 역사적 문헌에 의거에 추측해 보면 무당은 당시 왕의 옆에서 여러 자연적 혹은 초자연적 현상을 해석해 주는 점복가로, 왕실에 병이 생기면 고쳐주는 치병자로, 또 기우제와 같은 종교적인 의례를 주관하는 사제로서의 기능을 했던 것으로 보인다. 삼국시대인 고구려시대에는 무당을

16) 김승혜, 김성례, 『그리스도교와 무교』(서울: 바오로 딸, 1998), p. 30.
17) 최준석, *op. cit.*, p. 18.
18) 문상희, 『한국의 샤머니즘』(왜관: 분도출판사, 1995), p. 129.

사무(師巫)라고 불렀는데 이는 만주의 살만처럼 천신에게 제사하고, 주나라의 태사처럼 국가의 길흉(吉凶)을 점치는 역할을 감당했기 때문이었다.

통일신라시대에 유교가 사회적으로 정착되면서 무당의 초기 역할은 더욱 위축되었다.[19] 무당이 국가에서 공식적으로 지녔던 역할을 승려와 유학자들에게 나누어지면서 정치적으로는 유학자들에게 빼앗기고 종교적인 분야에서는 승려들에게 빼앗김으로 인해서 상당부분 약화되었다.

고려시대는 전체적으로 볼 때 여러 종교가 공존하던 시기였다. 당시에 가장 중요한 위치를 차지했던 종교는 불교였지만, 도교도 초례(醮禮)라는 국가의례를 행하면서 도사(道士)들이 활동하였고, 유교도 정치 사회적인 차원에서 나름대로 역할을 하고 있었다. 그리고 무당도 고대와 같은 공식적인 위치는 빼앗겼지만 그다지 박해를 받지 않고 생활면에서 민간신앙이 널리 적용되던 시대였다.[20] 병이 생기면 약물 치료보다는 귀신에게 제사를 하는데 주력하면서 작게는 일상생활에서부터, 크게는 국가의 행사에 이르기까지 무당을 불러들여 의지하려는 경향을 보이기도 했다. 기우제(祈雨祭), 기은제(祈恩祭), 재앙을 물리치고 병을 치료하는 일에서부터 서낭과 산신에게 비는 의식에까지도 무당이 참여하였고, 민간의 신에 대한 신앙도 불교와 혼합하여 다양하게 신봉되었다. 고려말에 무당을 수도에서 쫓아내는 등 일시적인 박해의 모습이 보이기는 했지만 실제적인 박해는 주자학(朱子學)이 국가통치이념으로 세워졌던 조선시대부터였다.

---

19) 김승혜, 김성례, *op. cit.*, p. 33.
20) *Ibid.*, p. 34.

조선시대에 들어와 주자학이 국가통치이념으로 채택되면서 무교는 사회적인 박해를 받게 된다. 무당의 신분은 천민으로 낮아졌고 주자학자들에 의해서 음사(淫祀)로 평가하면서 배척했다. 그러나 다른 한편으로 관청의 낮은 역할을 맡기면서 전염병이 돌거나 가뭄이 들면 무당을 불러 기우제를 지내게 하고, 성숙청(星宿廳)을 두어서 봄, 가을에 왕실의 복을 비는 굿을 하기도 했다. 그 외에 동서활인서(東西活人署)를 두어 가난한 병자들을 치료하게 했다.[21] 그러나 민간에서는 무교가 계속 활동하고 있었다. 또 왕실과 양반가의 부녀자들이 무교 신앙을 계속 지니고 있었다.

조선조 이래로 무당은 천민으로 내몰려 사회적 천대와 핍박의 대상이 되었으며, 이런 경향은 일제 강점기에도 여전했다. 해방 이후, 서구문화에 대한 동경은 비과학성을 들어 우리 전통 종교나 문화의 가치가 평가절하 되었고, 혹독한 비판의 대상이 되었다. 더욱이 새마을 운동이 전국적으로 전개되면서 무교는 미신 타파의 대상으로서 다시 한 번 곤욕을 치러야 했다. 그러나 무속인들은 나름대로 권익보호단체인 '대한승공경신연합회(大韓勝共敬神聯合會)' 를 만들어 세력을 조직화 했다.[22] 뿐만 아니라 한국 고유문화에 대한 관심이 일어나면서 무당의 숫자가 늘어났고 평균 학력도 상승했으며 인터넷과 컴퓨터 등 첨단 미디어를 통해 오히려 더 대중들과 가까워지고 있다. 더 나아가 제도 종교로 발돋움하기 위하여 1988년에는 이 단체 간부들의 주도로 '천우교' 라는 명칭의 신종교를 만들고 교리서까지 발간하였다.[23]

---

21) *Ibid.*, p. 36.

22) 차옥승, 『한국인의 종교 경험. 무교』(서울: 서광사, 1997), p. 16.

23) 박일영, "무교적 관점에서 본 그리스도교", 『신학과 사상』 제14호(1995. 12), p. 107.

(2) 사상

무교의 신령 체계는 다신교적 신앙 체계이다. 김태곤의 조사에 의하면 한국의 무속에서 신앙하는 신은 총 273종에 달하며 다시 계통적으로 분류하면 자연신이 22계통, 인간신이 11계통이 되어, 총 33계통이 된다. 최고신으로 천신이 존재하고 무신들은 상, 중, 하, 최하층으로 구분된다. 신령을 종류별로 크게 나눌 때 보통 천신류(天神類), 지신류(地神類), 인신류(人神類), 잡귀류(雜鬼類) 등의 넷으로 분류한다. 이 가운데 주종을 이루는 부분은 천신과 지신류로서 일, 월, 성, 신에 관한 신령, 또 산신, 수신 등 자연계에 있는 사물이나 현상을 의인화하여 만든 신령을 통칭해서 말하는데 전체 신령의 60% 이상을 점유한다고 한다.[24)]

무교에서는 선한 신과 악한 신의 구분이 명확하지 않다. 신령과의 관계에서 가장 중요한 점은 그 신령의 본성이 어떻다는 것보다 그 신령을 어떻게 대접하느냐에 있다. 선한 신이든지, 악한 신이든지 바로 인간의 생사, 흥망, 화복, 질병 등의 운명 일체가 이들 신의 의사에 달려 있다고 믿는 것이 무교의 신앙이기에, 사람들은 마을에서는 마을 수호신을, 가정에서는 가정 수호신을 두고 있다. 그 중에서도 특히 생명과 재복(財福)을 관장하는 신은 숭배 대상의 중심에 위치하고 있다.

무교의 신령들이 관장하는 임무는 크게 네 부류로 나눌 수 있다. 첫째는 무당이 무의식(巫儀式)을 잘 수행할 수 있도록 능력을 불어 넣어서 무당이 실제로 무업을 수행함에 있어서 영험과 재주를 주고, 흉을

---

24) 최준식, *op. cit.*, p. 44.

돋우어주는 일이고, 둘째는 인간의 삶터와 일터, 죽음터에서의 모든 일을 관장하는 일이다. 셋째는 천지, 만물, 인간 세계를 다스리는 일이고, 넷째는 내세를 관장하고 망자를 천도하고 사령을 위무하는 일을 한다.

무교의 신령들은 또한 성격에 따라 세 범주로 구분할 수 있는데 첫 번째는 정신(正神)이다. 인간에게 생명을 주고 복을 준다. 여기에는 하늘, 땅, 바다, 산을 관장하는 자연 우주신, 예를 들어 옥황, 일월성신, 심신제석, 칠성, 용신, 부처 등이 여기에 해당한다. 그리고 관운장과 같은 영웅신들도 여기에 해당한다. 두 번째는 조상신이다. 혈연 조상의 신들로서 한 집안의 대주와 기주 양쪽으로 4대조까지의 친족 조상을 말한다. 세 번째 범주는 잡귀, 잡신이다. 이들은 액(厄)과 살(殺)의 원인이 되고, 이들 신 가운데는 걸립, 터주, 지신, 서낭 등은 수호신으로서의 역할을 하나 동법, 상문 등은 악독한 기운을 지니고 하탈, 영산, 말명, 객귀, 잡귀 등은 원한에 관련되어 있다. 이러한 관점에서 보면 무교의 신령 체계는 우주론적인 맥락을 지니고 있다고 할 수 있다.[25] 하늘에서 지상으로 연결되고, 지상에서도 인간사 전반과 자연의 삼라만상을 서로서로 연결시키면서 질서를 잡아주는 체계를 이루고 있다.

한국 무교의 신관에 있어서 특이한 점은 최고신 천신사상(天神思想)에 있다. 무교는 원래 다신론적이지만 전체 영계를 지배하는 최고신이 있다는 막연한 개념을 가지고 있으며, 이 최고신을 “하ᄂᆞ님”이라고 불렀다. 이 “하ᄂᆞ님”은 하늘에 계셔서 모든 일을 다스리는 어른이

25) 김승혜, 김성례, *op. cit.*, p. 13.

라는 뜻으로 "하느님" 이라고도 불렀다. 또한 세상을 다스리는 오직 하나이신 "하나님" 이라는 뜻도 있다. 그러나 이 최고신에 대해서는 그 개념이 모호하다.[26)]

결론적으로 무교에서의 신관은 신의 인격성이 희박하고, 신들 간에는 횡적인 연관성이 별로 눈에 띄지 않는다. 모두 자기 직분만 담당할 뿐 다른 신의 영역에는 별로 간섭하지 않는다는 말이다. 다신적 지연신관의 특징이 있기에 다른 종교의 신에게는 아주 너그러워서 만신전(萬神展)에는 신이란 이름만 붙으면 무엇이든지 다 받아들이기도 한다.[27)]

무교의 인간관에서는 기독교에서처럼 신이 인간을 창조했다는 내용을 찾아 볼 수 없다. 인간의 기원을 설명해 준다는 창세가(創世歌)에서는 벌레가 변형하여 인간이 되었다고 기록되어 있고, 민담이나 무가에서는 계수나무와 선녀 사이에서 인간의 시조 목도령이 출생하였다고 전해진다.[28)] 무교의 인간관에 있어서의 특징은 인간의 생사화복 흥망성쇠가 인간 스스로의 노력 여하에 따라 좌우되는 것이 아니라 신령의 뜻에 달려 있다는 의미에 있어서 다분히 운명론적이다. 출생할 때부터 삼신이 점지하고 잘 자라도록 키워준다는 것을 믿으며, 각종 신의 종류와 굿의 형태에서도 인간의 운명이 신의 손에 달려 있다고 믿는 것을 찾아 볼 수 있다. 칠성신(七星神)은 인간의 수명을 다스리고, 제석신(帝釋神)은 어린이를 수호하고, 대감신(大監神)은 제복을

26) 윤성범, 『기독교와 한국사상』(서울 대한기독교서회, 1977), p. 51.
27) 김기곤, "샤머니즘이 한국인의 기독교 신앙에 끼친 영향", 『삼육대학 논문집』 제14집 (1982): 128.
28) 손진태, 『조선민족설화의 연구』(서울: 을유문화사, 1947), p. 166.

주고, 터주신은 주부를 보호한다고 믿는다.

엘리아데(M. Eliade)의 관심은 무속의 상징체계 속에 나타난 우주적인 종교성에 있었다.[29] 땅과 하늘, 그리고 지하의 세계를 가르는 우주의 경계 사이에 무당은 하나의 대화자나 교통자로 부각되었고, 우주의 경계 사이의 소통은 상징 속에 심화되어서 굿과 같은 마당으로 표현되었다. 무당은 영적 존재를 접신하거나 강신함으로써 신비스러운 힘을 얻어 신과 인간과의 소통을 수행할 수 있다. 이러한 접신을 하기 위해서는 '무병(巫病)'이라는 신비스런 병적 현상을 체험함으로써만 가능하다. 무병은 단순한 질병이 아닌 신내림의 과정으로 신으로부터 선택되었다는 징후다. 이를 통해 자아를 버리고 신의 의지에 순종하는 종교 체험을 하게 되는 것이다.[30]

굿에서도 추구하는 가치세계는 현세적이고 물질적이고 현재적이다. 현재의 자신, 혹은 가족들의 물리적인 욕구에만 향해 있다. 그러기에 오구굿에서도 그 관심은 죽은 자에 대한 안녕이 아니라 죽어 부정하게 된 망령이 이승에 남은 가족들에게 해를 끼칠까 두려워 그 후환을 막으려는 데 있다.[31] 따라서 무교에서 인간이 추구하는 가치는 대부분 현세의 행복한 삶에 있다.

일반적으로 생각되는 내세(來世)는 살기 좋은 곳으로 먹을 것과 입을 것의 걱정이 없고, 따뜻하고 질병이 없고, 분쟁이 없으며, 죽음이 없는 영생의 낙원으로 현세의 반대편에 있다고 믿는 사후의 세계이다. 그러나 무속에서 생각하는 내세는 그렇게 아름다운 곳만은 아니

---

29) 정희수, "무속과 그리스도교 세계관의 유비", 『基督敎思想』 제456호(1996. 12): 49.

30) *Ibid.*, 52.

31) 최준식, *op. cit.*, p. 77.

어서, 내세에는 극락과 지옥의 두 가지 형태가 있다고 믿는다. 사람이 죽으면 명부(冥府)로 가서 십대왕을 차례로 거치며 생전의 선악 심판을 받아 선한 일을 한 영혼은 극락으로 보내어 영생하게 하고, 악한 일을 한 사람의 영혼은 지옥으로 보내어 영원히 온갖 형태의 형벌을 받는다고 믿는다. 그러나 이러한 내세사상은 불교의 극락과 지옥의 내세와 동일한 형태를 보이는데 이는 불교의 영향에 의해 나중에 형성된 내세관으로 보인다. 무교의 내세관 속에는 미래에 대한 종교적 구원을 얻는 내세관을 갖게 되는데 반해, 무속에서의 내세관은 특정한 신앙을 통한 종교적 구원의 의미라기보다는 자연적 순환의 의미로 나타난다. 따라서 고등종교가 가지고 있는 죄와 도덕, 윤리의 문제는 등한시한다.

신관, 우주관, 인간관, 영혼관, 내세관을 통해 살펴 본 무교의 사상체계는 다음과 같은 특징을 가지고 있다.

첫째, 현세적이요, 물질적이요, 현재적인 가치체계이다. 즉 내세적이거나 영적인 세계와 미래적인 소망, 초지상적인 가치나 형이상학이 없다. 지금 이 세상에서 부귀영화를 누리고 오래 살자는 생존적 가치이상을 넘어가지 않는다. 다시 말해 종말, 부활, 영생 같은 개념이나 이상은 무속의 가치관과는 거리가 먼 성격의 것들이다. 무속에서는 오직 자연의 순환질서에 따른 사상과 현세에서의 가족 내지 부락 공동체의 구복을 위한 현세 중심적 가치관을 가지고 있다.

둘째, 무교에는 인간관계에 대한 관심이 결여되어 있다. 다만 신령과 자기와의 종적인 관계가 있을 뿐이고, 횡적인 사회적 관계에 대한 관심은 없다. 신령에게 빌어 복락을 누림으로써 족하다. 자기 자신까지도 객관화할 공동사회 관념이 결여되어 있을 뿐만 아니라 윤리 관념도 결여되어 있다.

셋째, 현실 중심적이고 실용주의적이다. 무교에서는 있는 그대로의 현실을 긍정하고 그 현실에 적응하면서 최대한의 이익을 찾는다. 현실적 이익이라는 목적을 달성하기 위해서 필요한 것이며 무엇이건 실용적으로 이용한다. 따라서 신이나 기계나 외래문화나 외래종교를 막론하고 무속적인 가치와 목적에 맞추어 변형시켜 가면서 응용할 수 있는 것으로 본다.[32)]

지금까지 살펴 본 바에 의하면, 한국 무교의 특징은 종교혼합적인 성격을 가지고 있다. 샤머니즘은 전 세계에 퍼져 있는 종교 현상이지만, 한국 무교의 특성은 고등종교들과 깊은 교섭관계를 가져왔다는 점이다. 그리하여 주위 우세한 민족들의 종교로부터 오는 압박을 종교혼합의 형태로 견디면서 자기 정체성을 지켜내었다. 이러한 종교혼합의 첫째 양태가 단순전승이다.[33)] 무교가 제도화되어 있지 않음으로 해서 타종교에 대해 항상 개방적이었다는 것이다. 그리하여 무제한의 포용성을 가지고 타종교 요소들을 받아들여 혼합하였다고 본다.

2. 한국 무교에서의 '복' 이해

일반적으로 무교에서는 무당의 제의를 통칭하여 굿이라고 한다. 따라서 '굿'은 무교의식의 종합적 표현이다. 굿이란 그 목적이 '기양흉재'(祈禳凶災)와 재액초복(災厄招福)에 있고 또 굿을 '풀이' 라고 하는

32) 김인회, "무속과 외래종교", 『자유』(1986. 1): 27.
33) 박일영, "그리스도교에서 본 무속신앙", 『종교신학연구』 제7집(1994): 126.

것으로 보아 결국 재액을 풀고 복을 비는 제의를 곧 굿의 본 뜻이라고 해석하고 있다. 다시 말해서 굿은 복을 얻고 재해를 피하기 위한 무교에서의 제의적 행위이다. 굿은 그 종류가 다양하다. 가무가 따르는 큰 규모의 제사가 있고, 이보다 작은 '비손' 또는 '치성'이라고 부르는 제의도 있다. 굿 중에는 살아있는 사람의 삶의 현실에서 재난을 예방하거나 물리치고 복을 불러들이기 위한 굿이 있고, 죽은 사람의 영혼을 위로하고 정화하여 좋은 곳으로 보냄으로써 떠도는 망령의 상태를 벗어나 조상신이 되도록 하기 위한 굿도 있다.

굿은 기능상으로 볼 때 기복(祈福), 양재(禳災), 점복(占卜), 가락(歌樂)의 네 가지 기능을 가지고 있다. 첫째, 기복은 신령을 제사하고 복을 비는 것이다. 둘째, 양재는 인생의 모든 질병과 재액을 가져오는 악령과 악귀들을 제거하기 위한 기제나 금압 등이다. 셋째, 점복은 무당이 지닌 예언적 기능을 행사하는 것이다. 인생만사는 천지신명의 지배에 있기 때문에 영계를 통하여 무당이 미래의 길흉을 예지하는 것은 당연한 일로 생각하였다. 넷째, 가락이란 무당이 인생의 길흉화복(吉凶禍福)을 지배하는 제령들을 가무로 달래면서 재액초복(災厄招福)을 가져오는 오락적 기능이다.[34] 재액초복(災厄招福)을 구체적인 수준으로 확대한 것이 열두거리 기복제의 구조이다. 역신과 수호신을 모시는 거리들은 재액을 제거하기 위한 것이요, 재복과 수복과 안녕을 주관하는 삼대무신을 모시는 거리들은 적극적인 복을 추구하기 위한 의례들이다. 이러할 때 기복의 내용은 재복과 수복과 평안을 얻는데 있다. 굿이야 말로 적극적으로 행복을 비는 말이다. 실제로 한국의 각종

---

34) 유동식, 『한국종교와 기독교』 (서울: 대한기독교서회, 1979), p. 30.

굿의 주류를 이루고 있는 것은 복과 행운을 비는 재수굿, 안택굿, 천신굿 등이다. 이 모든 기본행태는 기복제에 준하고 있다.

3. 한국 무교에서의 '복' 이해의 특징

굿에 있어서 공수라고 하는 신탁은 예언자적인 선언의 노래이다. 선언의 내용은 두 가지 요소로 형성되어 있다. 하나는 인간의 불성실에 대한 비판이고, 다른 하나는 그럼에도 불구하고 신의 은총으로서 복에 대한 약속이다. 공수란 인간의 기원에 대한 신령의 응답이요 복의 약속이다. 곧 장수와 부귀와 평강이 그 중심 내용을 이루고 있다.[35] 그러나 이러한 복의 약속은 오직 신의 은총에 속하는 것이다.

샤머니즘의 공통적 기능이 사제, 치병, 예언임에 비하여 한국 무교는 기복, 양재, 점복, 오락이라는 네 가지 요소를 더 포함하고 있다. 사제와 기복, 치병과 양제 그리고 예언과 점복이 상관관계를 가지고 있는 점을 고려할 때, 여기에 오락의 기능이 더 포함되었다고 볼 수 있다. 한국 무교는 이러한 네 가지 기능으로 통해서 현세의 인간들이 재액초복하기 위해 제사와 굿을 하여 신령의 도움으로 재액과 수복, 그리고 안녕을 구하는 것이다.

기독교, 불교, 이슬람교와 같은 고등종교들은 진리와 구원의 문제에 관심을 갖는다. 이에 비해 무교의 주된 관심은 진리의 추구라기보다는 안녕의 상태를 가져오고 유지하게 하는 복과 능력 추구에 있다.

---

35) *Ibid.*, pp. 55-57.

즉 실용주의적인 입장에서 종교적 실체를 이해하고자 하기 때문에 어떤 종교적 실체와 체계가 나의 현실생활에서 복 추구에 도움이 되느냐 하는 문제가 가장 큰 이슈가 된다. 따라서 신과 인간과의 개인적인 구원관계라든가 신을 향한 신앙적 결단보다도, 생활상의 당면한 현실문제를 초월적인 신의 능력에 의지하여 해결해 나가려는 것이 무교의 주축[36]이라 할 수 있다.

II. 불교의 '복' 이해

불교는 이슬람이나 기독교와 같이 붓다라는 역사적 인물을 개조로 가지고 있으며, 붓다의 깨우침과 교설을 통해 보편적 종교의 토대를 형성했다. 그리고 그 가르침을 따르는 무리를 형성하게 됨으로 실질적인 종교의 모습으로 구체화되었다. 그러므로 그 개조(開祖)로서의 '붓다(佛, Buddha)', 그의 가르침인 법(法, dharma), 그리고 그를 따르는 공동체인 승(僧, samgha)를 삼보(三寶)라 하며, 이것은 불교의 기본 토대를 형성한다.[37]

불교의 정체성은 붓다의 연설로 여겨지는 『아함경(阿含經)』의 내용을 근거로 한다. 흔히 근본불교(根本佛敎)라 불리는 이 부분의 사상 내용은 연기(緣起),[38] 사성제(四聖帝), 팔정도(八正道) 등의 교설로 대표

36) 김기곤, "샤머니즘이 한국인의 기독교 신앙에 끼친 영향", 127.

37) 한국종교연구회, 『세계종교사입문』(서울: 청년사, 1991), p. 111.

38) '연기(緣起)'란 불교에서 진리를 나타내는 하나의 말로 본래는 인연생기(因緣生起)라 한다. 산스크리트어로 pratityasamutpāda, 현상적 사물, 즉 유위(有爲)는 모두 인(因, hetu(직접원인))과 연(緣, pratyaya(간접원인))의 2종 원인의 작용으로 생긴다고 보는 불교

된다. 그러나 불교사(佛教史)의 전개 과정에서 근본 불교의 이러한 중심 사상은 분파 불교와 대승 불교의 단계를 거치면서 엄청난 변화를 겪는다.[39] 입장을 달리하는 불교관 내의 분파적 대립과 다른 종교의 비판에 대응하면서 이론의 논리성과 조직성이 훨씬 치밀해졌다. 그뿐 아니라 매우 정제된 새로운 개념을 계발하여 그 철학적 사색을 진작시키기도 했다.

불교가 갖는 특징 중의 하나는 이성을 매우 중시하는 가르침이라는 것이다. 불교는 인간의 궁극적 문제에 대한 해결은 잘못된 현실을 직시하고 확실히 이해하면 자동적으로 얻을 수 있는 것이지 어떤 대상이나 그 대상의 능력을 믿어서 되는 것은 아니라고 본다.[40]

우리나라에 전래된 불교는 본래 인도 불교라기보다는 어느 정도 중국의 영향을 받은 중국화(中國化)된 불교다.[41] 우리나라 불교는 부분적으로는 인도와 직접 접촉하기도 했지만 대부분은 중국과 접촉하면서 중국 불교의 영향을 받으면서도 다른 한편으로는 중국 불교에 영향을 끼치기도 하면서 발전해 나갔다.

중국 불교가 역사적인 발전 과정에서 나타난 인도 불교의 종적인 다양성을 공시적인 관점에서 통합하여 교파 논리를 근거로 종파적으로 전개한 것이 특징이라면, 한국 불교는 중국 불교의 교파적 대립을 한 단계 더 지양시켜 하나의 불교를 추구하려고 했다는데 특징이

독자적인 교설로, 모든 사상은 사상 간의 상호관계상 성립하기 때문에, 불변적, 고정적 실체라고 할 수 있는 것은 아무것도 없다는 불교의 무아(anātman) 또는 공(空, sūnya)의 사상을 이론적으로 증명하는 것이 연기관(緣起觀)이다. 종교학사전 편찬위원회 편, "연기", 『종교학대사전』(2000).

39) 한국철학사상연구회, 『강좌 한국철학』(서울: 예문서원, 1995), p. 71.

40) 윤이흠 외 7인, 『한국인의 종교』(서울: 정음사, 1987), p. 253.

41) 한국철학사상연구회, *op. cit.*, p. 118.

있다. 한국 불교의 이러한 모습을 우리는 흔히 '회통 불교'[42]라고 말한다.[43]

1. 불교의 역사와 사상

(1) 역사

붓다는 기원전 6세기 중엽 인도의 두 번째 계급인 크샤트리아에 속했고, 카필라라는 조그만 성읍 국가의 왕자로 태어났다. 전설에 의하면 붓다는 모친의 옆구리로 나와 연꽃 위로 일곱 걸음을 걸은 뒤 하늘과 땅을 가리키면서 "천상천하(天上天下) 유아독존(唯我獨尊)" 이라는 말을 남겼다고 한다. 힌두교에 의하면 브라만 계급은 머리로, 크샤트리아계급은 옆구리로 나온다고 하는데 붓다의 탄생설화는 이것을 모방한 것으로 보인다.[44]

불교는 그 탄생지인 인도에서는 힌두교의 부흥과 이슬람교의 침입으로 11-12세기 이후에 거의 세력을 잃게 되지만, 선교에 역점을 두어 동남, 동북아시아 각지로 전파되었다. 불교가 가진 세계관이나 인간의 궁극적인 문제에 대한 심오한 분석, 위대한 자비사상, 엄청난 양의 경전, 삼세윤회설(三世輪回說)이나 업보설(業報說) 등 그 깊이를 알

---

42) 우리나라 불교 역사의 특수성을 표현한 용어이다. 불교가 발생한 인도의 불교를 원천불교, 각 분파가 생겨난 중국의 불교를 분파불교라고 할 때, 여러 불교 사상을 종합한 우리나라의 불교를 일컫는다. 각 분파를 모았다고 해서 회통불교(會通佛教)라고 한다.

43) *Ibid.*, p. 84.

44) 최준식, *op. cit.*, p. 258.

수 없는 웅대한 철학사상은 동양인의 심혼을 그 뿌리에서부터 뒤흔들어 놓았다. 불교는 선교를 할 때 그 대상지의 고유문화와 충돌하는 것을 가능한 피했다. 대신에 비록 약간은 왜곡되었더라도 우선은 불교를 그 땅에 심어 놓는 것에 주력했다.[45)]

4세기 경 한반도의 정세는 새롭게 성장하는 정치세력의 등장과 함께 이제까지의 부족 연맹체적 국가 형태를 지양하고 지배력이 훨씬 조직적으로 강화된 국가를 만들기 위해 부족 연맹체 국가의 기반이 되는 토착관념을 효과적으로 전환시키지 않으면 안 되었다.[46)] 한국불교는 이러한 역사적 조건에서 새롭게 부상하는 정치세력의 새로운 지배 이념으로 수용되었다.

우리나라에 불교가 들어오기는 4세기경 고구려 소수림왕 2년(372)에 중국 건진의 '순도'가 불상과 불경을 왕의 명령을 받아 전파했다. 백제에서는 침류왕 원년(384)에 불교가 공인되었고, 신라에서는 고구려, 백제보다 훨씬 늦은 법흥왕 14년(527)에 불교가 공인되었으며 이차돈의 순교를 계기로 하여 불교를 국교로 인정하였고 그 후 찬란하게 발전되었다.[47)] 삼국을 통일한 신라는 더욱 확대된 통일 국가를 다스리기 위해 삼국의 이질성을 아우르는 통일이념이 필요했다. 이러한 시대적 요청에 부응하여 원효와 의상은 중국의 사정을 충분히 고려하고 그 바탕 위에 한국 상황에 맞는 불교 이론을 구성하면서 그에 상응하는 실천적 노력을 기울였다. 원효의 빛나는 업적은 두 가지인데 하나는 당시 불교 사상계의 최대 과제인 중관학파와 유식학파의 이론적

---

45) *Ibid.*, p. 252.

46) 한국철학사상연구회, *op. cit.*, p. 84.

47) 한기두, 『한국불교사상사』(서울: 원광대출판부, 1973), p. 34.

대립을 극복할 대안을 『대승기신론소(大乘起信論疏)』를 통해 선도적으로 제시했다는 점이고, 다른 하나는 그때까지의 국가적 불교를 민중의 구체적 삶에서 구현해 내려고 노력했다는 점이다.[48] 의상이 전파한 한국 화엄종은 민중적 지향성을 가진 정토론적 화엄종이라는 사실에서 한국 불교의 자신감과 자주성을 엿볼 수 있다.

고려 태조 왕건은 왕위에 오르면서 고려를 건설하게 된 것은 오직 불법의 힘이라고 믿고 깊이 불교에 귀의하였다. 그는 나라의 번영을 위해 더욱 불교 옹호에 힘쓰는 한편 많은 사탑을 세우고, 크게 불사(佛事)도 일으켰다. 그러나 광종 이후 고려 귀족문화의 융성과 더불어 불교는 점차 사치와 타락의 분위기에 휩싸이게 되었다.[49] 고려시대 가장 중요한 불교의 과제는 선(禪)과 교(敎)의 관계를 정립하는 것이다. 다분히 해체적 성격을 지닌 선종을 가지고 새로운 국가를 구성하는 논리로 쓰기에는 부족했다. 의천은 교종이긴 하지만 그 자체에 선종적 요소가 많이 들어 있는 천태 사상에 주목하고 교선의 관계를 연결시키고자 하였다. 그러나 거기에는 이론적 결함이 남아 있었다. 보조국사 지눌은 소위 '돈오돈수설(頓悟頓修說)' 과 '정혜쌍수설(定慧雙修說)' 로 그 해결의 대안을 제시했고, 또 수전사 결사운동을 통해 그것을 실천적으로 검증했다.[50]

조선 초기의 역대 제왕들은 유학을 크게 일으키면서 주자학을 국가통치 이념으로 표방하면서 불교를 억제하였다. 불교 폐해에 대한 억불정책으로 사찰의 수를 줄이고 불교 종파들을 줄이는 정책을 썼다. 따

48) 한국철학사상연구회, *op. cit.*, p. 85.
49) 윤이흠 외 7인, *op. cit.*, p. 44.
50) 한국철학사상연구회, *op. cit.*, p. 86.

라서 조선 불교에서 나타나는 가장 중요한 특징은 현실적 압박에 맞서 자기 존립을 유지하는 문제와 주자학의 이념적 공세에 대해 존재 이유를 변호하는 문제로 나타났다. 그러나 비록 지배 권력으로부터는 멀어졌지만 대부분의 국민들은 여전히 불교를 신앙으로 간직하고 있었다.[51] 조선 왕조 최대의 위기였던 임진왜란 때 휴정은 실천적 불교의 역할을 강조했고, 불교 내부적으로는 호국적 전통을 재확인시켰다.

(2) 사상

기원전 6세기 불교가 탄생하면서 전래된 일반적 관념을 그대로 받아들인 것도 없지 않지만, 전반적으로 당시의 인도의 전통 사상에 비추어 획기적인 가르침을 전했다. 전래된 관념의 수용은 윤회설과 업설, 그리고 해탈을 목표로 삼고 있는 인생관 등이었다. 여기에 비해 불교의 새로운 주장이며 획기적 가르침이라 할 수 있는 것은 불평등한 계급적 인간관을 평등한 인간관으로 변화시킨 것과 신 중심의 세계관을 인간 중심의 연기(緣起)의 세계관으로 변화시킨 것, 고행을 중심으로 하는 수행관을 중도(中道)의 수행관으로 바꾼 것, 그리고 내세적 해탈관을 현세적 해탈관으로 전환시킨 것이다. 석가에 의해 새롭게 제기된 가르침 중에서도 중심적인 것은 연기관인데 이것은 석가의 깨달음 그 자체이기도 하다. 흔히 인과응보로 말해지는 이 연기관은 두 측면으로 해석될 수 있다. 하나는 불교의 목표인 해탈에 직결되어 나타나는 연기적 인간관과 수행관이고, 다른 하나는 궁극적으로 해탈에

---

51) *Ibid.*, p. 46.
52) *Ibid.*, p. 72.

연결되지만 직접적으로는 세계의 존재를 규명하는 연구적 세계관 혹은 연기적 존재론이다.[52]

불교는 인간의 궁극적인 문제를 해결하기 위해 인간이 처해 있는 현 상황에 대한 진단에서부터 즉, 삶은 괴롭다는 진단에서부터 시작한다. 전통적으로 불교에서는 인간의 고통을 네 가지 혹은 여덟 가지로 범례화 시켜 말한다. 네 가지는 생로병사이고 그 위에 사랑하는 사람과 이별하는 괴로움과 미워하는 사람을 만나야 하는 괴로움, 또한 갖고 싶은 것을 갖지 못하는 괴로움 그리고 마지막으로 몸을 이루고 있는 것 자체가 괴로움이라고 해서 여덟 가지 고통이라고 말한다.[53]

석가가 제자들에게 가르친 내용은 인간의 존재 양식을 가르친 사성제(四聖諦)와 그 인식에서 나오는 행위의 규범인 가장 기본적인 교리인 팔정도(八正道)이다. 그 중 '사성제(四聖諦)'는 고(苦), 집(集), 멸(滅), 도(道)의 진리이다. 인간 존재의 모든 것이 '고'라고 보는 것이 '고제(苦帝)'인데 고가 쌓이는 원인을 규명하는 것이 '집제(集帝)'이며 아는 것으로 끝나는 것이 아니라 실행해야 하며 이것이 '팔정도(八正道)' 라고 말한다.[54] '제(帝)'란 진리로써 인식의 대상이요 '팔정도(八正道)' 는 그 인식에서 오는 행위의 규범이다. '팔정도(八正道)' 와 '사성제(四聖帝)' 가 이루어질 때 인간은 쾌락과 고행에 치우치지 않고, 괴로워하지도 않는 자세에서 올바르게 현상을 파악하는 지혜를 가리켜 현상 경지인 열반에 도달하게 된다.

---

53) 최준식, *op. cit.*, p. 273.
54) 서경수, 『"불교" 종교란 무엇인가?』(왜관: 분도출판사, 1982), p. 48.

그리고 팔정도(八正道)는 팔지성도(八支聖道)[55]라고도 하는데 첫 번째, 정견(定見: Samma-Ditthi)로, 올바른 견해라는 뜻이다. 두 번째, 정사(定思: Samma-Sankappa)인데, 올바른 사고방식과 올바른 사고방식을 가리킨다. 감각적 쾌락의 추구를 포기해야 하고, 다른 사람에 대해서 악의를 품거나 살아있는 생명에 대해 해를 끼쳐서는 안 된다. 세 번째, 정어(定語: Samma-Vaca)인데, 바른 언어 행위를 말한다. 네 번째, 정업(定業: Samma-Kammanta)인데, 올바른 행동을 말한다. 살아있는 생명체를 죽이지 말고 오직 내게 주어진 것만 취한다. 다섯 번째, 정명(定命: Samma-Ajiva), 즉 올바른 생활이다. 사람을 해쳐서는 안 되며, 내 손으로 일하고 생계를 꾸려나가야 한다. 여섯 번째, 정정진(定精進: Samma-Vayama)으로, 올바른 노력을 말한다. 내 속에서 일어나는 악한 속성들을 막고, 내 속에 자리 잡고 있는 그 속성들을 버리기 위해서 단단히 자신을 격리하며, 마침내 완전함에 이르러야만 한다. 일곱 번째, 올바른 명상 즉 정념(定念)이다. 욕망과 슬픔으로부터 자유롭게 되기 위해서는 세심한 노력이 요구되며, 정신을 차리는 명상에 힘쓰도록 해야 한다. 여덟 번째, 올바른 자기 몰입 즉 정정(正定)이다. 모든 감각적인 쾌락, 악한 자기 몰입을 통해서 깊은 명상에 들어가 사성제의 진리를 깨닫도록 해야 한다. 팔정도(八正道)를 행하고 사성제를 이룰 때 인간은 비로소 쾌락과 고행에 치우치지 않고 괴로워하지도 않는 자세에서 올바르게 현상을 파악하는 지혜를 깨우쳐 열반(涅槃: Nirvana)에 도달하게 된다[56]는 것이다.

---

55) J. McDowell, D. Stewart, *Understanding Nonchristian Religions,* 이호열 역, 『이방종교』(서울: 기독지혜사, 1989), p. 72.

56) 서경수, *op. cit.,* p. 48.

2. 무교의 영향으로 형성된 한국 불교의 특성

조선조 건국과 함께 불교의 승려나 무교의 무당의 신분이 천민으로 전락되고 도성의 절이 폐쇄되는 등 혹독한 박해를 받기 시작하였고, 특히 불교는 살아남기 위해 민중에게 더 가까이가지 않으면 안 되었다. 따라서 불교는 신도들을 산속 절에까지 오게 하기 위해 무교의 많은 요소들을 받아들이게 되는데 그 대표적인 것인 삼신, 즉 불교 계통의 독성(獨聖), 도교나 무교 계통의 산신과 칠성신을 모시는 삼성각 혹은 삼신각의 경우이다.[57] 이는 불교 사찰의 무교화의 한 모습이다. 삼성각은 삼신을 모시는 곳으로 불교에는 없는 것이다. 그런데 지금은 완전히 불교 고유의 것처럼 정착되었다. 반대로 무교의 내세관이나 죽은 영혼에 대한 심판의 기준 등에 불교적인 색체가 강하게 가미되기도 했다.

혼합절충주의로 불교의 혼합적 성격은 한국 재래적 종교인 무교와 가장 깊은 혼합 속에 민중을 지배해 왔다. 호국 불교의 소산인 대장경은 무교와의 절충의 산물이다. 혼합적 성격은 신라의 화랑도와 고려의 팔관회와 조선조에 와서 휴정의 유, 불, 선 삼교가 일치하여 다름이 없다고 주장하여 혼합적 절충의 맥을 이어왔다.[58] 여기에 음양, 오행, 지리, 풍수설 들이 불교 안에 스며들었다.

공리적 현실주의의 성격이 무교에서 형성된 한국인의 심성이었는데 이것이 불교에 있어서도 새로운 특색으로 나타났다. 고려의 호국 불교 사상이나 불교의 정치적 개입과 권력과의 결합은 이러한 공리적 현실주의적인 특성을 드러낸 것이다.

---

57) *Ibid.*, p. 56.

58) 유동식, 『한국종교와 기독교』, p. 40.

3. 한국 불교의 '복' 이해와 그 특징

불교는 버림을 통해 얻는 진리 체계를 가지고 있다. 불교의 가르침에 따르면 인생에는 여덟 가지 고(苦)가 있다. 나고, 늙고, 병들고, 죽고, 미운 것과 만나고, 사랑하는 사람과 헤어지고, 구하는 것을 얻지 못하는 오취온(五趣蘊)이 괴로움이다. 이러한 인생의 고통에서 벗어나는 것이 곧 행복이요 복을 소유하는 것이 된다. 불교에서는 직접적으로 복을 이야기 하지 않는다. 다만 불행과 괴로움을 피하기 위해서 수행을 통해 깨달음을 얻어 열반에 이르면 그것이 복인 것이다.

불교에서 말하는 복은 인과응보사상 및 윤회사상과 연결되어 있다. 이 두 사상에 따라 이해할 경우, 복이란 이승에서 열심히 선하게 살아 저승에서 더 나은 모습으로 태어나는 것이다. 그리고 그 복의 끝은 해탈을 이루어 윤회의 사슬을 넘어서 부처가 되는 것으로 끝난다. 그러므로 인간의 최고의 복은 하늘로부터 주어지는 것이 아니라 스스로 노력해서 쌓아감으로 오는 인과응보적 개념의 복이라 하겠다.

Ⅲ. 유교의 '복' 이해

유교를 말할 때 우리는 충효나 조상숭배를 떠올리며, 유교나 유학을 보수적이고 권위주의적인 봉건 시대의 산물로 간주하려 하는 경향이 있다. 그럼에도 불구하고 도덕의 회복을 말하면서 유교적 가족 윤리를 주장하는 것은 유교가 시대를 뛰어넘는 그 어떤 보편성을 자기 안에 가지고 있음을 보여준다.

유학은 비록 공자가 창시하였다고 하지만, "옛것을 조술했을 뿐 창작하지 않았다"는 공자 자신의 말대로 그가 독창적으로 만들어 낸 것은 아니다. 공자는 이전의 여러 사상들, 예컨대 은대의 종교적인 상제 관념, 주대의 천명사상과 조상숭배 사상 그리고 인륜 질서인 예(禮)의 제도 등 전통 문화를 계승, 이를 종합적으로 정리[59]하여 자신의 사상을 정립하였다.

기독교가 사랑과 정의의 종교이고, 불교가 지혜와 자비의 종교라면, 유교는 '수기(修己)와 안인(安人)'의 가르침이라 해야 할 것이다.[60] 공자 사상의 핵심은 인간의 자각과 자율성에 대한 믿음, 즉 인간의 자주성에 대한 확신이 있었기 때문에, 미지의 영혼적인 것이나 죽음의 문제보다는 어떻게 사는 것이 바른 삶인가, 어떻게 해야 인간과 인간의 관계를 올바르게 세워 가는가 하는 문제에 관심을 집중한다.

'인(仁)'이라는 글자의 뜻은 사람과 사람을 의미한다. 인이란 인간의 개인적 각성 및 관계 속에서 실천을 가리킨다고 할 수 있으며, 다른 말로 인간다움이라 할 수 있다. 그 핵심 내용은 바로 인간에 대한 사랑이다. 그리고 인간관계에서 가장 기본적인 것은 부모와 자식의 관계이다. 그래서 공자는 효를 강조한다. 인을 실천하는 과정에서 꼭 필요한 것이 예이다. 예란 인간의 질서와 관습을 모아 놓은 것이다. 그러나 공자의 예는 실천 과정에 있는 것이므로, 예는 인의 바탕이 되어야 비로소 바르게 이루어질 수 있다.

예를 강조한 공자의 입장은 위정자의 도덕적 각성과 실천을 통해 각 개인을 교화시켜 도덕성을 제고한다는 것으로 나타난다. 그 결과

---

59) 한국철학사상연구회, *op. cit.*, p. 28.

60) 최준식, *op. cit.*, p. 110.

이 세상은 도덕으로 가득차고 평화로이 다스려진다는 것이다. 이는 곧 철인 정치(哲人政治)의 이상과 연결되는데, 이것이 바로 덕치주의(德治主義)이다. 덕치주의는 뒤에 맹자의 왕도정치(王道政治)로 이어지고, 이후 유교 정치 철학의 근본 입장이 된다. 공자의 유학을 나름대로 해석, 어느 정도 이론적 체계를 갖추어 세상에 널리 알린 사람은 맹자와 순자였다. 맹자는 공자를 성인으로 숭상하고 인을 인의로 확대 해석하였다. 또 공자의 덕치를 바탕으로 왕도를 구상하였고 왕도는 민중을 근본으로 한다는 민본 사상(民本思想)을 제시하였다. 한편 맹자는 도덕 실천의 이론적 근거를 마련하기 위해 인간에게는 천부적으로 선한 도덕심이 있으며 그것이 인간의 본질이라고 주장하였다.[61] 맹자의 이론은 공자의 도덕주의를 발전시킨 것이지만, 그의 이론이 당시의 현실에 너무 이상적이라는 결함을 가지고 있었고 이를 극복하기 위해 유가의 학설을 정비한 사람은 순자였다.

1. 한국 유교의 역사와 사상

(1) 역사

유학이 언제 우리나라에 전해졌는 지는 여러 가지 견해가 있으나 정확한 시기는 알 수 없다. 다만 한자의 전래와 더불어 전해졌을 것으로 추정하고 있다. 한사군 설치 이후에는 경학 중심의 한대(漢代) 유학

61) 한국철학사상연구회, *op. cit.*, p. 31.
62) *Ibid.*, p. 36.

이 들어오게 되었다. 그러나 본격적으로 유학이 전해진 것은 삼국시대부터이다. 고구려, 백제, 신라 각국에는 원시 유학에 나타나는 효제충신의 윤리와 경학 그리고 전장제도로 기능화된 한대 유학이 들어와 정치의 이념 및 교육제도 등 여러 방면에서 기능하였다.[62] 특히 신라는 우리 고유 정신에 원시 유학의 도덕 실천 정신과 불교 및 도교를 접목시켜 화랑도를 탄생시켰다.

주자학 도입 이전의 고려 유학은 건국 초기에는 국가의 기틀을 세우는데 작용하는 동시에 왕도 정치의 정신으로 발휘되기도 하였다. 광종에서 성종에 이르는 기간은 유학이 고려에서 틀을 잡은 때이다. 고려 중기에는 최충을 비롯한 사학 12도가 나와 유학 경전을 위주로 학생들을 교육하였다. 이후 사학이 쇠퇴하고 관학이 다시 흥성하면서 예종, 인종, 의종 때에는 경전에 대한 이해가 심화되었다. 그러나 이후 유학은 사장학으로 기울면서 의종 때 발생한 무신의 난과 함께 침체에 빠지고 말았다.

고려 말 주자학(朱子學)이 수입될 즈음 불교의 폐단으로 말미암아 사회가 혼란과 침체를 면하지 못하고 있었다. 이들 유학자들은 불교에는 현실의 인간윤리를 도외시하는 약점이 있다고 보았다. 주자학은 점차 고려 말 사대부들의 이념이 되었으며, 조선 왕조가 개국하면서 조선 왕조 500년의 역사, 문화, 정치, 교육을 이끄는 원동력이 되었다. 조선왕조는 유학을 정치 이념으로 삼아 불교를 배척하였다. 유학의 입장에서 불교를 체계적으로 비판한 사람은 정도전이었다. 조선 초기의 주자학자인 권근의 『입학도설』은 조선 중기의 성리설에 지대한 영

---

63) *Ibid.*, p. 37.

향을 미쳤다.[63]

태조에서 성종에 이르는 기간 유학자들은 조선 사회를 주자학적 질서로 재편하기 위해 노력하였다. 그 결과 유학적 정치는 정치적 안정과 더불어 민생의 안정도 가져왔다. 이황과 이이는 조선 유학의 쌍벽을 이루는 인물들로 후세에 지대한 영향을 끼쳤다. 이후 조선의 학계는 이황을 따르는 퇴계 학파와 이이를 따르는 율곡 학파라는 양 학파를 형성하여 발전하게 되었다. 그에 반해 이 시기에 들어온 양명학은 이단시되어 배척당하였다. 양명학은 17세기에 이르러 정제두에 의해 비로소 연구되었다.[64]

17세기 중기에서 19세기 초기까지 이어진 조선의 학풍이 실학(實學)이다. 실학자들은 주자학이 강조하는 내적 수양이나 도덕 이념보다는 현실의 구체적인 민생문제에 관심을 집중하였다. 그들은 주자학의 교조적인 이념 추구보다는 원시유학이 지니는 실천성, 즉 도덕의 실천과 민본주의의 현실적인 실천이라는 경세적 측면에 관심을 집중시켰다. 이와 동시에 주자학의 이념에서 벗어나 자유로이 양명학, 서학, 고증학 등의 학문을 받아들이는 개방적인 태도를 취하였다.[65]

한국은 17세기 초 중국에서 전래된 한문 서학서(西學書)를 통하여 천주교를 접하게 된다. 마테오 리치(Matteo Ricci)에 의하여 중국에 도입된 천주교를 포함한 서양 학문 일반으로서의 서학은 중국을 왕래하던 사신들에 의하여 한국 땅에 들어오게 되었다. 최초의 기독교 관련 기록이 담겨 있는 이수광의 『지봉유설(芝峯類說)』에는 마태오 리치(Matteo

64) *Ibid.*, pp. 38-39.
65) *Ibid.*, p. 40.

Ricci)의 『천주실의(天主實義)』와 『교우론(交友論)』에 대한 비판적 글들이 담겨 있었다. 그 이후로도 허균이나 이익을 위시한 수많은 실학자들의 논란을 거쳐서 1784년 한국 천주교회가 창립되기에 이른다.

(2) 사상

유교의 경전에는 『논어(論語)』, 『맹자(孟子)』, 『중용(中庸)』, 『대학(大學)』 등의 사서 외에 『시경(詩經)』, 『서경(書經)』, 『주역(周易)』 등의 삼경이 있다. 『논어』는 처음부터 경으로서의 확고한 위치를 차지하게 되지만, 『맹자』는 송대에 내려와서야 비로소 경으로서의 대접을 받게 된다. 한편 『중용』이나 『대학』은 원래 오경 중의 하나인 『예기』의 49편 가운데 2편을 뽑아 단행본으로 만든 것이다. 이것을 사서로서 합편해 유교경전으로서의 확고부동한 위치를 차지하게 만든 장본인은 바로 주자(朱子)였다. "하늘로부터 부여받은 것을 인간의 본성이라고 한다"는 『중용』의 첫 문장은 유교가 더 이상 일차원적인 도덕적 사회윤리에 불과한 것이 아니라는 것을 보여준다. 유교에서 인간이란 하늘의 선한 성품을 그대로 이어받았기 때문에, 당연히 착하게 살아야 한다고 주장한다. 그리고 하늘의 성품을 태극(太極)이나 이(理)로 보고, 각 사람의 성품에 이 이가 나뉘어 각인되어 있다고 하는 신유학의 이론이 나오게 된다. 『중용』은 또 하늘의 도가 절대적 성실에 있고 그것을 완성시켜 나가는 존재가 바로 인간이라고 말함으로써, 하늘과 인간의 연계성에 확실한 단서를 제공하고 있다.[66] 그리고 이 성실은

66) 최준식, *op. cit.*, p. 125.

중용으로 유교인들이 추구해야 할 일생의 목표가 된다.

『중용』과 더불어 『대학』의 중심 사상을 이루는 것은 이른바 삼강령(三綱領)이라 불리는 것이다. 밝은 덕을 밝게 하고(明明德), 백성을 새롭게 하며(新民), 혹은 백성을 친히 여기며(親民), 이로써 지극히 착한 것에 머물게 되는 것(止於至善)이 그것이다.[67] 여기서도 스스로를 밝게 닦고 다른 사람을 편안하게 하여 지극한 경지에 이른다는 유교의 근본사상이 잘 표현되어 있다. 『대학』에 나오는 구절 가운데 특히 후대에 성리학에 많은 해석거리를 가져다 준 것은 격물치지이다.

불교가 자비의 종교라면 유교는 인(仁)의 종교라고 할 수 있다. 인은 유교가 주장하는 수많은 덕목 가운데 가장 중심에 있으며 다른 덕목의 완성이기도 한 인은 바로 모든 유교인들이 평생을 통해 스스로를 닦으면서 그 실천을 위해 노력해야 할 이상이다. 사실 인은 원래 공자 이전에는 유교에서처럼 덕의 절정, 인간성의 완성을 뜻하는 것이 아니라 단순히 육체적 아름다움이나 부모 자식 간의 애정, 혹은 온화함 같은 것을 의미했다. '인이 무엇인가' 라는 질문에 공자는 극기복례(克己復禮)라고 하였다. 나를 극복함으로써 공동체의 규범인 예로 돌아가자는 것이다. 이 예의 강조는 후에 지나치게 강조되었고 특히 우리나라에서는 의식의 형식을 갖추는 일에 지나쳐 허례허식으로 이어지기도 했다.

공자는 인의 또 다른 표현을 경천애인(敬天愛人), 즉 하늘을 공경하고 사람을 사랑하는 것이라고 했다. 하늘이라 함은 우주만물의 원리가 되는 도를 가리키는 것이다. 그럼에도 불구하고 흔히는 유교에서

67) *Ibid.*, p. 75.

말하는 출발점이 효에서 비롯된다고 본다. 그러나 맹자는 모든 부모를 사랑하자는 묵자를 비판하면서 내 부모를 먼저 사랑해야 한다고 강조했다. 이러한 유교식 사랑은 한국인의 사회의식의 형성에 결정적인 영향력을 끼쳤다. 이 결과로 가부장적 가족주의가 생겨났다.[68] 이런 의미에서 유교의 인은 차등적 사랑이라고 부른다. 그러나 유교인들에게 있어 인은 실천하려고 하다가 안 되면 포기해도 되는 그런 덕목이 아니다. 인은 그 실천을 위해 온 힘을 다해 노력해야 하고 경우에 따라서는 생명과 맞바꿀 각오마저 갖고 임해야 하는 가장 높은 덕이다. 공자는 부와 가난을 말하면서 부와 명예는 사람이 원하는 바이지만 그것을 취할 때 인에 어긋나는 경우가 생기면 취해서는 안 되고, 가난은 사람이 싫어하는 바이지만 인을 상실하면서까지 피해서는 안 될 것이라고 했다.[69]

인이 전체 덕목을 총괄하는 전일적인 덕목이라면, 의는 어떤 일정한 상황에서 인을 기준으로 삼아서 도덕적으로 취해야 할 바를 정해주는 인의 하위 덕목인 셈이다. 인이 부드러운 힘을 연상시킨다면, 의는 도덕적으로 무엇무엇을 해야 한다고 하는 것이니 다소 강직한 힘을 연상시킨다. 의는 영어로 번역할 때 보통 'righteousness', 혹은 'justice' 라고 한다. 근세 서양에서는 보통 정의의 개념이 개인적인 것보다는 사회적인 것을 의미하는데, 유교의 의는 보다 개인적인 차원을 중시하는 것 같다.[70] 유교나 맹자가 주장하는 의가 아무리 엄격하고 공평하며 상황성을 존중한다 해도 가족, 특히 부모와 관계될 때는

68) *Ibid.*, p. 131.
69) *Ibid.*, p. 137.
70) *Ibid.*, p. 139.

무력해진다. 이 영향 때문에 개인적인 혹은 가족윤리의 차원을 벗어나 사회공동체를 보다 중시하는 사회적인 정의의 개념이 제대로 발달하지 못하게 된다.

유교에서는 인간 본연의 성(誠)을 도덕적으로 보아 인간의 본성은 선한 것으로 본다. 그러기에 인(仁), 의(義), 예(禮), 지(智)를 최고의 가치로 삼고 그 가치구현을 위한 실천규범으로서 '삼강오륜(三綱五倫)'을 중요시 한다.[71] 우리나라 사회생활에 영향을 끼친 교리 가운데 오륜보다 더 큰 것은 없어 보인다. 그러나 세월이 변하면서 오륜의 영향력이 많이 약화되었다. 그러나 '장유유서(長幼有序)' 만큼은 여전히 한국인들의 사고의 틀을 형성하고 있다.

유교의 신관은 '천(天)'의 사상인데 이것은 자아를 인식하여 인정 속에 내재하고 있는 도덕률을 통한 것이며 그 속에서 느껴지고 이해되고 지각된 하늘의 개념으로 재래의 경천사상에서 나온 '천'의 개념과 완전히 다르다.[72] 공자는 상제나 천에 대해 언급한 일이 없고 더구나 섬긴다든지 제사하라는 등의 교훈도 없다.[73]

따라서 유교에서는 신적 존재를 인정하지 않는다. 신적 존재에 버금가는 것으로 하늘과 인간을 말한다(경천애인). 유교는 인간 자체 즉 성인 곧, 공자의 뜻을 기리는 종교의 한 형태이며 인간의 인격적 최고 단계인 성인에 도달하기 위하여 성인의 교훈을 지키는 것이다. 이런 점에서 유교는 가장 현실주의적이요, 합리적인 인본주의 종교라 하겠다.

유교에서는 원래부터 내세도 구원도 영생도 없으며 본질적으로 현

71) 양대연, 『유학개론』(서울: 신아사, 1966), p. 420.
72) 김익수, 『유가사상과 교육철학』(서울: 형성출판사, 1979), p. 89.
73) 김학규, 『공자의 생애와 사상』(서울: 태양문화사, 1978), p. 205.

실 중심적이다. 선조에 대한 제사의식은 부모에 대한 효행이었으나 차츰 조상신에게 하는 것으로 변모해 갔는데 이것은 유교와 불교 그리고 무속의 혼합에서 비롯되었다. 유교에서의 근본 사상은 효이다. 효는 덕과 인의 근본이기도 하다. 효는 조상신에 대해 제사가 지닌 종교적 의미를 떠나서는 생각할 수 없다. 따라서 부모나 선조의 제사를 통하여 제사에 참여하는 사람들은 자신을 확인하고 선조의 현존하심을 되살리면서 그 아득한 자시 생명의 긴 근원을 제사를 통해 경험함으로서 쇠잔해 가는 삶의 의미를 재구성하는 신비에 참여하게 되는 것이다.

2. 무교의 영향으로 형성된 한국 유교의 특성

대체로 조선조의 종교 신앙은 남성 위주의 유교와 여성 위주의 불교와 무교가 나름대로 공존했던 것으로 나타난다. 조선조 위정자들이 유교를 삶의 모든 면을 관장하는 절대이념으로 삼으려고 했지만 사대부 계층을 제외한 대부분의 국민은 유교만으로는 만족할 수 없었을 것이다.[74] 왜냐하면 유교는 다른 종교에 비해 상대적으로 종교성이 약하기 때문에 인생의 다양한 문제들 즉, 죽음이나 재앙에 효과적으로 대처하기에 역부족이었다. 그리고 유교의 냉정한 이성보다는 감성적인 여성들에 무교가 더 친근했을 것이다.

특별히 유교의 제사와 넓게 보아 무교로 보여지는 고사를 비교해

---

74) 최준식, *op. cit.*, p. 52.

볼 수 있다. 유교의 제사는 철저히 여성이 소외된 종교의례이다. 제사를 준비하는데 온 정성을 다하는 여성에 비해 정작 제사를 드릴 때는 소외된다. 그러나 간과해서는 안 될 것이 한국 가정의 종교의례는 제사보다는 그 중요성이 떨어지지만 고사라는 것이 있었고 이것은 그 집안의 여성 가장이 집전했다는 사실이다.[75] 이 제사와 고사는 죽은 자들을 위로함에 있어서 서로 상보적이었다. 제사가 가족이 인정하는 조상에 대한 의례였다면 고사는 그 외에 불행한 죽음을 당한 조상을 위해 드려지는 의례였다. 그 중 고사에서 보여지는 사령제[76]가 가슴에 더 직접적으로 와 닿는다.

3. 한국 유교의 '복' 이해와 그 특징

유교는 우주와 사회를 이해하고 바른 관계를 형성하기 위한 사상으로서 사실 복을 추구하는 것과는 거리가 멀다. 그러므로 한국인들에게 가장 많은 영향을 준 사상이 있다면 삼강오륜으로 정리될 수 있는 윤리적 규범이다.[77] 부자유친으로 나타나는 효의 강조와 장유유서로 표현되는 상하질서의식, 또 부부유별로 나타나는 남녀차별은 현대 한국인들의 대인관계의 전부라고 해도 과언이 아닐 정도로 엄청난 영향을 끼쳤다. 장유유서가 가져오는 현상은 권위주의의 강화이며, 효의

---

75) *Ibid.*, p. 53.

76) 사령제는 사자와의 대화를 통해 망자의 한을 풀어준다. 오구굿은 직접 대화를 통해 양자 간의 감정을 완전히 정리하는 의미가 있다.

77) *Ibid.*, p. 188.

강조는 내 부모를 중심으로 한 가족 중심주의가 우선순위에 놓이게 되었다.

규범적 종교이기 때문에 중요하게 여겨지고 있지 않지만 굳이 유교의 복에 대해서 말할 수 있다면 우주와 인간이 서로 바른 관계 속에 있게 되는 상태라고 볼 수 있는데, 이를 위해 유교에서는 수양이라는 방법을 제시하고 있다. 그럼에도 불구하고 흔히 유교에서 복을 추구하는 것으로 말하는 것은 무속의 영향에 의한 것이 많다. 그 대표적인 것이 조상제사이다.

조상에게 드리는 제사는 효의 실현이면서 구복행위였다. 제사를 통해 조상의 존재를 상기시키면서 자신 또한 세상을 떠난 뒤에도 이러한 제사를 받음으로 인해 자신의 존재를 남기고 그렇게 조상에게 드리는 제사를 통해 조상신이 그들에게 복을 준다고 믿었다.[78]

유교에서 복의 개념은 매우 약하게 나타나며, "오늘날에도 유교가 여전히 그 기능을 할 수 있는가?" 하는 질문에는 깊이 숙고해보아야 할 것이다. 그러나 가족의 중요성이 어느 때보다 높아진 지금 유교가 갖는 봉건적 요소들을 버리고 도덕적 인간 사랑의 유교의 사상을 잘 정립해 나간다면 가족 윤리적인 면에서, 그리고 사회 윤리적인 면에서 나름의 공헌을 할 수 있겠다.

---

78) 다음을 참조하라. 최길성, 『한국인의 조상숭배』(서울: 예전사, 1986). 최성수, "조상 제사가 갖는 신학적인 문제", 『基督教思想』(제478호), 118-130. 최성수, "치병현상, 제사문화, 그리고 기독교", 『신학과 목회, 그 뗄 수 없는 관계』(서울: 씨엠, 2001), pp. 167-199. 장수근, "한국 민간신앙의 조상숭배: 유교 이전의 전승 자료에 대하여", 『문화인류학』 15, 한국문화인류학회, 63-80.

제3장

기복에 대한 연구

Blessing of God
and Our Blessing Life

기복에 대한 연구

인간에게는 사회성과 종교성이 함께 존재한다. 인간의 사회성은 동등 혹은 상하관계를 인식하는 것이다. 이에 반해 인간의 종교성은 자신과 비교될 수 없는 '절대적 대상'을 인식하는 것으로, 이 절대적 대상을 통해 인간의 본능적 욕구들, 곧 재물, 건강, 성공 등을 이루기를 소원한다. 최정호는 인간에게 있는 '기복의 욕구'에 대해서 다음과 같이 말한다.

> 삶의 알몸을 본다는 것은 다른 말이 아니다. 삶의 가장 거짓 없는 본연의 모습, 가장 거짓 없는 본연의 욕구, 가장 거짓 없는 본연의 소망을 본다는 것이다. 거짓 없는 본연의 그것이 무엇인가? 나는 그것을 모든 한국 사람에게 일관하고 있는 '복을 비는 마음'이라고 생각한다.[1]

자신이 처한 불확실한 상황 혹은 무엇인가 할 수 없음을 경험하는 인간적 한계 상황이 인간의 종교성과 맞닿아 있다. 절대자를 통해 자

1) 최정호, 『복에 관한 담론: 기복사상과 한국의 기층문화』(파주: 돌베개, 2010), pp. 38-39.

신의 필요를 얻고 한계 상황을 극복하려는 기도, 이것이 기복이다. 이원규는 '기복신앙'을 다음과 같이 정의한다.

> 복은 특히 자신과 가족에게 주어지는 물질, 육체의 정신과 건강, 성공과 출세 같은 현실적 소유와 성취에 주로 초점이 맞추어져 있다. 따라서 복을 기대하고 추구하는 것은 인간의 자연스러운 본능이라 할 수 있다. 그러나 그것이 자신의 힘만으로 이루어지는 것이 쉽지 않기 때문에 외부, 특히 절대자에 의해 그러한 복이 주어질 수 있다는 믿음이 생겨나게 되는데, 이를 가리켜 '기복신앙'이라고 부른다.[2)]

'복'에 대한 인간의 소원은 절대자를 향한 종교 행위로 나타난다. 그러므로 기복이 없는 종교는 없다. 기복은 '복'에 대한 인간의 '소원'과 동시에 그것을 이룰 수 없는 자신의 '한계'를 인정하는 가장 진실한 표현이다.

I. 샤머니즘 속의 기복

종교의 기원을 논할 때 통상적으로 외래 종교와 토속 종교로 구분을 한다. 외부에서 들어온 종교를 '외래 종교'라고 한다면 우리나라 대부분의 종교는 외래 종교라고 할 수 있다. 불교와 유교, 그리고 기독교는 물론 그보다 훨씬 오래 전부터 존재했던 무속신앙, 곧 샤머니즘

---

2) 김문조 외, 『한국인은 누구인가: 38가지 코드로 읽는 우리의 정체성』(파주: 21세기북스, 2013), p. 94.

또한 외래 종교다. 그러나 실제로 무속종교가 들어 온 때를 정확히 알 수 없을만큼 오래 전부터 이 땅에 토착화되었기 때문에 외래 종교라 칭하기보다 '토착종교화' 되었다고 표현하는 것이 옳을 것이다.[3] 무속신앙은 한국인들의 삶의 영역에 깊이 뿌리를 내리는 종교가 되어 외래 종교가 들어오게 되면 이 무속 종교와 혼합되어 새로운 무속화가 진행되는 것을 볼 수 있다.

1. 샤머니즘의 특성

샤머니즘은 크게 세 가지 측면으로 볼 수 있다. 첫째로는, 영력의 근원인 영적인 존재들이며, 둘째로는, 영력을 추구하는 무속 신봉자들, 셋째로, 영적인 존재와 무속 신봉자들 사이에서 영력을 중재하는 무당, 혹은 샤만이다.[4]

먼저, 영적인 존재들은 인간 세상에 중대한 영향을 행사하는 자들로 신들, 영들, 그리고 최고신을 포함한다. 이 중 가장 중요한 영적 존재들은 귀신과 조상들인데, 무속 신봉자들이 굿을 의뢰하는 주목적은 재난의 원인으로 지적되는 귀신과 조상들의 원한을 풀어주고 그들을 위무함으로써 재난을 극복하고 복을 받기 위해서이다.[5]

샤머니즘의 영적 존재들은 인간의 윤리적인 삶에는 별 관심이 없

---

3) 한국 무교의 역사적 모습은 그 자료가 매우 부족하기 때문에 정확한 시기와 내용은 잘 알지 못한다. 최준식, 『한국의 종교, 문화로 읽는다 1』, 개정판 (파주: 사계절, 2015), p. 23.

4) 장남혁, 『교회 속의 샤머니즘: 한국 샤머니즘에 대한 기독교적 조명』(파주: 집문당, 2007), p. 21.

5) *Ibid.*, pp. 22-25.

다. 이들은 자신을 어떻게 대우하느냐를 중시하는데, 가령 정성껏 제물을 차리고 제사하는 식의 물질적 대우를 받으면 그에 대한 보상으로 물질적인 축복을 가져다준다.[6)]

다음으로, 영력을 추구하는 무속 신봉자들은 재난, 질병, 경제적인 위기 등을 피하거나 극복하고, 대신 현세적이고 물질적인 복을 누리기 위해 영적인 존재들에게 나아가는데, 이들을 신적 존재들과 연결시켜 주는 자가 '샤만' 혹은 '무당'이다.[7)]

인간에게 복을 주는 것은 자연과 인간의 운명을 지배하는 초자연적 존재 즉 신적 존재(神的存在)의 몫이다. 그러나 샤머니즘의 중심은 초자연적 존재가 아니라 '샤만'이다. 왜냐하면 복을 내리는 초자연적 존재를 움직이는 존재가 '샤만'[8)]이기 때문이다.

2. 샤먼의 사역

'샤만'은 엑스터시 속에서 신령과 직접 교섭하고 자연과 인생의 '화복운명'(禍福運命)을 조절한다.[9)] '엑스터시'는 그리스어로 '자기 바깥에 서 있음' 또는 '자기를 초월함'이라는 뜻의 ἔκστασις에서 유래한 말로 신비주의의 최고 목표를 가리키는 용어다. 내면에서 신을

---

6) Grims A. John, *Chaesu Kut: A Korean Shamanistic Performance, Asian Folklore Studies,* pp. 235-239; 장남혁, *op. cit.,* p. 27에서 재인용.

7) *Ibid.,* pp. 28-37.

8) 샤만의 주된 역할은 '굿'이라는 종교 의례와 '점복'이다. 점복은 샤만이 상담자의 문제를 파악하는 과정이고 '굿'은 상담자의 문제를 해결해 주는 과정이다. *Ibid.,* pp. 45-46.

9) 유동식, 『한국무교의 역사와 구조』(서울: 연세대학교 출판부, 1997), pp. 63-64.

보거나 신과 관계를 맺거나 합일되는 체험을 묘사할 때 사용한다. 원시종교에서 엑스터시는 '영혼'의 비약으로 병을 고치고 영의 변화를 일으킬 수 있는 능력을 지닌 샤만(무당)이 사용하는 고도로 발달된 기술이었다.[10]

그러므로 샤머니즘은 엑스타시 기술을 몸에 터득한 '샤만'[11]을 중심으로 그를 에워싼 신자, 곧 영력을 추구하는 사람들에 의해 형성된 종교 현상이라고 볼 수 있다.[12] 최갑종은 「샤머니즘과 샤만」에 대해 다음과 같이 설명한다.

> 우리나라 말로 '무속종교' 혹은 '무속신앙'으로 번역되고 있는 '샤머니즘'은 인간과 세상의 모든 길흉화복이 인간과 세상을 둘러싸고 있는 어떤 영적 존재들(신들)에 의해 좌우된다고 보고, 그러한 영적 존재들과 접촉할 수 있는 사람인 '샤만' (shaman), 우리 말로 무당, 보살, 박수, 영매자로 지칭되는 사람을 통하여 그 신들을 불러오거나, 그 신들의 노여움을 풀어주거나, 인간에게 화를 미치고 있는 악신들을 쫓아내는 제사나 굿을 행하여 개인이나 가정이나 혹은 지역 사회나 민족 공동체의 질병과 화를 몰아내고 복을 가져 오도록 하는 원초적인 종교 형태를 뜻하고 있다.[13]

한국의 무속신앙과 여타 다른 지역에 존재하는 샤머니즘과의 '동일성'에 대한 논의의 여지가 있지만, 강신이 된 무당이 신과의 직접적

---

10) 이연상 발행, 『브리태니커세계대백과사전 v.15』 (서울: 삼화인쇄, 1993), p. 402.
11) '샤만' 은 우리 말로 무당, 보살, 박수, 영매자 등으로 불리운다.
12) 유동식, *op. cit.*, pp. 61-62.
13) 최갑종, "샤머니즘이란 무엇인가: 무당과 굿 그리고 한국교회", 『월간목회』(2001년 7-9): 43.

교령에 의해 인간의 여러 가지 고난을 해결하는 신앙이라는 점에서 본질적으로 같다고 본다.[14)]

다음 〈표 1〉은 앞서 논한 샤머니즘의 세 가지 측면, 곧 영적인 존재들과 무속 신봉자들, 그리고 샤만 혹은 무당의 상관관계를 보여준다.

〈표 1〉 샤머니즘의 세 가지 측면의 상관성[15)]

영적 존재들에 대한 신념	무속신앙인들의 필요	무당(샤만)의 활동
이 세상 일에 관심을 갖는다	영적 존재들의 존재와 활동을 믿는다	영적 존재들의 대변인 역할을 한다
해를 끼칠 수 있다	영적 존재들을 두려워한다	영적 존재들을 달랠 수 있다. 부적 등으로 해를 막기도 한다.
인간의 대접을 요구한다	재난의 원인으로 영적 존재가 지적된다	굿을 통해서 침입한 영적 존재를 축출하든지 회유해서 내보낸다
질병을 끼칠 수도 있다	질병의 원인을 영적 존재의 침입으로 본다	치병굿을 통해서 침입한 영적 존재를 축출하도록 회유해서 내보낸다
미지의 일 및 미래의 일에 대한 예지력을 갖고 있다	중요한 결정을 앞두고 초자연적인 도움을 받기 원한다	점복을 통해서 미지의 일과 미래의 일을 예측한다
조상들이 가장 중요한 영적 존재들로서 활동한다	가족의 일에 조상들이 관여한다고 믿는다	가족들로 하여금 조상들과 만나도록 해 준다
강력한 능력을 소유한다	위기 상황에서 초자연적인 도움을 요구한다	초자연적인 능력을 활용하여 위기를 극복하게 한다
축복을 내릴 수도 있다	영적 존재들로부터 축복을 받기 원한다	영적 존재들의 축복을 빌어준다

14) 김열규 외 9인, 『동북아 샤머니즘 문화』(서울: 소명출판, 2000), p. 21. 그러므로 본 연구에서는 '샤만'과 '무당', '샤머니즘'과 '무속신앙' 또는 '무교'가 동일한 의미로 표기한다.
15) 장남혁, *op. cit.,* p. 50.

한 마디로 샤머니즘은 샤만과 샤만을 따르는 무리들에 의해 신(神)을 움직여 자신의 소원을 이루는 표현이다. 신(神)에 의해서가 아닌, 인간에 의한, 인간 우선, 인간 중심의 신앙이다.[16]

3. 샤머니즘의 영향

'샤머니즘' 은 퉁구스[17]어 '샤만' (saman)에서부터 러시아어를 통해 유래한 말로 특히 시베리아(북방권)와 중앙아시아(남방권, 히말라야)에서 두드러졌던 종교 현상이다.[18] 그리고 두 영역 사이에 끼어 있는 한국을 비롯한 중국, 일본, 동남아시아 등의 국가들이 양자로부터 영향을 주고 받았거나 교류 매개체로서의 역할을 감당했다.[19] 양종승은 시베리아와 중앙아시아 중심의 샤머니즘과 그 영향에 대해 다음과 같이 말한다.

> 두 축에서 시작된 샤먼 문화는 인류문화의 창조와 지배 그리고 발전과 전승을 총체적으로 아우르고 있는 이른바 역사, 종교, 문화, 사회의 총체적 시원이라고 말한다. 샤머니즘이 삼라만상을 지배해 온 신앙체계라고 한다면 여기에는 우주 만물의 창조와

---

16) 성도는 하나님께 자신의 행복과 성공을 위해 기도할 수 있다. 그러나 자신의 행복과 성공을 위해 하나님을 움직일 수 있다고 믿고 기도하는 것은 다르다. 기독교와 샤머니즘의 복의 차이는 누구에 의해서, 누구에 의한, 누구 중심의 신앙인가에 있다.

17) 동부 시베리아와 중국, 만주 등지에 분포하는 몽고계의 한 종족.

18) Mircea Eliade, *Shamanism: Archaic Techniques of Ecstasy* (Princeton: Bollingen Paperback Printing, 1972), p. 4.

19) 양종승, 『하늘과 땅을 잇는 사람들, 샤먼』(서울: 국립민속박물관, 2011), p. 306.

진화는 물론이고 전파와 답습 그리고 현존하는 이유 및 그 실체가 있기 때문에 이를 탐구하는 것은 곧 인류문화의 총체를 알아보는 것이라 할 수 있다.[20]

그러나 샤머니즘이 시베리아와 중앙아시아 지역에서만 두드러졌던 종교라고는 할 수 없다. 어느 시대, 어떤 지역에서든지 '복'에 대한 소원을 이루지 못하는 인간이 절대자를 찾는 것은 '인지상정'이다.[21] 실제로 절대자와 직접 교통하는 '샤만'을 통해 자신의 소원을 이루려는 인간의 행위는 시베리아와 중앙아시아를 넘어 아시아 전 지역과 남북 아메리카 원주민들 속에 존재해왔다.

II. 종교 속의 기복

우리나라에 불교와 유교가 들어오기 시작한 것은 4세기 이후다. 그 이전에 있었던 재래(在來) 종교는 샤머니즘이다.[22] 우리나라는 시대마다 문화를 지배하는 종교가 교체되었다는 특징이 있다. 신라와 고려시대에는 불교가 한민족을 지배했고, 조선시대에는 불교가 추방되고 유교가 지배했다. 이렇게 시대마다 그 시대를 지배했던 종교가 있

20) *Ibid.*, p. 306.

21) "한국에서 발흥한 신흥 종교를 연구하였던 탁명환은 한국인의 종교 심성을 '기복성, 현실성, 독선배타성, 신비주의적 성향, 복합이중성, 동적 오락성, 숭배적 심성' 이라고 분석하였다. 이와 같은 특징들은 어느 한 순간 형성될 수 있는 것이 아니다. 오래 시간을 지나오며 토양과 문화와 삶의 습속이 조화를 이루어 형성된 것이다." 이윤재, "크리스천 윤리의식 속의 기복신앙, 무엇이 문제인가", 『월간 목회』 통권 418권(2011년 6월): 41.

22) 유동식, 『한국종교와 기독교』 (서울: 대한기독교서회, 1965), p. 15.

었지만 모두 '샤머니즘'이라고 하는 '큰 틀' 속에서 존재했다는 공통점이 있다. 이는 유동식의 말처럼 '재래종교로 이미 자리 잡은 한국의 샤머니즘이 각 시대의 지배적인 종교들을 "샤머니즘적 신앙"으로 탈바꿈시킨 것'[23]으로도 이해될 수 있다. 그러나 다른 관점에서는 각 시대의 지배적 종교의 대중화, 민중화를 이루기 위한 노력으로도 볼 수 있다. 소광희는 종교와 기복에 대해서 다음과 같이 정의한다.

> 기복만을 강조하는 종교는 미신으로 전락한다. 반대로 기복성이 전혀 없으면 종교가 아니다. 그래서 종교에는 적절하고 현실성 있는 인간의 기복과 거기에 응답하는 절대신의 시복(施福)이 있다. 기복 없는 시복은 복지사업이지 종교가 아니다.[24]

'기복화'(祈福化)와 '기복적'(祈福的)의 문제는 각 시대의 종교들에 대한 정체성의 문제와 직결되어 있다. '샤머니즘'이라고 하는 용광로 속에 녹아들어 '기복화' 된 종교와, 전략적으로 일부분 '기복적'이 된 종교는 다르다. 각 시대의 종교가 이미 존재하고 있던 '샤머니즘'이라고 하는 재래종교의 용광로 속에 들어가 기복화 혹은 샤머니즘화 되었다는 유동식의 말도 일리가 있다. 그러나 종교마다 '기복'에 대한 부정적 인식이 여전히 존재하는 것은 그것이 단순히 '기복화'가 되었다기보다는 대중화, 민중화의 결과, 곧 '기복적'으로 보는 것이 무난할 것이다.

그러나 그것이 '기복화'이든지 '기복적'이든지 한국의 불교와 유교

---

23) *Ibid.*

24) 소광희, "종교와 기복의 문제", 『철학과 현실』 통권 제92호 (2012년 3월): 203.

와 기독교 속에는 모두 샤머니즘적 신앙이 나타난다. 최준식은 '기복적' (祈福的)인 한국의 종교[25]에 대해서 다음과 같이 설명한다.

> 무당이 일반인들에게 하는 봉사 가운데 가장 보편적인 것은 '무꾸리' 라고 불리는 점을 치는 것이다. 남편 사업 문제나 자식의 대학 입시 문제, 꼭 아들을 낳고자 하는 문제를 가지고 기성 종교의 사제들에게 가보아야 '화끈한' 대답이 나오지 않는 경우가 대부분이다. 그러나 같은 경우에 무당은 즉각적인 대답을 해주어 잠시라도 고객의 걱정을 해소해 준다. 이 때문에 한국인들은 자신이 어떤 종교를 가졌는가를 막론하고 화급한 때에는 무당을 찾게 되는 것이다.[26]

1. 불교 속의 기복

불교의 복은 '보고' '닦아서' '이상을 실현하는 것', 곧 견도(見道)와 수도(修道)와 무학도(無學道)로 불리는 '삼도' (三道)다.[27] 이는 인생을 관찰하고, 인생을 성숙하게 하는 길을 거쳐 일체의 번뇌나 고뇌가 소멸되어 없는 해탈의 상태, 곧 '열반'에 이르는 것이다. '열반'은 불교에서 추구하는 삶의 행복이 최종적으로 실현된 상태로서 불교의

---

25) 어떤 면에서 한국의 종교 문화는 '종교적 혼합주의' 의 형태라 볼 수 있다. 예를 들어 많은 한국인이 유교적인 위계질서를 중요시하고, 인간의 운명에 대해서는 불교적인 업(業) 사상으로 이해하며, 무교적인 기복 신앙에 의존하는 동시에, 기독교적인 절대자 신앙을 가지고 있다. 김문조 외, *op. cit.,* p. 101.

26) 최준식, *op. cit.,* p. 32.

27) 정승석, 『간추린 불교 상식 100문 100답』 (서울: 도서출판 민족사, 2004), pp. 384-385.

복은 다분히 심(心)적이며 정신(精神)적이라 할 수 있다.

불교의 행복을 잘 보여주는 이야기가 있다. 석가(釋迦)가 마히강 강가를 걷고 있을 때 목축업을 하는 '다니야'라는 대부호와 마주쳤다. 둘은 인사를 나누고서 즉흥시[28]를 주고받은 후에 서로 문답을 시작했다. 다음은 다니야와 석가가 나누었던 시(詩)의 내용이다.

〈표2〉 다니야와 석가의 시(詩)[29]

다니야의 詩	석가의 詩
저는 벌써 밥을 다 지어 놓았고 젖소의 젖도 다 짜 놓았습니다. 마히강 강가에서 저는 처자식과 함께 살고 있습니다.	나는 이미 분노를 끊었고 마음의 속박에서 멀리 떠났습니다. 마히강 강가의 움막에서 혼자 살고 있습니다.
지붕은 튼튼하게 이어져 있고 불을 지펴서 집안은 따뜻합니다. 그러므로 하늘이여, 비를 퍼붓고 싶다면 어서 퍼부으소서.	나는 집도 없고 불도 꺼졌습니다. 그러므로 하늘이여, 비를 퍼붓고 싶다면 어서 퍼부으소서.

다니야는 현세적인 것에서 자신의 행복을 찾지만 석가는 심적이고 정신적인 것에서 행복을 찾았다. 이 이야기는 갑자기 쏟아진 폭우로 '참 행복'이 극명하게 드러나면서 마친다. 다니야는 갑자기 쏟아지는 폭우에 집 걱정, 소 걱정 등으로 근심에 쌓여 안절부절 못했고, 그런 자신의 모습이 얼마나 어리석었는지를 깨닫게 되었다. 행복은 눈에 보이는 것, 세상적인 것으로 얻는 것이 아님을 깨달은 것이다.

---

28) 옛날에는 일본이나 한국에서도 처음 만나는 사람들이 명함 대신 서로 시(詩)를 주고받으면서 자신이 어떤 사람인지 소개했다고 한다. 마찬가지로 고대 인도에서도 즉흥시를 지어 서로의 생각을 표현하고 논의하는 경우가 많았다. 그것이 교양 있는 지식인의 기호이기도 했다. Alubomulle Sumanasara, *Budda* (Tokyo: Chikumashobo, 2008); 한성례 역, 『붓다의 행복론』 (서울: 민족사, 2009), p. 15.

29) *Ibid.*, pp. 16-19.

근본 교의 중 하나인 '무아' 도 불교의 복을 잘 나타낸다. '무아' 는 우리가 상식적인 관점에서 생각하는 '나' 의 존재가 환상에 불과하다. '나' (我)라는 실체에 대한 '무아' 적 이해는 다섯 가지 요소(오온, 五蘊)가 합해진 존재일 뿐이다. 곧 몸을 구성하는 물질(색, 色), 감각기관(수, 受), 지각기관(상, 想), 의지적 행위의 주관처(행, 行), 총체적 의식(식, 識)이다.[30)]

그런데 '나'에 대한 인식은 '자아개념'을 만들어 내어 결국 '내 것' 이라는 '소유의식'을 갖게 한다. 이에 반해 '무아' 는 자기 자신이나 자기 것에 대한 집착을 금하는 실천적 가르침으로 실제적 실체가 아닌 '나' 를 인식하는 것이다.

'삼도' (三道)와 '무아' 는 불교의 복이 심적이고 정신적이며, 또한 집착으로부터의 자유를 통해 충족된다는 것을 보여준다. 김용남은 불교의 행복을 다음과 같이 말한다.

> 불교에서 말하는 행복은 모든 욕망과 번뇌를 다 내려놓았다는 의미의 '해탈' 이라 할 수 있다. 투쟁과 갈등으로 얼룩진 이 세상에서 조화와 균형의 저 세상인 '피안' 으로 건너간다고 할 수 있다. 더러운 땅인 예토(穢土)에서 물들지 않아 깨끗한 땅인 정토(淨土)로 옮겨간다는 뜻이다. 모든 고통은 사라지고 오직 즐거움만이 넘친다고 하는 '극락' 이라고도 한다. 도는 번뇌의 불길이 꺼졌다고 하여 열반이라고도 한다.[31)]

그러나 이러한 불교의 본질적 요소와 행복에 대한 가르침과는 달리

---

30) 최준식, *op. cit.,* pp. 292-293.

31) 김용남, 『붓다와 함께하는 노자의 행복여행』, 개정판(서울: 너울북, 2011), p. 23.

기복신앙이 불교 속에 나타나는데, 그 대표적인 예가 '산신각'(山神閣)의 실재다. '산신각'은 본래 산악숭배나 마을신앙과 관련된 것이다. 이는 산과 산 주변의 지역 마을을 지키는 산신(山神)을 모신 곳으로, '불교'의 본질적 신앙이 아니다. 그럼에도 산신각이 불교 속에 들어온 것은 고유 신앙의 수용 차원으로 이해될 수 있다. 한국 불교의 토착화 과정을 보여주는 증거다.[32]

실제로 우리나라 불교 초기 및 중기의 사찰에서는 산신각을 전혀 찾아볼 수 없었다가 이후 조선시대에 들어와서야 사찰 속에 산신각이 차차 나타나기 시작했다. 산신각에서는 자식과 재물과 건강 등 '복'을 기원하는 산신 기도가 행해지는데, 현재 우리나라 대부분의 사찰에는 산신각이 갖추어져 있다.

우리나라 불교의 종교 행사 중에 가장 많은 것이 '기도'다. 관음기도,[33] 칠성기도,[34] 산신 기도[35]가 대표적인데, 주로 소원 성취나 자식, 건강, 재복 등을 비는 내용으로 이루어져 있다.[36]

결과적으로 심적이고 정신적이며 또한 자기 사랑과 욕심에 대한 집착을 버릴 때 충족되는 불교의 신앙이 자기 안전과 재물과 건강의 복을 구하는 기복적 불교의 양상을 나타내는 것이다. 이 같은 기복 불교는 이미 뿌리 깊이 내려져 있던 샤머니즘 속에서 살아남기 위한 선택으로 이해할 수 있다. 특별히 불교의 심각한 존폐위기를 맞았던 조선의 건국은 불교로 하여금 민간신앙과의 접목을 더욱 활발하게 함으로

---

32) 이연상 발행, 『브리태니커세계대백과사전 v.11』(서울: 삼화인쇄, 1993), p. 214.
33) 괴로움에서 벗어나기를 위한 기도.
34) 인간의 수명과 복덕을 비는 기도.
35) 마음의 소원을 이루기 위해 드리는 기도.
36) 김문조 외, *op. cit.*, p. 103.

써 그 세(勢)를 확장시켜 나갔고[37] 그 영향이 '기복적 불교'의 색채를 띠게 했다. 조선시대 이전에는 전혀 찾아볼 수 없었던 산신각이 조선시대에 나타나기 시작했던 것도 '조선과 불교' 라는 시대적 상황과 무관하지 않다.

2. 유교 속의 기복

유교의 경우, 종교라기보다는 윤리를 중시하는 종교-윤리적 성격이 강하다. 제사와 같은 종교적 요소가 있지만, 동시에 절대자가 없기 때문에 '종교' 라고 말하기도 쉽지 않다. 사후의 세계에 대해서도 일반 종교들처럼 특정한 믿음을 나타내기보다 경험 이전의 세계이므로 확실한 입장을 취하지 않는다.

이러한 유교의 특징과 함께 '인' (仁)이라고 하는 유교의 중심 덕목에서 나오는 실천의 문제는 지극히 현실적인 면이 강하다.

'인' (仁)은 '사람 人' 과 '두 二' 로 구성되어 있다. 곧 기본적 윤리는 두 사람 사이의 가장 이상적인 관계를 말하는 것으로 '소아적(小我的)인 자기, 곧 사욕에 찬 나를 극복하고 공동체의 규범인 "예"(禮)를 서로 잘 지켜 편안한 사회로 만들자' 는 것으로 풀이될 수 있다.[38] 이는 정규훈의 말처럼 인(仁)은 '자기에게 성실하고 남에게 관용을 베푸는 것' [39]이며, 또한 최준식의 말처럼 '무엇을 하지 말라' 는 소극적인

37) 최준식, *op. cit.*, pp. 63-65.

38) *Ibid.*, p. 133.

39) 정규훈, "동양 종교의 '축복' 개념 고찰"(제6회 개혁주의설교학회 설교학 학술대회, 영동교회, 2014년 11월 24일), 25.

측면에서 '항상 남을 먼저 생각하라' 는 적극적 측면의 실천적 가르침이라고 볼 수 있다.[40)]

'인'(仁)의 실천은 '효'(孝)로 시작한다. 내 부모를 공경하고 사랑함이 첫째이고, 이웃의 부모를 사랑함이 둘째다.[41)]

부모 공경은 '제사' 를 통해 드러난다. 이는 살아생전 부모를 향한 예법뿐만 아니라 돌아가신 분에 대해서도 같은 예의를 지키는 것이다. 사후의 세계에 대해서는 경험 이전의 세계이기에 증명하기 곤란하다는 입장을 견지하고 있는 유교의 특성을 볼 때, 돌아가신 부모에 대한 '제사' 는 선뜻 이해하기가 쉽지 않다. 그러나 '효'(孝)의 관점에서 볼 때 유교의 제사 전통은 분명 설득력이 있다.

선조에 대한 제사는 유교 속의 '실천적 윤리' 와 '기복신앙'을 모두 보여 준다. 정규훈은 제사의 첫 번째 목적을 '효(孝)의 연장 사상' 으로 본다. 부모가 살아 있을 때만이 아니라 사후에도 제사를 통해 살아계시듯 섬기고 모시는 것이다. 이와 함께 제사를 잘 드리면 복을 받는다는 신앙이 발견된다. 이는 사자(死者)를 잘 섬기면 생자(生子)를 돕고 은혜를 베푼다는 '가호 사상'을 지닌 샤머니즘적 믿음에서 나온 것으로 본다.[42)]

『예기』[43)] 「제통(祭統)」[44)]편에서는 "어진 사람이 제사를 지내면 반드시 그 보답으로 복을 받는다" 라고 했다. 여기서의 '복' 은 부족

---

40) 최준식, *op. cit.,* pp. 133-134.

41) 이웃의 부모를 사랑함은 유교의 사랑, 곧 인(仁)이 자기 부모에 대한 효에서 끝나는 것이 아님을 보여 준다. 자기 가족에서 이웃으로 점차 확장시켜 결국 모든 사람을 사랑하는 것이 유교의 '인'(仁)이다. *Ibid.,* p. 137.

42) 정규훈, *op. cit.,* 24.

43) 유교의 경전, 오경(『시경(詩經)』·『서경(書經)』·『주역(周易)』·『예기(禮記)』·『춘추(春秋)』)의 하나.

44) 제사의 의미를 다양한 방면에서 기술하고 있는 문헌.

함이 없이 모든 것이 늘 충족된 상태 혹은 만사가 순조롭게 진행되는 상태다.[45)]

다른 종교와 비교해 볼 때 상대적으로 종교성이 약한 유교는 인간의 삶에 대한 구체적인 답을 제시하는 데에도 약점을 나타냈는데, 이에 제사를 통해 그 약점을 메우려고 했다. 곧 '제사'를 윤리적 차원에서 기복적 차원으로 발전시킨 것으로, 제사의 목적을 '재앙은 피하고 행운은 가까이하는' 인간의 행복을 위한 조건 충족에 둔 것이다.

3. 기독교 속의 기복

한국의 기독교 역시 기복의 종교라는 비판에서 자유로울 수 없다. 불교와 유교가 샤머니즘을 만나 혼합주의적 성격, 기복적 성격을 갖게 된 것처럼, 기독교도 샤머니즘의 영향을 받았음을 부인할 수 없다.

그 첫 번째 증거로, 기복신앙이 성도의 마음에 깊이 침투해 있다.[46)] 기독교적 관점에서 본 '복'에 대한 약속 가운데 강조되는 것 중의 하나는, '가난한 자에 대한 사랑과 배려'로서(신 27:16-19), 정의와 사랑이 결핍된 복의 추구는 철저히 배제되었다.[47)] 그런데 사랑과 배려를 실천해야 할 기독교 신앙이 '나만 잘되면 된다'라는 기복적 사고 속에

---

45) 김용남, 『공자와 떠나는 행복여행』(서울: 너울목, 2010), p. 25.
46) 이윤재, "크리스천 윤리의식 속의 기복신앙, 무엇이 문제인가", 『월간 목회』 통권 제418호(2011년 6월): 43.
47) 현요한, "복의 신학", 「장신논단」(2002): 318.

물들어 공동체 의식과 책임적 삶보다는 외적인 것을 추구하게 되었다.[48]

두 번째로, 기복적인 신앙은 성도의 신앙생활을 바꾸었다. 예배에 참석하고, 교회 봉사를 하고, 헌금을 하는 등, 신앙생활을 열심히 하는 목적이 더 많은 복을 받기 위한 것이 되었다. 그러다 보니 그들이 드리는 헌금 속에서는 자신을 내어 주기까지 사랑하신 하나님의 은혜에 감사하며 드리는 모습을 볼 수 없고, 하나님께 영광을 돌리기 위한 예배 또한 발견할 수 없다.[49]

그런가 하면 '현세적 복'에 대한 잘못된 이해도 기복신앙을 갖게 했다. 축복을 교회에 대한 자신의 헌신의 결과로 여기고, 복을 받기 위해 더욱 열정적으로 교회를 섬기는 것이다. 정용섭은 기복신앙의 위험성에 대해 다음과 같이 말한다.

> 예수를 믿으면 영혼의 구원뿐만 아니라 물질과 건강까지 얻는다는 신앙은 겉으로는 축복인 것 같지만 실제로는 저주로 작용될 수 있다. 특히 교인들을 자기 재물과 건강, 성공에 끊임없이 집착하게 만듦으로써 기독교적인 영성과 심성, 하나님 나라의 역사적 성격을 근본적으로 훼손하고 있다.[50]

세 번째로, 기복신앙은 설교자의 설교를 바꾸었다. 기복설교가 교

---

48) 교회 건물, 교인 수, 교회 재정력 등이 성공한 교회, 복 받은 목사를 가늠하는 기준들이 되었다.

49) 이윤재, *op. cit.*, 44.

50) 박원금, "예배에서의 기복신앙, 무엇이 문제인가", 『월간 목회』 통권 제418호 (2011년 6월): 27에서 재인용.

회를 성장시키고, 성도들의 헌신을 이끌어 내는 좋은 방편이라 여겨 축복을 남발하는 설교가 늘어나게 되었다. 전해야 할 성경 말씀을 제쳐 놓고 설교하는 설교자도 심각하지만, 설교자가 쏟아 놓는 말을 무조건 받아들이면 하나님의 축복이 임한다고 여기는 성도들도 마찬가지다.[51] 이윤재는 '기복에 빠진 기독교'를 다음과 같이 묘사하고 있다.

> 기복신앙을 만난 교회는 마치 굿판처럼 되고 말았다. 목회자는 무당처럼, 하나님은 신령처럼 인식된다. 성도는 단지 구경꾼일 뿐이다. 여기에서 그리스도의 몸으로서의 교회, 하나님을 향한 전인적 고백으로서의 예배, 성도의 교제 등을 발견하기 어렵다. 무교에서는 굿판이 크면 좋은 굿이라고 말한다. 기복신앙을 만난 기독교 신앙은 어느덧 물량주의에 빠져 큰 교회가 좋은 교회라는 인식에 젖어 버리고 말았다. 한국교회는 양적 성장 지상주의라는 함정에 빠져 헤어 나오지 못하고 있다.[52]

한국은 지금도 수많은 무당이 굿을 하고 있는 나라다. 기독교도 여기에서 자유로울 수 없다. 많은 사람이 자신의 종교와 관계없이 기복신앙의 영향 아래에 있다.[53]

---

51) 류응렬, "설교에서의 기복신앙, 무엇이 문제인가", *Ibid.*, 37.

52) 이윤재, *op. cit.*, 45.

53) 김영운, "샤머니즘을 극복하자: 나눔과 섬김의 영성으로", 『월간 목회』(2001년 7-9월): 61.

Ⅲ. 성경 속의 기복

신구약 성경 속에서도 화는 면하고 복을 구했던 인간 중심의 종교 행위가 발견된다.

1. 구약 속의 기복

창세기 31장에는 야곱의 아내 라헬이 친정집을 떠나면서 남자 모양을 한 입상(standing statue), 곧 '드라빔' (תְּרָפִים: house idols)[54]을 훔치는 장면[55] 이 나온다. 당대의 통속적 신앙에 의한 '드라빔'의 몇 가지 기능은 (1) '가정 수호신',[56] (2) 한 가정의 대표성(leadership) 상징, (3) 아버지의 재산권에 대한 보장[57] (4) 번영(prosperity)과 축복(blessing)의 소원 등이 있다.[58] 웬헴(Wenham)은 라헬이 드라빔을 훔친 이유에 대해 다음과 같은 가능성들을 제시한다.

일부 해석가들, 곧 Speiser, Huehnergard에 따르면 조상의 상

54) 사사시대부터 왕국 이전 시대까지도 드라빔 숭배가 만연되어 있었다. 사사기 17장 5절, 18장 14-20절, 사무엘상 19장 13-16절, 호세아 3장 4절, 스가랴 10장 2절 등에 드라빔에 대해 언급한 내용이다.

55) 창 31:19.

56) "미갈이 우상을 가져다가 침상에 누이고 염소 털로 엮은 것을 그 머리에 씌우고 의복으로 그것을 덮었더니". 우상은 "하테라핌" 곧 드라빔을 말한다.

57) Merrill F. Unger, *The New Unger's Bible Dictionary* (Chicago: Moody Press, 1966), p. 1270.

58) J. P. Fokkelman, *Narrative Art In Genesis: Specimens of Stylistic and Structural Analysis* (Orgen: Wepf and Stock Publishers, 2004), pp. 165-166.

을 소유하는 것은 상속권과 관련된다는 것이다. Greenberg는 그것이 다산을 보장하는 것이었다고 주장한다. 또한 그녀는 집을 떠나는 것에 대해서 자신이 들은 것보다 더 확신하지 못했을 수도 있다. 드라빔은 따라서 그녀에게 여행자의 수호성인이었던 것이다.[59)]

에스겔 21장에도 '드라빔'에 대해 언급한 내용이 나온다. 랍바와 예루살렘의 갈림길에 이른 바벨론 왕이 어느 쪽으로 갈 것인지를 결정하기 위해 화살통의 화살을 흔들고, 우상에게 묻고, 그리고 희생 제물의 간을 살피는 장면이다.[60)]

화살들을 흔들어 우상(히: '테라핌')에게 물었던 바벨론 왕의 행동은 그들의 진로를 결정하기 위해 행했던 일종의 점(占)의 한 방식이었다. 이들은 많은 화살을 취해 그 끝에 선택한 장소들을 써서 그것들을 흔든 다음 첫 번째로 뽑혀지는 것, 혹은 땅에 떨어지는 것을 취해 나아갈 방향을 삼았다.[61)] 더불어 '희생 제물의 간을 살핀' 행위는 당시 시행되었던 점술 중 가장 전형적인 방법으로, 제물을 죽인 직후 그 희생 제물의 간을 꺼내 그 색깔로 길흉을 예측했다.[62)]

출애굽기 32장 속에는 모세가 시내산에 있는 동안, 백성들이 아론을 재촉하여 금송아지를 만들고 그 앞에서 제사를 지낸 기사가 나온

---

59) Gordon J. Wenham, *Word Biblical Commentary: Genesis 16-50* (Dallas: Word Books Publisher, 2003); 윤상문 · 황수철 역, 『WBC 주석: 창세기(하)』(서울: 도서출판 솔로몬, 2001), pp. 490-491.

60) 겔 21:18-23.

61) John Walvoord and Roy Zuck, *The Bible Knowledge Commentary: Old Testament* (New York: Victor Books, 1985), p. 268.

62) Frank E. Gaebelein, *The Expositor's Bible Commentary: Isaiah-Ezekiel* (Grand Rapids: Zondervan Publishing House, 1986), p. 844.

다. 이스라엘 백성들은 모세가 산에서 내려옴이 더딘 것을 보고 아론에게 가서 이르기를 '우리를 인도할 신(神)을 우리를 위하여 만들라'(32:1)고 요구했다.

'우리를 인도할 신을 만들라' 는 백성들의 소리는 애굽에서부터 줄곧 자신들을 인도했던 모세를 대신할 신을 만들라는 것인데, 이것은 모세를 하나의 신으로 보았다기보다 그가 없으므로 하나님께 가까이 갈 수 없다고 생각했던 것으로 볼 수 있다. 이스라엘 백성의 입장에서는 그들의 유일한 신이 모세의 부재로 떠나 버린 것 같았기 때문에 '신'을 요구한 것은 당연한 일이었다.[63] 이는 샤만을 통해서만 초자연적 존재에게 나갈 수 있다고 믿는 샤머니즘의 신앙이 이스라엘 백성들 속에 나타났던 것을 볼 수 있다.

신명기 18장 9절 이후에는 하나님께서 미워하시는 종교행위가 언급된다. '가증한 행위'[64]로 표현되는 종교행위는 아들이나 딸을 불 가운데로 지나게 하거나, 점쟁이나 길흉을 말하는 자나 요술하는 자나 무당이나 진언자나 신접자나 박수나 초혼자를 받아들이는 것으로 하나님은 이에 대해 강력하게 금지를 명령하신다.[65] 송병현은 '가증

---

63) John I. Durham, *Word Biblical Commentary: Exodus* (Dallas: Word Books Publisher, 1997); 손석태 · 채천석 역, 『WBC 주석: 출애굽기』 (서울: 도서출판 솔로몬, 2000), p. 676.

64) '가증한 행위' (개역개정, 개정한글), '발칙한 일' (공동 번역), '역겨운 일' (새 번역), '더러운 습관' (현대인의 성경), 'the detestable things' (NIV, NASB).

65) 신명기 18장 9절 이후에는 각종 이름의 무당들이 언급된다. '복술자' (divination)는 특별히 미래를 예언하는 자(Unger, 313)이며 화살을 흔들고, 희생 제물의 간을 살펴 길흉을 예측하는 자이다(겔 21:21). '무당' (sorcerer; witchcraft)은 일반적으로 주문을 외우며 길흉을 말하는 자이다. 신명기 본문에서의 의미는 악한 영(evil spirit), 혹은 마귀(demon)의 통치 아래서 초자연적인 말이나 행위를 나타내는 자로 이해된다. '*sorcerer*'는 라틴어 *sors*에서 온 말이다. "많은" (a lot)의 의미로 '많은 것을 선포하는 자' 의 뜻으로 해석

한 행위'에 대해서 다음과 같이 말한다.

> 저자는 가나안 사람들이 하는 역겨운 일들에는 어떤 것이 있는가를 크게 두 가지 예를 들며 설명한다(10-11절). (1)자녀들을 불살라 바치는 일, (2)점쟁이, 복술가, 요술객, 무당, 주문을 외우는 사람, 귀신을 불러 물어보는 사람, 박수와 혼백에게 물어보는 일이다. 가나안 사람들은 여기에 나열된 여덟 가지 행위를 통해 초자연적인 힘(occult power)을 빌리려 했다.[66]

왕정시대에도 초대 왕 사울을 통해 기복신앙을 엿보게 된다. 그는 아말렉과의 전쟁에서 하나님의 지시에 불순종함으로써 버림받았다(삼상 15장). 설상가상으로 영적 지도자였던 사무엘마저 없는 상황 가운데 블레셋과의 전쟁을 치르게 되면서, 엔돌의 신접한 여인, 즉 무당을 찾게 된다(삼상 28장).

사울이 찾았던 '신접한 여인'은 죽은 자의 혼령을 통해 미래의 일을 알아보는 자였다. '초혼술'[67]은 사울 자신이 일찍이 금지한 행위였다(삼상 28:3). 그러나 사울은 절망적 상황에서 자신이 세운 법규를 어겨야만 했고, 또한 발각되는 것을 무릅쓰고 적의 전선 뒤로 몰래 잠입해

된다(Unger, 1212), '박수'(medium)는 영매, 무당으로 '마술사'(wizard)를 가리킨다. 특별히 죽은 자를 불러 물어보는 자로 이해된다(Unger, 1216). 미래를 예언하는 것, 주문을 외우며 길흉을 말하는 것, 귀신의 힘을 빌어 초자연적인 말이나 행동을 하는 것 등 모두 '샤만'의 것과 같다. Unger, *The New Unger's Bible Dictionary* (Chicago: Moody Press, 2011).

66) 송병현, 『엑스포지멘터리: 신명기』(서울: 국제제자훈련원, 2014), p. 423.

67) 영매(靈媒)의 도움을 빌어 죽은 이의 혼백(魂魄)을 부르고, 대화를 나누는 것을 말한다. 『원색세계대백과사전 v.28』(서울: 한국교육문화사, 1994), p. 107.

야만 했다.[68] 신접한 여인을 찾고 신접한 술법을 이용하려 했던 사울의 행위는 샤만을 통해 조상신을 부르고, 달래고, 복을 구하는 것과 다를 바가 없다.

민족의 운명 앞에서 신접한 자와 마술사에게 묻는 샤머니즘적 행위는 이사야서 8장에도 나온다. 남유다가 북이스라엘의 베가 왕과 시리아의 르신이 제휴한 동맹군의 침입을 받고, 그들의 동맹군에 가입하라는 압력을 받게 되었다. 이에 동맹을 맺을 것인지, 아니면 앗수르의 도움을 받고 위기를 모면할 것인지를 선택해야 했을 때, 일부 사람들이 무당에게 물어보자고 제안한 것을 보게 된다.[69]

2. 신약 속의 기복

사도행전에는 하나님의 선물을 돈으로 사려고 했던 기사가 나온다(행 8:17-23). 시몬은 베드로와 요한의 안수로 사람들이 성령 받는 것을 보고, 그 권능을 돈으로 사려고 했다가 베드로에게 책망을 받았다. 그는 그리스도보다 기적에 관심이 더 많았던 것이다. 어리석게도 시몬은 베드로와 요한이 자기와 같은 업종(마술과 마법)에 있다고 생각했고, 이에 안수하는 사람에게 성령을 줄 수 있는 권능을 사고자 사도들에게

---

68) Ralph W. Klein, *Word Biblical Commentary: I Samuel* (Texas: Word Books Publisher, 1983); 손석태 · 채천석 역, 『WBC 주석: 사무엘상』(서울: 도서출판 솔로몬, 2004), p. 459.

69) "어떤 사람이 너희에게 말하기를 주절거리며 속살거리는 신접한 자와 마술사에게 물으라 하거든"(사 8:19a).

돈을 준 것이다.[70] "네가 하나님의 선물을 돈을 주고 산 줄로 생각하였으니" 하는 시몬을 향한 베드로의 말은 엄중한 꾸짖음이었다.

성령은 하나님이 주시는 '선물'이다. 선물은 받는 편에게 무상으로 주어지는 것이다. 그러므로 성령은 하나님의 선물로서 하나님에 의해 일방적으로 주어지는 것이지 돈으로 거래할 수 있는 것이 아니다.

그러나 기복신앙은 무상으로 주어지지 않는다. 자신이 원하는 것을 얻기 위해 절대적 존재를 어르고 달래야 하는데, 여기에는 샤만 곧 무당의 도움이 절대적이다.

하나님의 권능을 얻는 유일한 방법은 베드로가 시몬에게 하라고 명한 것, 곧 죄에서 돌이키고 하나님께 용서를 구하며 그의 영으로 충만해지는 것이다. 어떤 액수로도 구원과 죄의 용서, 그리고 하나님의 권능을 살 수 없다. 이것은 오로지 회개와 그리스도를 구주로 믿는 믿음으로만 가능하다.[71]

마가복음 9장에는 예수님의 제자들이 '누가 크냐'는 문제로 길에서 쟁론했던 기사가 있다(막 9:33-37). "너희가 길에서 서로 토론한 것이 무엇이냐"는 예수님의 질문에 34절은 '그들이 잠잠하니 이는 길에서 서로 누가 크냐 하고 쟁론하였음이라'고 답변하고 있다. 34절에 대해서 오스본은 다음과 같이 말한다.

> 유대문화에서 사람의 서열은 대단히 중요했다. 따라서 자연히 제자들은 앞으로 올 나라에서 자신들의 서열이 어디쯤 될지 궁

---

70) Grant Osborne, *Life Application Bible Commentary: Acts* (IL: The Livingstone Corporation, 1996); 김일우 · 임미영 역, 『적용을 도와주는 사도행전』 (서울: 한국성서유니온선교회, 2003), p. 217.

71) *Ibid.*, p. 218.

> 금했다. 이러한 논쟁은 여러 차례 베드로와 야고보와 요한에게만 예외적인 특권이 주어진 것 때문에 더욱 가열되었을 것이다. 가장 최근에도 그들만 예수님과 함께 산에 올라갔으며 무슨 일이 있었는지조차 말하지 못하게 되어 있었다(9:2, 9).[72]

예수님의 왕국에서 누가 더 클 것인가에 대한 제자들의 논쟁은 그들이 정복자로서의 메시아와 로마를 무너뜨리고 도래시킬 왕국만 생각했다는 것을 알 수 있다. 이런 제자들을 향해 "누구든지 첫째가 되고자 하면 뭇 사람의 끝이 되며 뭇 사람을 섬기는 자가 되어야 하리라"고 하시는 예수님의 말씀은 세상의 가치와 하나님 나라의 가치가 다르다는 것을 분명하게 보여 준다.

마가복음 9장의 본문은 진정한 복이 무엇인가에 대해서 생각하게 한다. 세상의 관점으로는 더 나은 지위를 위해 싸워야 하고, 또 영향력 있는 사람, 힘 있는 사람에게 잘 보여야 할 것이다. 그러나 하나님 나라에 들어갈 수 있게 해주는 것은 오직 '그 분'을 아는가의 문제다. 곧 하나님 앞에 무릎 꿇는 용서와 은혜를 구하는 삶이 복이며, 이는 제자들이 '누가 크냐'고 쟁론했던 것과는 완전히 다른 것이다.[73]

계속해서 마가복음 10장 35절 이하에서 야고보와 요한이 예수님께 나아와 예수님의 오른편과 왼편의 자리를 요구하는 장면이 나온다. 제자들은 예수님과 자신들이 고난을 받아야 한다는 것을 이해하지 못

---

72) Grant Osborne, *Life Application Bible Commentary: Mark* (IL: Tyndale House Publishers, 2001); 박대영 역, 『적용을 도와주는 마가복음(상)』(서울: 한국성서유니온선교회, 2002), pp. 421-422.

73) Rodney L. Cooper, *Holman New Testament Commentary: Mark* (Nashville: Broadman & Homan Publishers, 2000); 정현 역, 『Main Idea로 푸는 마가복음』(서울: 도서출판 디모데, 2004), p. 220.

했다. 오히려 그들은 영광의 왕국을 기대했고 예수님 옆에서 한 자리씩 차지할 것을 내심 기대했다. 야고보와 요한의 태도에 분을 내는 나머지 제자들의 모습(41절)을 통해 제자들 모두 같은 마음을 품고 있었던 것을 알 수 있다.

그들은 장차 도래할 통치 체제에서 높은 직위에 임명되기를 소망했다. 그것은 예수님이 새 체제에서 왕이 되신다는 전제 아래, 자신들이 누릴 수 있는 최고의 직위를 구했던 것이다.[74] 물론 예수님은 왕위에 오르실 것이다. 그러나 그의 왕좌는 십자가이며, 그의 왕관은 금 면류관이 아닌 가시 면류관이 될 것이다. 야고보와 요한, 그리고 나머지 제자들은 자신들이 원하는 것이 무엇인지를 이해하지 못했다.[75] 이 나라는 궁궐이나 보좌가 아니라 주님을 따르는 자들의 마음과 삶이 중심이 되는 나라다. 예수님의 부활을 경험하기 전까지는 제자들 중에 아무도 이 진리를 이해한 사람이 없었다.[76]

자기중심적인 복, 자기중심적인 하나님을 믿는 신앙에 대해서 오스본은 다음과 같이 비유한다.

> 우리가 겪는 가장 큰 유혹 가운데 하나님이 마치 마술을 잘 부리는 요정인 것처럼 대하는 것이다. 우리 마음대로 행동하면서도

74) Craig A. Evans, *Word Biblical Commentary: Mark 8:27-16:20* (Nashville: Thomas Nelson Publishers, 2001); 김철 역, 『WBC 성경주석: 마가복음(하)』(서울: 도서출판 솔로몬, 2002), p. 270.

75) Lamar Williamson, *Interpretation A Bible Commentary for Teaching and Preaching: Mark* (Louisville: John Knox Press, 1983).

76) Grant Osborne, *Life Application Bible Commentary: Mark* (IL: Tyndale House Publishers, 2001); 박대영 역, 『적용을 도와주는 마가복음(하)』(서울: 한국성서유니온선교회, 2003), p. 48.

하나님이 삶을 멋지게 만들도록 시키고 싶어 한다. 그래서 우리는 갖고 싶은 것이 내게 뚝 떨어질 때까지 소원 목록을 따라 기도한다. 우리는 황금알을 원한다. 황금알을 낳는 일이 하나님의 권능 안에서 잘 이루어지길 바란다. 하지만 하나님은 우주적인 산타클로스가 아니다. 하나님은 우리에게 백지수표를 써 주지도 않으며 하나님의 약속은 보물주머니가 아니다. 우리는 기도를 통해서 필요와 바람들을 하나님께 말한다. 하나님은 들으시고 자신의 거룩한 뜻을 따라 응답하신다. 그분은 성령을 통해서 우리의 기도와 바람들을 그분 생각에 맞게 조정하고 고치신다. 그분은 부모님처럼 "안돼"라고 말할 자격이 있다는 사실을 기억해야 한다. 그릇되고 어리석은 종교적으로 만들어 낸 가상의 신들만이 마술 잘 부리는 요정인 체한다. 우리는 하나님을 그처럼 어리석게 대해서는 안 된다.[77)]

3. 바른 복의 누림

하나님께 '복'을 구하는 것은 잘못된 것이 아니다. 성경도 하나님을 복 주시는 분으로 기록하고 있다(창 12:2). 우리가 예수 그리스도를 통해 구원을 얻은 것이 복이고, 하나님의 은혜로 이 세상에서 건강하고 행복하게 살아가는 것이 복이라면, 하나님의 자녀로서 아버지 되신 하나님께 복을 구하는 것은 잘못된 것이 아니다. 그럼에도 불구하고 현세적 복을 구하는 행위가 문제시 되는 이유는 복의 근원인 하나님보다 자신에게만 유익이 되는 복을 추구하기 때문이다. 성경이 말하

77) *Ibid.*, p. 46.

는 신앙의 본질이 '하나님을 사랑하는 것'이라면, 기복신앙의 본질은 '복을 사랑하는 것'이다.[78)]

모든 인간의 마음속에는 재물과 건강 혹은 성공에 대한 열망이 있다. 그러나 그것을 자신의 힘만으로는 쉽게 이룰 수 없기 때문에 자신의 소원을 이루어 줄 절대자를 찾게 된다.

이런 면에서 어느 종교든지 '기복'이 없는 종교는 없다. 그러나 우리가 '기복신앙'이라 할 때, 통상적으로 그것이 무속신앙 혹은 샤머니즘을 의미한다는 데 별 이견이 없다.

샤머니즘은 크게 세 가지 측면으로 볼 수 있다. 영적인 존재들, 무속 신봉자들, 그리고 영적인 존재와 무속 신봉자 사이를 중재하는 무당 혹은 샤만이다. 인간을 향해 복을 주는 것은 자연과 인간의 운명을 지배하는 영적인 존재의 몫이다.

그럼에도 불구하고 '샤만'이 샤머니즘의 중심이 되는 것은 시복하는 영적인 존재를 움직이는 자이기 때문이다. 즉 샤머니즘은 인생의 길흉과 화복이 영적인 존재들에 의해 좌우되는데, 그러한 영적 존재들과 접촉하고 그들을 움직이는 샤만이 중심이 되는 원초적 종교 혹은 신앙이다. 결론적으로 샤머니즘은 샤만과 무속 신봉자들에 의해 영적인 존재 즉 신(神)을 움직여 자신의 소원을 이루는 표현이다. 영적인 존재에 의해서가 아닌 인간에 의한 인간 중심의 신앙이다.

그런데 비단 샤머니즘뿐만 아니라 어느 종교에서든지 '복'에 대한 소원을 이루기 위해 영적인 존재를 찾는 행위를 발견한다. 우리나라의 경우 시대마다 문화를 지배하는 종교가 있었는데, 신라와 고려시

---

78) "전통적 기복사상에 편승해 보편적 신앙형태로 탈바꿈", 『기독교연합신문아이굿뉴스』 2012년 3월 20일자.

대에는 불교가, 조선시대에는 유교가 그 시대를 지배했다. 공통적인 것은 모두 '샤머니즘'이라고 하는 '큰 틀' 속에서 존재했다는 것이다.

이러한 모습은 기독교도 크게 다르지 않다. 실제로 각종 부흥회나 특별 집회는 '인간중심적 기복의 자리' 라는 인식이 강하다. 한국은 지금도 수많은 무당이 굿을 하고 있는 나라이며 많은 종교가 그 영향을 받고 있다.

성경 속에서도 화는 면하고 복을 구했던 인간 중심의 기복적 종교 행위가 나타난다. 그 한 예가, 남자 모양을 한 입상인 '드라빔' 인데, 당시 사람들은 드라빔의 소유가 가정을 지키고, 다산과 재산을 보장하며, 번영과 축복을 가져다준다고 믿었다. 이외에도, 자신의 안전을 위해 우상을 만든 일(출 32장), 좋은 선택을 위해 점(占)을 본 일(겔 21장), 복을 위해 자식을 불 가운데로 지나가게 하고, 점쟁이나 무당 등을 찾아간 일(신 18장), 전쟁에서의 승리를 위해 신접자를 찾았던 일(삼상 28장), 그리고 성령의 권능을 돈으로 사려 했던 일(행 8장), 제자들이 성공을 위해 높은 자리를 두고 다투었던 일(막 9장), 왕이 되실 예수님의 옆 자리를 요구했던 일(막 10장) 등 성경 속에서도 기복신앙의 모습을 발견할 수 있다.

제4장

성경이 가르치는 복(福)의 개념

Blessing of God and Our Blessing Life

성경이 가르치는 복(福)의 개념

하나님께서 천지와 사람을 창조하신 후 처음 하신 행위가 '복 주심'이다(창 1:28-29), 족장시대 또한 하나님께서 아브라함을 '복의 근원', 혹은 '복'으로 부르시는 것으로 시작한다(창 12:1-2). 시편 전체의 서론이며 더 나아가 성경 전체의 서론이자 요약[1]이라는 시편 1편도 '복'에 대해 말씀한다.[2] 천국백성의 기본적 삶에 대한 산상설교의 시작 또한 '복'에 대한 말씀이다. 이렇듯 하나님의 '복 주시는 행위'는 성경 전체를 통해서 일관되고 끊임없이 흐르는 중요한 주제다.

I. 어원적 고찰

성경에 나타나 있는 복의 개념을 연구하기 위하여 먼저 언어적 개

---

1) "시편 1편은 성경 전체의 일종의 서론이며 요약이라 해도 과언이 아니다. 성경 전체의 기본적인 가르침과 분명한 철학과 인생관이 담겨 있는 것이다." Martyn Lloyd-Jones, *True Happiness;* 원광연 역, 『의인의 길, 죄인의 길』(서울: 도서출판 솔로몬, 1999), p. 12.

2) 김남식, 『시편묵상 I—IV』(서울: 도서출판 베다니, 2022).

념 중 '복' 으로 해석되고 있는 구약의 히브리어와 신약의 헬라어 개념을 살펴보고자 한다. 그러나 복에 대한 '용어' 연구만으로는 그 의미를 바로 알 수 없기 때문에 일차적으로 단어를 연구한 후 그 단어가 나오는 문장을 통해 단어의 의미를 살펴볼 필요가 있다.

1. 바라크(בָּרַךְ)와 에쉐르(אֶשֶׁר)

창세기 1장 22절을 시작으로 구약 속에서 '복'이라는 단어는 총 425회 나온다.[3] 우리말 성경에서는 '복' 또는 '축복'으로 번역되지만 구약에서는 바라크(בָּרַךְ)와 에쉐르(אֶשֶׁר)의 복으로 표현된다. 창세기 12장 2절에서 '너는 복이 될지라' 할 때의 '복'은 '바라크'의 명령, 여성, 단수형인 '베라카'다. 신명기 28장 1-6절에 나오는 일곱 개의 '복', 베라코트(2절), 바루트(3-6절)도 모두 기본 동사가 '바라크' 다.

히브리어 바라크(בָּרַךְ)의 원래 의미는 '무릎을 꿇다'로 낮은 자가 높은 자를 경배하고 찬양할 때 쓰였다. 그 외에 축복을 빌 때(대상 4:10), 하나님이 축복하실 때(창 1:28; 9:1; 12:2), 그리고 사람이 사람에게 하는 축복(창 27:4) 등으로 사용되었다.[4]

'바라크'의 기본 의미인 '무릎을 꿇다' 는 높은 자를 향해 갖추어야 할 낮은 자의 태도이며 자세다. 이는 '복'이 단순히 하나님으로부터

---

3) "하나님이 그들에게 복(בָּרַךְ)을 주시며 이르시되 생육하고 번성하여 여러 바닷물에 충만하라 새들도 땅에 번성하라 하시니라."

4) James Strong, *Strong's Exhaustive Concordance of the Bible* (Boston: Hendrickson Publishers, nd)에서 단어, blless, bllessed, blessed, blessedness, blesses, blesseth, blessing, blessings 참조, pp. 129-131.

어떤 것을 받는 것을 의미하기보다 가장 먼저 경배와 찬양을 통해 '복이신 하나님'을 인정하고 높이는 것임을 보여준다.[5] 이는 이스라엘이 이해한 축복이 이방인들이 이해하는 축복과 극명하게 다르다는 것을 보여 준다. 곧 축복은 신으로부터 받는 '어떤 것'이기 이전에, 그 신(하나님)을 높이고 인정하는 '관계'에 근거한 것이다.[6]

그 예로, 창세기 24장에는 아브라함의 종과 장차 이삭의 아내가 될 리브가가 만나는 장면이 나온다. 주인 아브라함의 보냄을 받은 종이 리브가를 만나게 되었을 때, 그는 하나님을 찬양했다(24:27). 종이 하나님을 찬양했던 것은 장차 이삭의 아내가 될 여인을 만났기 때문이 아니라, 만나게 하신 하나님, 모든 일을 이루시는 하나님을 높였던 것이다("예호와 바루크", "여호와를 찬송하나이다").

이렇게 하나님을 경배하고 찬양하는 행위는 하나님에 대한 믿음에서 나오는 증거이며, 이 믿음은 하나님과 인간 사이의 관계에 근거한다. '바라크'는 구약성경에서 모두 310회 나오는데 특별히 창세기에서만 88회 나온다.[8]

---

5) '바라크'의 헬라적 표현 '율로게오' 속에는 '좋은 말을 하다, 좋게 말하다' 라는 의미가 있다. 이런 면에서 '무릎을 꿇다' 라는 바라크의 의미 속에는 단순히 '무릎을 꿇음' 이 아닌, '무릎을 꿇고 좋은 말을 함' 의 의미가 들어있음을 볼 수 있다. 인간이 하나님 앞에 '무릎을 꿇고 좋은 말을 하면' 그것은 하나님을 위해 복을 비는 축복, 곧 찬양이 된다. 현요한 "복의 신학", 『장신논단』(2002), 310.

6) 오성춘, "구약성경이 말한 축복이란 무엇인가", 『월간목회』 391호, 2009년 3월호, 59-60.

7) "이르되 나의 주인 아브라함의 하나님 여호와를 찬송하나이다. 나의 주인에게 주의 사랑과 성실을 그치지 아니하셨사오며 여호와께서 길에서 나를 인도하사 내 주인의 동생 집에 이르게 하셨나이다 하니라."

8) Gorden J. Wenham, *Word Biblical Commentary: Genesis 1-15* (Texas: Word Books Publisher, 1987), p. 275.

〈표 1〉 바라크의 의미[9)]

의 미	성 경 구 절
무릎을 꿇다	시 95:6; 대하 6:13; 창 24:11
축복 받은	창 27:29
찬양 받으시다	왕상 10:9; 시 72:18
…처럼 복 받기 원하다	창 12:3; 18:18
축복하다 (어떤 사람이 성공, 번영, 다산을 위한 능력을 주다)	창 1:22
하나님을 축복하다 (하나님이 성공, 번영, 다산의 능력의 근원이심을 선포하다)	창 24:48
축복을 받다	삼하 7:29
자신이 축복 받기를 원하다	창 22:18
자신을 축복하다	사 65:16

구약의 또 다른 복 '에쉐르'(אֶשֶׁר)는 시편 1편에 복수형(아쉬레)으로 나타난다. '에쉐르'는 '곧다', '똑바로 가다'란 일차적 의미는 물론 '번영하다', '성공하다'라는 파생적 의미까지 갖는 단어다.[10)] '에쉐르'의 관점에서 보는 '복'은 하나님으로부터 이미 얻은 복으로 행복해하고 동시에 현재의 행복한 삶을 유지하기 위해 인간 편에서 지속적으로 노력해야 하는 복이다. '에쉐르'의 이해를 위한 시편 속의 몇 구절을 소개하면 다음과 같다.[11)]

---

9) William L. Holladay, *A Concise Hebrew and Aramaic Lexicon of the Old Testament* (Grand Rapids: E.J. Brill and Wm. B. Eerdmans Publishing Co., 1971); 손석태 역, 『구약성경의 간추린 히브리어, 아람어 사전』(서울: 도서출판 솔로몬, 1994), pp. 64-65.

10) 『옥스퍼드 원어성경대전』(서울: 제자원, 2005), p. 46.

11) Strong, *Strong's Exhaustive Concordance of the Bible* 참조.

〈표 2〉 시편 속의 에쉐르

내 용	구 절
주의 계명을 즐거워하고 지킴	94:12; 112:1; 119:1; 128:1; 1:1-2
주를 의지하고 주를 향함	2:12; 3:12; 34:8; 40:4; 84:12; 119:2; 144:15
죄에서 떠남	32:2
가난한 자를 보살핌	41:1
정의와 공의를 지키고 행함	106:3
복의 결과	1:3; 128:2

위의 〈표 2〉에서 볼 수 있듯이, 바라크와는 달리 에쉐르의 복에서는 하나님이 주어가 되는 예가 없다. '에쉐르'는 주로 시편, 잠언, 전도서, 다니엘서 등 후기 문서에 나오는데[12] 이는 세속적인 복뿐만 아니라 '주를 의지하는 자' (시편 중), '지혜의 도를 지키는 자' (잠 8:32), '끝까지 기다리는 자' (단 12:12) 등 더욱 정신적이고 영적으로 올바른 상태에 있는 자가 복이 있다고 선언할 때 쓰이고 있다.[13]

'에쉐르'는 또한 축하의 용어로도 쓰이는데, 이에 대한 성경의 번역들은 마치 이미 복을 얻고 행복한 상태에 있는 자를 바라보는 주변 사람들의 표현과도 같다. '행복한 사람이야', '얼마나 복된 사람인가' 등의 부러운 시선과 축하를 받는 모습이다. 김정우는 시편 1편의 '에쉐르'의 복을 다음과 같이 설명한다. "이 용어는 항상 주위의 사람들이 관찰한 후 결론을 내릴 때 사용된다. 즉 관찰된 사람이 얼마나 부러운지 드러내 준다. 그 사람이 참으로 행복하며, 축하받을 만하고 복스러움을 말해준다."[14]

---

12) 시 1:1; t 32:1; 잠 8:32; 전 10:17; 단 12:12.

13) R Laird Harris, Gleason L. Archer Jr. & Bruce K Waltke, *Theological Wordbook of the Old Testament,* vol. 1 (Chicago: Moody Press, 1981), p. 162; 현요한, *op. cit.,* 311.

14) 김정우, 『시편 주석·1』(서울: 총신대학교 출판부, 2005), p. 149.

이것은 단순히 '외형적인 것' 혹은 '현세적인 것'으로 사람들의 부러움이 되는 복이 아니다. 기복신앙은 자신의 소원을 이룸으로써 주위로부터 부러움을 살 수 있지만, 성경적 복의 개념에서 볼 때는 하나님(God)이 아닌 하나님들(gods)에게 구하고 얻은 것은 '복'이 아닌 '가증한 것' 곧 '죄'가 된다.

'죄'는 하나님의 정하신 율법과 계명에서 벗어나고 그것을 지키지 않는 것이다. 하나님께서 인간에게 율법과 계명을 주신 목적은 그것을 지키고 순종하는 삶을 통해 하나님께 영광과 찬송을 돌리고 하나님으로 기뻐하며 즐거워하게 하는 데 있다. 현요한은 에쉐르의 복에 대해 다음과 같이 말한다.

> 교회 현장에서 복에 대한 이야기들은 주로 이 세상에서 잘되고 번영하는 것을 의미하는 것으로 여겨졌다. 그러한 현장에서 복에 대하여 긍정적으로 성찰하면서도 무언가 '세속적'인 복 개념을 넘어서려는 생각은 복을 물질적인 것과 영적인 것으로 나누고, 영적인 복의 한층 우월한 가치를 주장하는 데로 나아갈 수 있다. 그것은 나름대로 가치 있는 시도라고 할 수 있으며, 성경도 일면 그런 면을 지지하는 것으로 보인다. 그러나 여기에 한 가지 주의할 점이 있다. 시편 1편의 노래를 보자. 이 시편은 부귀영화나 건강, 장수 같은 복을 빌거나, 그것을 얻기 위해서 어떻게 하면 되는가를 노래한 것이 아니라, 복 있는 사람을 보고 감탄하며 축하하는 노래다. 여기서 복은 더 이상 부귀영화나 건강, 장수가 아니다. 이제 복 자체의 개념을 다른 관점에서 보고 있다. 시인은 여호와의 율법을 주야로 묵상하며 경건하게 사는 것 자체가 복된 것이라고 노래하고 있다. 율법을 묵상하며 경건하게 사는 것은 영적인 것이다. 그러나 그 영적인 것은 물질이라

듣가, 일상생활과는 무관한 것이 아니다. 물질과 관계하는 일상 생활을 율법을 따라 경건하게 행하는 것이다.[15]

이처럼 하나님과의 깊은 관계 속에서 하나님을 경배하며, 그 하나님으로 누리는 행복이 복임을 알 수 있다. 그러나 이러한 영적인 관계 속에서 오는 복이 삶을 초월하여 나타나는 것이 아니라 현실의 삶과도 깊게 관련되어 있다는 언급하고 있다. 이는 곧 영적인 복이 현세적 복과 분리될 수 없는 것임을 보여주는 것이다.

'바라크'를 통해서 보는 '복'에 대한 원리는 그 주도권을 하나님께 둔다. 실제로 아브라함의 전 삶이 바라크의 복의 과정을 충족시켰던 것은 아니다. 아브라함도 아담의 후손이었기에 그 역시 죄의 영향 아래에 있었다. 사실 창세기에 나오는 아브라함의 삶은 그의 결점들까지 모두 보여주고 있다. 애굽에서 아내를 여동생이라고 거짓말했던 적도 있었고, 약속을 기다리지 못하고 아내가 아닌 여종의 몸을 통해 아들을 얻기도 했다.

그럼에도 불구하고 아브라함이 복을 누릴 수 있었던 것은 하나님께서 그를 의롭게 여기셨기 때문이고, 복의 주도권이 하나님께 있었기 때문이다. 이는 인간의 노력을 통해 신(神)을 움직여 마음의 소원을 이루는 샤머니즘과 구별된다.

이제까지 구약의 복의 용어에 대해 살펴보았다. 구약에 나타나고 있는 복은 '하나님과의 관계' 속에서 누리게 되는 '내세적인 복'의 성격이 강하지만, 그 복은 현세적인 삶과도 밀접한 관계가 있음을 보았다. 그러므로 내세적 복을 강조하면서 현세적 복을 배제하는 것도 문

15) 현요한, *op. cit.*, 314-315.

제가 있고, 또한 현세적 복을 추구하면서 내세적 복을 가볍게 여기는 것도 문제가 있다.

2. 율로게오(εὐλογέω)와 마카리오스(μακάριος)

앞서 본 바라크와 에쉐르는 그 의미상 각각 헬라어의 율로게오와 마카리오스에 해당된다. 70인역(Septuagint)에서는 구약의 '바라크'를 '율로게오'로 번역하고 있다.

창세기 27장에는 아버지 이삭이 나이가 많아 에서와 야곱에게 축복하는 기사가 나온다. 모두 '바라크'와 어미 변화를 나타내는 단어들로 테바레크카(네게 축복할 것이다; 4절), 와아바레크카(내가 너를 축복할 것이다; 7절), 와예바레케후(그가 그를 축복하였다; 23절) 등이 사용되었다. 히브리서 11장 20절에 창세기 27장의 기사가 나오는데 여기서 히브리어 '바라크'가 헬라어 '율로게오' (율로게센)로 번역된 것을 볼 수 있다.

〈표 3〉 바라크와 율로게오

창세기 27:4	내가 즐기는 별미를 만들어 내게로 가져와서 먹게 하여 내가 죽기 전에 내 마음껏 네게 축복하게 하라(테바레크카: 네게 축복할 것이다)
창세기 27:7	나를 위하여 사냥하여 가져다가 별미를 만들어 내가 먹게 하여 죽기 전에 여호와 앞에서 네게 축복하게 하라 하셨으니(와아바레크카: 내가 너를 축복할 것이다)
창세기 27:23	그의 손이 형 에서의 손과 같이 털이 있으므로 분별하지 못하고 축복하였더라(와예바레케후: 그가 그를 축복하였다)
히브리서 11:20	믿음으로 이삭은 장차 있을 일에 대하여 야곱과 에서에게 축복하였으며(율로게센: 그는 축복했다)

헬라 문헌에서 보는 율로게오의 문자적인 의미는 '좋게 이야기 함'으로 '칭찬하다'의 의미를 만들어 낸다. 이 용어는 인간이 신들을 찬양하는 것에서 흔하게 사용되며 우리가 통상적으로 생각하는 '축복'이라는 개념은 희귀하다.[16] 예수님 시대의 유대교에서의 율로게오는 단어 속에 로고스(λόγος)라는 단어가 들어있음을 유념하면서 하나님을 찬양하는 일에 그 의미를 둔다.[17]

복음서에서 '복'은 총 56회, 그리고 신약성경 전체에서는 총 101회 나타난다.[18] 이중 복음서에서 '율로게오'는 총 26회, '마카리오스'는 총 30회, 복음서 외의 성경에서는 '율로게오'가 27회, '마카리오스'가 18회 나타난다.

〈표 4〉 신약 성경 속의 '율로게오'[19]

마태복음	5:44; 14:19; 233:39; 26:26
마가복음	6:41: 8:7; 10:16; 11:9; 11:10; 14:22; 14:61
누가복음	1:28; 1:42; 1:68; 2:28; 2:34; 6:28; 9:16; 19:38; 24:30; 24:50; 24:51
요한복음	12:14
사도행전	3:25; 3:26
로마서	1:25; 9:5; 12:14
고린도전서	4:12; 10:16; 14:16
고린도후서	1:3; 9:6; 11:31
갈라디아서	3:8; 3:9
에베소서	1:3

16) Gerbard Kittel and Gebard Firdricb, *Tbeological Dictionary of the New Testament* (Grand Rapids: William B. Eerdmans Publishing Company, 1985); 번역위원회 역, 『킷텔 단권 신약 원어 신학사전』(서울: 요단출판사, 1986), pp. 270-271.

17) *Ibid.*, p. 271.

18) Strong, *Strong's Exbaustive Concordance of the Bible*, pp. 129-131.

19) *Ibid.*

히브리서	6:7; 6:14; 7:1; 11:20; 11:21
야고보서	3:9; 3:10
베드로전서	1:3; 3:9
요한계시록	5:12; 5:13; 7:12

각 본문에서 사용된 율로게오의 파생어나 품사에 따른 어미의 차이는 있지만, 신약 성경 속에 나타난 기본적인 의미는 '축복(하다), 찬송(하다), 복(되다), 찬양(하다)' 등으로 함축된다.[20)]

흥미로운 것은 그것이 하나님께 관한 것인지, 사람에게 관한 것인지에 따라서 그 의미가 달라지는 것이다. 율로게토스(찬송 받으실만하다)와 율로기아(찬양이)는 하나님께만 쓰인다.[21)] 이 말은 하나님을 높이고 감사할 때 사용되며, '복된(blessed)' 또는 '찬양받으실', '찬양 받으신(who is praised/blessed)'의 뜻을 갖고 있다. 이는 '복'이 하나님에 대한 분명한 인식이고, 최고의 경외를 드리는 것이며, 그리고 그 앞에 무릎 꿇고 엎드리는 순종과 제사를 의미함을 보여준다.

'율로게오'는 하나님께서 우리에게 선을 베푸심으로 행복과 번영을 주실 때 쓰이기도 한다(εὐλόγσεν: 마 14:19; 히 6:7; 6:14). 또한 사람들이 하나님께 복을 간구할 때(εὐλογονετες: 벧전 3:9,[22)] 그리고 높은

---

20) 1. to praise, celebrate with praises; 2. to invoke blessings; 3. to consecrate a thing with solemn prayers; a. to ask God's blessing on a thing; b. pray God to bless it to one's use; c. pronounce a consecratory blessing on; 4. a. to cause to prosper, to make happy, to bestow blessings on: b. favoured of God, blessed. "BibleWebApp"

21) 하나님을 높일 때, 하나님께 감사할 때 '하나님을 찬양한다'는 의미로 사용된다(눅 1:68; 9:5; 24:53; 롬 1:25; 고후 11:31 등).

22) "악을 악으로 욕을 욕으로 갚지 말고 도리어 복을 빌라(εὐλογονετες) 이를 위하여 너희가 부르심을 받았으니 이는 복을 이어받게 하려 하심이라"

사람이 낮은 사람을 축복할 때도 사용된다(εὐλόγησεν: 히 11:20-21).[23)]

신약성경 속에 나오는 율로게오의 의미 속에는 '율로게토스' 나 '율로기아'와 같이 하나님을 높이고 찬양하며 감사하는 내세적 복과, 또 우리에게 성공과 번영을 주시는 현세적 복이 모두 들어있다.

'오병이어의 기적 이야기'[24)](마 14:19; 막 6:41; 눅 9:16)에 나타난 율로게센(축복하다; 축사하다)의 대상은 물고기와 떡이 아닌 그것을 주신 하나님이다. 오병이어로 오천 명 이상을 먹이는 이적을 행할 수 있는 능력을 달라고 기도한 것이 아니라 오병이어를 주신 하나님을 향한 축사였다.[25)] 그러나 그 결과 그날 예수님 앞에 나왔던 오천 명 이상이 배부르게 먹었다.

구약의 '바라크'에서 보았듯이, '복'은 하나님으로부터 원하는 것을 받는 것이라기보다 먼저 경배와 찬양을 통해 하나님을 인정하고 높일 때 그 믿음으로 하나님의 풍성함에 참여하게 되는 것이다.

모든 복에 대한 주권은 하나님께 있다. 그리고 복에 대한 하나님의 주권은 때로 인간의 보편적 생각까지 뛰어넘어 나타난다.[26)] 인간은

---

23) "믿음으로 이삭은 장차 있을 일에 대하여 야곱과 에서에게 축복하였으며(εὐλόγησεν) 믿음으로 야곱은 죽을 때에 요셉의 각 아들에게 축복하고(εὐλόγησεν) 그 지팡이 머리에 의지하여 경배하였으며"

24) 요한복음에도 '오병이어의 기적 이야기'가 나오지만 공관복음서와는 달리 '율로게오' 용어는 나타나지 않는다. 대신 '유카리테사스' (εὐλογονετες)를 통해 '감사를 드리고'라는 의미를 보여 준다(개역개정: '축사하시고' ; NASB: 'having given thanks' ; 헬라어: '그래서 예수께서 떡들을 받으셨다. 그리고 그가 감사를 드리고 기댄 사람들에게 나눠 주셨다).

25) Robert A. Guelich, *Word Biblical Commentary: Mark 1-8:26* (Dallas: Word Books, 1998); 김철 역, 『WBC 성경 주석: 마가복음(상)』 (서울: 도서출판 솔로몬, 2001), pp. 547-549.

26) 히브리서 11장 20-21절이 좋은 예다. 인간의 보편적 생각은 이삭과 야곱이 각각 큰 아들에게 복을 주는 것이나 실제로는 둘째 아들에게 주어졌다. 이에 대해서 이삭과 야곱은 그들의 시복을 무르거나 무효화하지 않았다. 복의 주관자요, 시복자는 자신이 아닌 '하나님'이 심을 믿고 인정했기 때문이다.

복이신 하나님에 대한 전적인 신뢰, 곧 믿음을 증거하고, 축복에 대한 약속을 성취 받는다.

'복'에 대한 또 다른 용어, '마카리오스'는 히브리어 '에쉐르'의 헬라어적 표현이다. 에쉐르는 앞서 보았듯이 복을 얻느냐 얻지 못하느냐 하는 차원의 복이 아니다. 이미 누리고 있는 복에서 증거되는 행복한 삶이며, 그것을 유지하기 위한 믿음이 요구되는 복이다. 신약성경에서 '마카리오스'는 총 48회 나오는데 그중 30회가 복음서 속에서 발견된다.

〈표 5〉 신약성경 속의 '마카리오스'[27]

마	5:3-11; 11:6; 13:16; 16:17; 24:46; 25:34	갈	4:15
눅	1:45; 1:48; 6:21; 6:22; 7:23; 10:23; 11:27; 11:28; 12:37; 12:38; 12:43; 14:14; 14:15; 23:29	딤전	1:11; 6:15
요	20:29		2:13
행	20:35		1:12; 1:25
롬	4:6-9	계	1:3; 14:13; 16:15; 19:9; 20:6; 22:7; 22:14

'마카리오스'가 가장 잘 나타난 대표적 구절은 마태복음의 '팔복장'이다(5:1-12).[28] '팔복'에 대한 연구는 본서 다음 부분에서 다루기

26) 히브리서 11장 20-21절이 좋은 예다. 인간의 보편적 생각은 이삭과 야곱이 각각 큰 아들에게 복을 주는 것이나 실제로는 둘째 아들에게 주어졌다. 이에 대해서 이삭과 야곱은 그들의 시복을 무르거나 무효화하지 않았다. 복의 주관자요, 시복자는 자신이 아닌 '하나님'이 심을 믿고 인정했기 때문이다.

27) Strong, *op. cit.,* pp. 129-131.

28) 신약에서의 독특한 특징은 '마카리오스'가 하나님 나라에의 참여를 통해 오는 특이한 즐거움을 가리키는데 사용된다는 점이다. Kittel, *op. cit.,* p. 459.

로 하고, 요한계시록[29]을 중심으로 신약성경 속의 '마카리오스'를 살펴보고자 한다.

-요한계시록 속의 '마카리오스' 주해-

1:3 이 예언의 말씀을 읽는 자와 듣는 자와 그 가운데 기록한 것을 지키는 자는 복(μακάριος)이 있나니 때가 가까움이라

요한은 자신을 '하나님의 말씀과 예수 그리스도의 증거자'로 소개했다(1:2). 그러므로 본 절에서의 '예언의 말씀'을 '하나님의 말씀'과 동일시할 수 있다. 즉 하나님의 말씀을 읽는 자와 듣는 자, 그리고 기록한 것을 마음에 담아 순종하는 것, 곧 지키는 자는 복이 있다.

많은 고대 문서에서 '읽고', '듣는 것'을 나타내는 용어들이 동의어로 사용되는데, 그 이유는 독서를 할 때 언제나 소리를 내어 읽었으므로 귀로 들을 수 있었기 때문이다.[30] 말씀을 읽는다는 말은 좁은 의미에서 초대교회 당시 주일 강단에 올라서서 큰 소리로 성경을 읽는 것을 말하지만(딤전 4:13), 넓은 의미에서는 모든 성도가 하나님의 말씀을 읽고 연구하는 것이기도 하다.[31]

---

29) "계시록은 요한을 통해 예수님께서 주신 '종말 강화', 즉 종말에 대한 가르침이다(1:1). 신약 성경에서 종말은 예수 그리스도의 출현으로 시작하여 세상의 마지막을 포함하는 광범위한 기간을 가리키며, 특히 예수 그리스도의 초림과 그의 사역에 관계된 모든 것이 바로 종말이란 이름으로 다뤄진다. 이런 맥락에서 계시록은 '역사 끝에 일어날 사건들'을 다루기보다는 '예수 그리스도의 구속사적 사건들'을 다루고 있는 책으로 이해할 수 있다." 이동수, 『신약의 구속사적 읽기』(서울: 그리심, 2009), p. 193.

30) David E. Aune, *Word Biblical Commentary: Revelation 1-5* (Dallas: Word Books, 1997); 김철 역, 『WBC 성경 주석: 요한계시록(상)』(서울: 도서출판 솔로몬, 2003), p. 341.

31) 신성종, "신약성경이 말한 축복이란 어떤 것인가", 『월간목회』 통권 391호(2009년 3월호): 56.

14:13 또 내가 들으니 하늘에서 음성이 나서 이르되 기록하라 지금 이후로 주 안에서 죽는 자들은 복(μακάριοι)이 있도다 하시매 성령이 이르시되 그러하다 그들이 수고를 그치고 쉬리니 이는 그들의 행한 일이 따름이라 하시더라.

'지금 이후로 주안에서 죽음'은 임박한 순교에 관한 예언이다. 순교가 복인 것은 예수의 죽음이 승리였던 것처럼 예수를 위해 죽는 것이 승리이기 때문이다.[32] 이 복은 미래의 순교를 통해 얻어지는 것이므로 이 땅에서 받는 복이 아니다. 이것은 천국에서 주님과 함께 안식을 누리는 종말론적인 복이다.[33]

6:15 보라 내가 도둑 같이 오리니 누구든지 깨어 자기 옷을 지켜 벌거벗고 다니지 아니하며 자기의 부끄러움을 보이지 아니하는 자는 복(μακάριος)이 있도다.

밤의 도둑처럼 예기치 않은 때에 재림하시는 주님에 대해 준비되지 않은 자들에게 주시는 경고의 말씀이다. '옷을 지키는 자'는 복이 있는데 그는 벌거벗고 다니지 않으며 자신의 부끄러움을 보이지 않기 때문이다. 이 구절은 그리스도의 예기치 않은 재림이 구원과 동시에 심판도 가져올 것임을 보여 준다. 예비하고 있는 자들에게는 구원이, 그렇지 않은 자들에게는 심판이 있다.[34]

---

32) David E. Aune, *Word Biblical Commentary: Revelation 6-16* (Nashville: Thomas Nelson Publishers, 1998); 김철 역, 『WBC 성경주석: 요한계시록(중)』 (서울: 도서출판 솔로몬, 2004), p. 810.

33) 신성종, *op. cit.*

34) Aune, *op. cit.*, p. 911.

19:9 천사가 내게 말하기를 기록하라 어린 양의 혼인 잔치에 청함을 받은 자들은 복(μακάριοι)이 있도다 하고 또 내게 말하되 이것은 하나님의 참되신 말씀이라 하기로

'종말론적인 혼인 잔치'라는 주제는 요한계시록에서 이곳에만 나온다. 이는 그리스도와 성도가 결합되는 천국에서의 잔치를 의미하는데, 많은 사람이 멸망을 받아 짐승들의 밥이 되는 것(17-18절)과 의도적으로 대비되어 있다.[35] '어린 양의 혼인 잔치에 청함을 받은 자'는 끝까지 믿음을 지키고 신앙 인격을 더럽히지 않은 자로 천국 잔치에 참여하는 복된 자이다.

20:6 첫째 부활에 참여하는 자들은 복(μακάριος)이 있고 거룩하도다 둘째 사망이 그들을 다스리는 권세가 없고 도리어 그들이 하나님과 그리스도의 제사장이 되어 천년동안 그리스도와 더불어 왕 노릇 하리라

'첫째 부활에 참여하는 자'는 믿음으로 죽음에서 생명으로 옮겨진 상태, 곧 구원 받은 자의 영적 상태의 의미로 해석한다.[36] 성도는 그리스도를 통해 하나님의 백성의 신분 상태를 이미 소유한 자로서 항상 하늘의 것을 추구하며 살아간다.

22:7 보라 내가 속히 오리니 이 두루마리의 예언의 말씀을 지키는 자는 복(μακάριος)이 있으리라 하더라.

'지키는 자'(호 테론 ὁ τηρῶν)에서 테론(τηρῶν)은 '지키다', '준

35) David E. Aune, *Word Biblical Commentary: Revelation 17-22* (Nashville: Thomas Nelson Publishers, 1998); 김철 역, 『WBC 성경주석: 요한계시록(하)』(서울: 도서출판 솔로몬, 2005), p. 280.

36) 신성종, *op. cit.*, 57.

수하다', '순종하다' 등의 의미를 지닌 동사 '테레오'(τηρέν)의 능동태 현재 분사다. '두루마리의 예언의 말씀을 지키는 자'는 1장 3절의 말씀, 즉 하나님의 말씀을 읽는 자와 듣는 자, 그리고 기록한 것을 마음에 담아 순종하는 자와 같다. 고난 속에서 인내하며 순종하는 자에게는 축복의 약속이 이어지는 것이다.[37]

22:14 자기 두루마기를 빠는 자들은 복(μακάριοι)이 있으니 이는 그들이 생명나무에 나아가며 문들을 통하여 성에 들어갈 권세를 받으려 함이로다.

두루마기를 빠는 행위는 도덕적 및 영적 정결 또는 개혁을 가리키는 의미를 갖는다. 구약에서 출애굽한 백성들에게 시내산에서 하나님을 경배하기 전에 요구된 것이 그들의 의복을 빠는 것이었다(출 19:10, 14; 레 13:6, 34). 옷을 빤다는 은유는 몇 가지 의미를 지닌다: (1) 기독교의 세례, (2) 도덕적으로 올바른 삶을 영위하고자 하는 결단, 그리고 (3) 순교의 의미를 갖는다.[38]

자기 두루마기를 빠는 자에게 복이 있는 이유는 그들이 생명나무에 나아가며 문들을 통해 성에 들어갈 권세를 받기 때문이다. 이는 죄로 오염된 옷을 그리스도의 피로 정결하게 함으로써 그리스도의 구속 행위에 참여하게 됨을 의미한다.[39]

---

37) Aune, *op. cit.*, p. 588.
38) *Ibid.*
39) 신성종, *op. cit.*, 57.

〈표 6〉 요한계시록 속의 '마카리오스'

현 재		미 래	
1:3;22:7	하나님의 말씀에 대한 순종	14:13	임박한 순교에 관한 예언
16:15	재림하시는 주님에 대해 준비된 자	19:9	어린 양의 혼인 잔치에 청함을 받음
20:6	첫 번째 부활에 참여한 자	22:14	그리스도의 구속행위에 참여함
22:14	영적 · 도덕적으로 개혁하는 삶		

'율로게오'를 통해 보는 '복'에 대한 원리는 크게 네 가지로 나뉜다: (1) 하나님을 향한 감사와 찬양, (2) 하나님이 주시는 행복과 번영, (3) 사람들이 하나님께 복을 간구함, (4) 사람이 사람을 축복함이다.

'마카리오스'는 앞서 언급한 대로 히브리어 '에쉐르'의 헬라어적 표현이다. 이미 누리고 있는 복에서 증거되는 행복한 삶이며, 그것을 유지하기 위한 인간 편에서의 노력이 요구되는 복이다. 요한계시록에서 보는 '복'은 이미 얻은 복을 누리는 첫 번째 부활에 참여한 자(20:6)가 매일 하나님 말씀에 대한 순종의 삶을 통해 어린 양 혼인 잔치에 청함을 받는 것으로 귀결된다.

복의 용어-바라크, 에쉐르, 율로게오, 마카리오스-를 통해서 살펴본 복의 원리는 먼저 하나님과의 관계에 근거함을 볼 수 있다. 곧 복에 대한 약속과 시행, 그리고 성취를 이루시는 하나님을 높이며 찬양하고 영광 돌림이 '복'이다. 이것은 하나님을 인정하는 행위이며, 하나님 앞에 '무릎 꿇음'의 표현으로 나타내기도 한다.

또한 하나님으로부터 이미 얻은 것으로 기뻐하며 사는 삶 자체가 복이다. 이것은 물질이나 혹은 성공과 같은 복을 얻었기 때문에 기뻐하는 것이 아니라, 하나님을 묵상하고, 하나님과 동행하며, 하나님의 말씀에 대한 순종이 나타나는 삶이다.

II. 복의 성취

복은 하나의 언급이 아니라 성취를 통하여 그 진가를 나타낸다. 우리는 아브라함을 통하여 복의 성취의 참 모습을 찾을 수 있다.

1. 성취의 약속

하나님께서 아브라함에게 주신 첫 번째 복의 약속은 '큰 민족을 이루는 것' 이었다.

(1) 자손의 복

아브라함은 첫 번째 복에 대한 약속을 '자손의 복' 으로 이해했다. 웬헴은 '큰 민족을 이루는 복'에 대해서 다음과 같이 말한다.

> 적어도 창세기에서 강조하는 바는 '민족'이라는 말보다는 '자손'을 강조하는 것이 분명하고 구속사의 발전에서도 '자손'에 더욱 강조점이 있음을 알 수 있다(갈 3:16, 19, 29; 히 2:16, 11:18). 큰 민족의 복과는 달리 많은 자손의 복은 언약 밖에 있는 사람들에게 사용된 적이 별로 없고, 주로 언약 속에 있는 자손들에게 사용되었다(창 13:16, 15:5, 26:4, 24, 28:14).[40)]

75세까지 후손을 보지 못한 아브라함에게 '자손에 대한 약속' 은 가

---

40) Wenham, *Genesis 1-15*, pp. 280-281.

장 큰 복이었을 것이다. 그러나 아브라함은 약속을 전적으로 신뢰하지는 못했다. 애굽에서 자기 아내를 누이라 했던 행동은 아내를 통해 자손을 주리라 하신 하나님의 약속에 대한 망각이나 불확신으로 볼 수 있다.[41] 또한 여종 하갈을 통해 이스마엘을 낳는 불신앙의 모습도 보여준다.[42] 이는 '여호와께서 내 출산을 허락하지 않으셨다' (16:2) 라는 아내의 말에 동의한 결과다. 『목회와 신학』 편집부가 간행한 책에서 본문에 대해 다음과 같이 설명하고 있다.

> 아브람과의 언약을 취급하는 두 장(15, 17장) 사이에 위치한 16장은 이스마엘의 탄생을 둘러싼 사건을 통하여 언약의 실패를 보여준다. 15장에서 믿음으로 의롭다함을 받은 아브람이 어떻게 이런 실수를 저지를 수 있는가? 아브람은 비록 맹세적 약속을 받았지만 실제 아브람 부부는 약속을 이룰만한 형편이 되지 못했다. 조급해진 아브람과 사래는 하나님의 약속을 인간적인 방법으로 이루려 한다. 이것은 하나님의 백성이 저지르지 쉬운 전형적인 잘못이다.[43]

창세기 17장[44]은 '복'의 특성을 잘 보여 준다. 아브라함의 나이 99세 때에 하나님께서 그에게 하신 첫 두 말씀은 (1) '나는 전능한 하나님이라'와 (2) '너는 내 앞에서 행하여 완전하라' 였다(17:1).

41) 창 12:11-13.

42) 창 16:16.

43) 목회와 신학 편집부, 『창세기 어떻게 설교할 것인가』, p. 147.

44) "아브람이 구십구 세 때에 여호와께서 아브람에게 나타나서 그에게 이르시되 나는 전능한 하나님이라 너는 내 앞에서 행하여 완전하라 내가 내 언약을 나와 너 사이에 두어 너를 크게 번성하게 하리라 하시니 아브람이 엎드렸더니 하나님이 또 그에게 말씀하여 이르시되 보라 내 언약이 너와 함께 있으니 너는 여러 민족의 아버지가 될지라" (17:1-4).

하나님은 "만일 네가 진정으로 노력하면 내가 너를 도와서 큰 민족을 이루게 할 것이다"라고 말씀하시지 않았다. 대신 "너는 내 앞에서 행하여 완전하라" 고 말씀하셨다.

'완전' 은 전혀 비난할 것이 없거나 흠이 없는 깨끗한 상태를 가리키지만, 타락한 인간으로서는 결코 이르지 못할 영역이다. 결국 하나님은 아브라함에게 그 어떠한 행위의 완전함을 기대하시는 것이 아니라 하나님을 붙드는 온전함을 요구하신다. 하나님을 온전히 바라보면서 믿음으로 하나님을 붙드는 삶, 하나님과 동행하는 삶이 되라고 요청하시는 것이다.[45] 창세기 17장에서 보는 복의 특성은 하나님의 초자연적인 개입을 떠나서는 누구도 복을 받을 수 없다는 것이다.

'내가 너로 큰 민족을 이루게 하리라' 는 복에 대한 약속은 일차적으로 아브라함이 아들 이삭을 낳음으로써 성취되었다(21:2). 그 후 이삭(26:1-4)과 야곱(28:13-14), 그리고 야곱의 열 두 아들(48:19)을 통해 이차적으로 성취되었고, 축복의 범위는 계속 확장되어갔다. 여기서의 '확장'은 '민족'이란 말이 의미있는 단순한 혈통이나 정치적 집단이란 개념을 뛰어넘는 것으로, 궁극적으로 예수 그리스도를 통한 '하나님 나라 완성'이라는 종말론적인 의미를 지닌다.[46] 그러므로 하나님께서 아브라함에게 약속하신 복은 단순히 육체적인 것을 의미하는 것 이상으로 예수 그리스도 안에서 성취되는 내세적인 축복임을 보게 된다.

---

45) Wenham, 『창세기(하)』, p. 92.

46) W. J. Dumbrell, *The Fourth of Israel: A Theological Survey of the Testament* (Grand Rapids: Baker Academic, 2002), p. 28; 신득일, "구속사와 구약 주석", p. 43에서 재인용.

(2) 창대케 하는 복

하나님께서 아브라함에게 주신 두 번째 복의 약속은 '이름이 창대케 되는 것'이다. '창대케 하리니'의 의미는 'to grow', 'become great'로 '자라게 하고', '크고 위대하게 한다'라는 의미다.

아브라함의 이름이 '창대케' 되는 복은 일차적으로 그의 이름이 아브람(큰 아버지)에서 아브라함(열국의 아버지)으로 바뀌는 것으로 성취되었다(창 17:5). 고대 근동 지역에서의 '이름'은 단순히 그 사람의 호칭을 나타내는 정도가 아니라 그 사람의 새로운 인생을 나타내는 의미였다. 당시에는 실제로 왕조가 바뀌거나 새로운 국가정책이 시작될 때에 종종 왕조의 변화를 상징하는 새로운 이름을 부여하는 경우가 많았다.[47]

하나님께서 '아브람'에게 '아브라함'이라는 새로운 이름을 주신 것은 아브라함의 정체성과 함께 미래에 대한 신적(神的) 보증이며, 여러 민족의 아비가 될 것임을 담보하는 보증 수표였다.[48] 곧 단순한 호칭 변화가 아닌 그가 최고의 명예와 명성의 사람이 될 것임을 의미한다. 실재로 아브라함은 '큰 아버지'에 '열국의 아버지'로 바뀐 새 이름을 통해 신분 변화, 인생의 변화를 얻었다.

또한 아브라함은 많은 군사를 거느리고 있었고(창 14:14), 주변 나라와의 전쟁으로 사로잡혔던 조카 롯을 구해내기도 했다(창 14:14-16). 아브라함은 집에서 기르고 훈련된자 318명의 군대는 상당히 큰

47) Bruce K. Waltke, *Genesis* (Grand Rapids: Zondervan, 2001), p. 205.

48) Bill T. Arnold & Bryan E. Beyer, *Encounting the Old Testament* (Grand Rapids: Baker Book House, 1999); 류근상 & 강대홍 역, 『구약의 역사적 신학적 개론』(서울: 크리스찬출판사, 2009), p. 129.

규모였다. 특별히 '기르고 훈련된 자'라고 표현하는 것으로 볼 때, 아브라함의 종들은 정예 사병을 제외하고도 그 수가 적어도 600~1,000명에 이르렀을 것으로 추정된다.[49] 이런 정황에서 볼 때, 아브라함의 이름이 가나안 일대에 널리 퍼졌을 것이다.

이렇게 아브람에서 아브라함으로, 또한 상당히 큰 규모의 주인이자 대장으로, 그리고 전쟁의 승리자로 그의 이름이 창대케 되는 약속이 부분적으로 이루어졌고, 예수 그리스도를 통해 성취되었다.

(3) 복의 통로

하나님께서 아브라함에게 주신 세 번째 복의 약속은 '복의 통로'가 되는 복이다(12:3). "너를 축복하는 자에게는 내가 복을 내리고 너를 저주하는 자에게는 내가 저주할 것이라"는 말씀에는 하나님과 아브라함 사이의 친밀한 관계가 나타나 있다.[50]

'친밀함'은 상호 간의 사랑과 관심, 염려와 응원 등을 품고 나누게 되는 선한 마음이다. 아브라함을 향한 하나님의 친밀함은 그의 삶에 대한 관심과 그의 인생에 깊이 관여하겠다는 표현이며, 동시에 아브라함과 맺은 약속을 반드시 지키겠다는 의지이기도 하다.

세 번째 약속에 대한 성취는 조카 롯을 구한 사건(창 14장), 소돔과 고모라 성 멸망 사건이 진행되는 중에 하나님이 아브라함을 생각하셔서 조카 롯을 살리신 기사(창 19장), 그리고 그랄 왕 아비멜렉에게 복의 통로가 된 것(창 20장)으로 나타난다. 특별히 세 번째 약속에 대한

---

49) 한민수, 『하나님의 구원역사 창세기』(서울: 그리심, 2011), p. 228.
50) Wenham, *Genesis 1-15,* p. 276.

성취와 관련된 아브라함과 멜기세덱의 기사(창 14:18-20)에 대해서 웬헴은 다음과 같이 말한다.

> 19절의 "그가 아브람에게 축복하여" 에서의 중요한 어근 '바라크' 는 세 번 나타난다. 이것은 아브람의 이름을 암시할 뿐만 아니라 또한 아브람이 복의 근원이 되며 모든 족속이 그로 인하여 복을 얻으리라는 약속을 상기시킨다. 인간 가족의 일원인 멜기세덱이 아브람을 축복하는 이곳에 그 약속의 최초의 성취가 있다. 멜기세덱이 베푼 선의의 예견되는 결과는 그 자신이 축복을 받으리라는 것이다.[51]

'복의 통로' 가 되는 복의 약속은 이상과 같이 아브라함이 복의 근원이 됨으로써 이루어졌고, 아브라함을 통해 마침내 '중보자 예수 그리스도'가 오심으로 영광스럽게 성취되었다.

(4) 땅의 축복

하나님께서 아브라함에게 주신 네 번째 약속은 '땅의 복' 이다. 하나님이 아브라함을 부르시는 12장 1절은 '고향과 친척과 아버지의 집을 떠나 내가 너에게 보여 줄 땅으로 가라' 는 말씀으로 시작한다. 그리고 아브라함은 '내가 이 땅(가나안)을 네 자손에게 주리라' (7절) 하는 하나님의 약속을 받았다.

그러나 실상 가나안에서의 아브라함의 소유는 막벨라 무덤이 전부

---

51) *Ibid.*, p. 530.

였다.[52] 실제로 '땅의 복' 은 아브라함이 죽을 때까지 얻지 못한 약속이다. 훗날 여호수아가 여리고 성을 무너뜨리면서 가나안 정복을 시작하기까지 가나안에서의 아브라함은 주인이 아닌 방문자였다. '땅의 복'에 대한 하나님의 응답이 1차적으로 성취된 것은 여호수아의 가나안 정복을 통해서이다. 이는 하나님과 아브라함 사이의 약속이 아브라함 개인의 인생사, 곧 아브라함 때에 모두 이루어지는 차원의 약속이 아닌, 아브라함을 통한 인류를 향한 하나님의 계획임을 보게 된다. 곧 그 시기와 내용은 하나님께서 결정하신다.

2. 성취의 내용

〈표 7〉 아브라함의 '복' 의 내용

아브라함의 때(현재)	'장차' (미래)
① "내가 너로 큰 민족을 이루고"(창 12:2)	
이삭을 아들로 얻음	• 야곱과 그 아들들을 통해 큰 민족을 이룸 • 모든 믿는 자의 조상이 됨(영적 이스라엘)
② "네 이름을 창대하게 하리니"(창 12:2)	
'아브람' 에서 '아브라함' 으로 개명을 통해 새로운 삶을 시작함: 당시 고대 근동 지역에서의 이름은 단순히 그 사람을 나타내는 '이름' 정도가 아니라 그 사람 인생 전체를 나타내는 의미였다.[53]	구원자 예수 그리스도를 통해 이루어짐
③ "땅의 모든 족속이 너로 말미암아 복을 얻을 것이라"(12:3)	
• 창세기 19장: 조카 롯을 살리심 • 창세기 20장: 아비멜렉에게 복의 통로가 됨	중보자 예수 그리스도를 통해 이루어짐
④ "이 땅을 네 자손에게 주리라"(12:7)	
막벨라 무덤(창 23:16-18)	• 여호수아의 가나안 정복을 통해 이루어짐 • 하나님의 나라

52) 가나안에서의 아브라함은 사실 그 땅을 차지한 주인이 아니라 배회하는 방문자였다.

아브라함의 복은 〈표 7〉의 내용과 같이 '아브라함의 때'에 성취된 것과 '장차' 미래에 성취될 것으로 볼 수 있다. 이는 하나님의 계획이 아브라함의 때와 그를 통한 이스라엘 전체에 적용되는 것이었음을 알 수 있다. 하나님과 아브라함 사이에 있었던 복의 약속과 성취, 그리고 그 의미에 대해서 그레이다누스는 다음과 같이 말한다.

> 우리는 족장들에 대한 내러티브들이 아브람, 이삭, 야곱 개인들에 대한 이야기 이상이라는 사실을 염두에 두어야 한다. 이는 하나님과 이스라엘의 이야기다. 족장들은 단순한 개인으로서 가지게 되는 이상의 의미를 가진다. 그들은 그들의 자손인 이스라엘을 포괄한다. 물론 야곱은 나중에 이스라엘이라는 이름을 얻게 되지만 아브람의 경우도 이스라엘을 대표한다. 아브라함의 이야기는 종종 다른 차원에서 읽어야 할 필요가 있다. 아브라함의 입장에서 읽어야 할 때도 있지만 이스라엘의 예표로서의 아브라함을 읽어야 할 때도 있기 때문이다.[54]

앞서 '바벨론 사건'과의 연계성에서도 언급했듯이, 아브라함에게 약속된 축복은 하나님께서 아담의 죄로 인한 저주를 무효화하고 다시 회복시키는 면에서 단순히 아브라함에게만 적용되는 복이 아니다. 아브라함 자신뿐만 아니라 그의 자손들, 그리고 더 나아가 지구상의 모든 족속에게까지 적용된다.

김진규는 아브라함의 복을 3중적 의미로 다음과 같이 해석한다.[55]

---

53) Waltke, *Genesis,* p. 205.

54) Greidanus, 『창세기 프리칭 예수』, p. 226.

55) 김진규, "아브라함의 복의 3중적 의미와 현대 설교에의 적용", 개혁신학회 학술대회, 2012.

1단계: 창세기 속에서의 아브라함의 복의 의미
2단계: 구약성경 전체의 맥락 속에서의 아브라함의 복의 의미
3단계: 신구약 성경 전체의 맥락 속에서의 아브라함의 복의 의미

창세기 속에서 보는 아브라함의 복은 현세적인 면이 강하다. 이삭을 아들로 얻었고, '아브람'에서 '아브라함' 으로 이름이 바뀌었다. 동시에 하나님의 약속에 대한 성취는 미흡하다. 하나님께서는 "내가 너로 큰 민족을 이루겠다"라고 말씀하셨지만, 아브라함 때에 이루어진 것은 아들 이삭을 얻은 것이 전부였다.

그러나 아브라함의 복을 구약성경 전체로 확장하면 그 범위는 더 넓어진다. 하나님의 약속을 받고 25년이 지나서 이삭을 아들로 얻었고, 이삭은 결혼하고 20년을 기다린 후에 두 명의 자녀를 낳았다. 야곱 때에는 자손이 기하급수적으로 늘어났다. 열두 아들을 낳았고, 후일 애굽으로 내려갈 때는 70명이 이주하게 되었으며, 400년이 지난 후에는 수백만으로 늘었다.

그리고 구약을 넘어 신구약 성경 전체의 맥락 속에서 보는 아브라함의 복은 아브라함의 후손으로 오신 예수 그리스도를 통해 영적 의미에서 훨씬 더 차원 높은 성취를 보게 된다. 예수 그리스도를 통해 '내가 너로 큰 민족을 이루겠다' 라는 복의 약속이 성취되었다. 예수 그리스도를 믿는 모든 사람이 아브라함의 자손이 되므로 그의 자손이 하늘의 별과 같이 많고 바닷가의 모래처럼 많으리라는 언약이 영적인 차원에서 온전히 이루어진 것이다.[56]

56) *Ibid.*, 42.

'모든 민족의 복의 통로가 되리라' 고 하신 약속 또한 예수 그리스도를 통해 성취되었다. 신약성경은 아브라함에게 하신 하나님의 약속들을 돌아보며 그 약속들이 예수님의 탄생과 사역에서 성취된 것으로 본다.[57]

〈표 8〉 성경 속에서의 아브라함의 복

	아브라함 때(창세기)	구 약	신구약 성경 전체
큰 민족을 이루는 복	이삭을 낳음	이삭 ⇒ 야곱 ⇒ 이스라엘	예수 그리스도와 예수 그리스도를 믿는 세상 모든 백성
이름이 창대케 되는 복	아브람⇒아브라함	야곱 ⇒ 이스라엘	예수 그리스도
복의 통로가 되는 복	그랄 왕 아비멜렉에게 복의 통로가 됨	요셉 ⇒ 기근을 준비하여 세상을 살림	예수 그리스도
땅의 복	막벨라 굴 외에는 얻지 못함	가나안 정복	하나님 나라

우리는 역사적 정황 혹은 인물 중심으로 복의 의미를 찾음으로 복의 범위를 현세적인 것에만 두는 경우가 많다. 그러나 아브라함의 복은 단순히 그의 생애를 통해 누린 현세적 복에만 제한되지 않는다. 아브라함의 기사는 한 사람의 인생에 대한 이야기가 아니라 아담의 타락으로 깨진 하나님의 계획을 다시 세우는 이야기다. 인간이 누렸어야 했던 복을 회복하기 위해 아브라함이 부름 받고, 장차 그의 후손으로 오실 예수 그리스도를 통한 '구속사역의 성취' 가 구약 속에서 어떻

57) R. C. Sproul, *The Promises of God* (Colorado: David C. Cook Publishing, 2013); 김태곤 역, 『언약: 철회할 수 없는 하나님의 은혜』 (서울: 생명의 말씀사, 2013), p. 108.

게 이루어져가는 지를 그릴 수 있어야 한다.[58] 이것이 아브라함에게 약속된 복들의 의미와 함께 더 나아가 구약의 복을 정확하게 볼 수 있는 근거가 된다.

〈표 9〉 아브라함의 '복'의 확장과 성취[59]

① 아브라함에게 주신 약속의 절정은 땅의 모든 백성이 복을 얻는 것이었다.	① 창 12:3; 갈 3:8
② 땅의 모든 족속은 아브라함의 자손(씨)인 예수 그리스도로 말미암아 복을 받게 된다	② 창 22:18; 행 3:25; 갈 3:14
③ 예수 그리스도께서는 우리 대신 저주를 받음으로써 우리를 율법의 저주에서 속량하셨다	③ 갈 3:13
④ 우리는 믿음과 회개를 통해 하나님 앞에 의롭다함을 받는다	④ 행 3:26; 갈 3:9
⑤ 이러한 구원의 은택이 곧 아브라함에게 약속된 복의 내용이다	⑤ 행 3:26; 갈 3:12, 14

III. 신약의 복(팔복을 중심으로)

'팔복'은 한 마디로 '천국 백성의 삶'에 관한 말씀이다. 이우제는 "팔복을 포함한 산상수훈의 말씀이야말로 하나님 나라 가치를 따르는 진정으로 복 있는 사람이 어떤 사람인지를 알게 하는 하나님 나라의 혁명적인 선언"이라고 말한다.[60] 곧 팔복의 메시지를 세상적인 복의 개념을 넘어서는 하나님 나라 시민으로 사는 신앙 공동체가 추구해야

58) 구속역사를 위한 하나님의 큰 그림은 아브라함을 선택하고, 그를 통해 한 민족을 세우고, 그들을 제사장 나라로 삼아 인류를 구속할 그림이다.

59) 송인규, 『아는 만큼 깊어지는 신앙』 (서울: 홍성사, 2009), p. 26.

60) 이우제, "하나님 나라 관점으로 바라본 '차별화된 복의 선언' 으로써의 팔복에 대한 이해" (제6회 개혁주의 설교학회 설교학 학술대회, 영동교회, 2014년 11월 24일), 77.

하는 복을 선포하고 있다.[61)]

산상설교에서의 '청중'에 대한 정의는 팔복의 복의 성격을 결정하는 데 중요한 단서가 될 수 있다. 마태복음 5장 1절은 '예수께서 무리를 보시고 산에 올라가 앉으시니 제자들이 나아온지라'로 시작한다. 누가복음 6장은 '예수께서 눈을 들어 제자들을 보시고 이르시되'로 평지설교의 문을 연다.

마태복음 5장 1절에 등장하는 '무리'는 4장에 나타난 자들, 곧 예수님으로부터 회당에서 가르침을 받고, 천국 복음을 듣고, 각종 병을 고침 받고 갈릴리와 데가볼리와 예루살렘과 유대와 요단강 건너편으로부터 예수님께 온 사람들이다(마 4:23~25). 누가는 제자의 많은 무리와 예수님의 말씀도 듣고 병 고침을 받으려 하거나 이미 받은 사람들이 유대 사방과 예루살렘과 두로와 시돈의 해안으로부터 왔다고 기록하고 있다(눅 6:17~20).

이들이 말씀을 선포하시는 예수님과 얼마나 가까운 간격을 두고 있었는지는 알 수 없다. 심지어 누가는 예수님의 말씀을 듣는 청중을 '제자'로 제한하는 것처럼 보인다. 정우홍은 본문에 나오는 '무리'를, 예수님이 그의 제자들에게 말씀하시는 것을 엿듣는 아웃사이더로 분류하고 있다.[62)] 존 맥아더는 산상설교의 '청중'에 다음과 같이 말한다.

> 무리는 그리스도를 좇아다녔습니다. 여기에는 온갖 사람이 다 있었습니다. 병자, 귀신 들린 자, 바리새인, 사두개인, 에세네파, 셀롯당, 무식한 자, 창녀, 세리, 학자 등 없는 사람이 없었습니

---

61) *Ibid.*, 81.

62) 정우홍, "마태복음 5장 1-12절에 나타나고 있는 복의 개념 연구", 49.

다. 그의 메시지는 사실 우선적으로 무리가 아니라 제자들에게 주어진 것이었습니다. 그러나 예수께서는 무리가 그의 메시지를 듣기를 원하셨습니다. 이들은 그의 가르침대로 살 수 없었습니다. 이들은 이 복을 알 수 없었습니다. 그러나 이들은 적어도 이것이 유용하다는 것은 알 수 있었습니다. 이들은 이차적인 청중이었으나 이 메시지를 부추긴 것은 바로 이들이었습니다.[63]

마태복음 4장과 누가복음 6장에 언급되는 '무리'는 예수님과 전혀 무관한 사람들이 아니다. 예수님을 이미 경험하고 따라온 사람들이다. 예수님은 이들이 모여들고 있는 것을 분명히 보셨고 그리고 제자들이 나아왔을 때 말씀을 시작하셨다.[64] 설령 이들이 예수님의 말씀을 엿듣고 있었거나, 예수님께서 선포하시는 '복'을 다 이해하지 못했을찌라도 마태는 그들의 존재를 확실히 기록하고 있고 예수님도 그들이 있는 상황에서 전적으로 제자들에게만 주시는 말씀을 하시지 않았을 것이다.

청중에 대한 본문의 상황을 목회적 관점에서 볼 때 설교자는 그 자리에 있는 모든 청중을 대면해야 한다. 가까이 있든지, 멀리 있든지, 혹은 말씀에 대한 깊은 이해력과 성찰의 존재 여부와 관계없이 하나님의 말씀은 그 시각, 그 자리에 있는 모든 청중에게 선포된다.

---

63) John MacArthur, *The Only Way To Happiness* (Chicago: Moody Press, 1998); 전의우 역, 『팔복』(서울: 생명의 말씀사, 2000), p. 49.

64) "예수께서 무리를 보시고 산에 올라가 앉으시니 제자들이 나아온지라" (마 5:1).

1. 팔복의 해석

팔복의 개념에 대하여 다음과 같이 해석할 수 있다.

3 (개역개정) 심령이 가난한 자는 복이 있나니 천국이 그들의 것임이요

(헬라어 직역) 그 영으로 가난한 자들은 복(μακάριοι)이 있도다. 왜냐하면 하늘의 왕국이 그들의 것이기 때문이다(ὅτι αὐτῶν ἐστιν)

(영어 NIV) "Blessed are the poor in spirit, for theirs is the kingdom of heaven"

예수님은 첫 번째 복으로 심령이 가난한 자에게 복이 있다고 선포하셨다. 누가가 '가난한 자' (οἱ πτωχοὶ)로 표현하는데 반해서 마태는 '심령이 가난한 자', '그 영으로 가난한 자' 라고 표현하고 있다.

'가난'은 수입이나 재산이 넉넉하지 못하여 경제적 · 물질적으로 어려움 당하는 상태를 의미한다. 그런데 본문에서 가난(프토코이 πτωχοὶ)은 단순히 넉넉하지 못해 어려움을 당하는 상태가 아니라, 완전하게 파산되어 일어설 수 없을 정도의 절대적인 빈곤을 의미한다.[65] 마태는 여기에 '심령이', 혹은 '그 영으로' (τῷ πνεύματι)라는 말을 첨가함으로써 단순한 '가난'의 의미가 아님을 나타내고 있다. 곧 '심령이 가난함' 은 내면적이며 종교적인 마음의 가난을 말하는 것으로 전적으로 하나님만 의지하지 않고는 살 수 없는 심령 상태를 의미

---

65) *Ibid.*, p. 23.

한다. 세상에서 풍요롭게 사는 것보다 하나님을 의지하며 사는 것이 더 낫다고 판단하는 것이다.[66]

'심령이 가난한 자'에 대한 해석은 기본적으로 하나님과의 관계에서부터 나온다. 하나님 때문에 가난한 자, 곧 하나님 편에 서기 위해 세상을 버리는 자, 하나님을 최우선으로 두는 자, 하나님을 사랑하고 의지하는 자, 하나님을 두려워하는 자, 하나님의 말씀을 주야로 묵상하고 순종하는 자 등이다.[67] 상식적으로 이런 사람의 삶은 세상적으로 부요하기 어렵다. 오히려 고통당하고, 비난받고, 외롭고, 가난해지기 쉽다. 바로 이런 사람이 복이 있는데 천국이 그들의 것이기 때문이다.

팔복의 강조점은 각 복에 언급된 조건이나 상태 자체에 있는 것이 아니라, 그런 사람들에게 현재형 또는 미래형으로 표현된 일들이 일어나고 있거나 일어날 것이라는 데 있다.[68] 그러므로 첫 번째 복은 '심령의 가난함'이 아니라 '천국을 소유함'이 복으로써, 이는 하나님을 깊이 체험하고 하나님과의 풍성한 관계 속에 있는 자가 누리는 행복이다.[69]

'그들의 것이기 때문이다' (ὅτι αὐτῶν ἐστιν)는 현재형 동사의 사용을 통해 'already'의 천국이 그들에게 임해 있음을 보여주고 있다. '이미 누리고 있는 행복의 복'이라는 차원에서 구약의 '에쉐르' 와

---

66) 조성모, 『구속사적 강해설교 & 팔복강해』(서울: 도서출판 첨탑, 2016), p. 24.

67) "하나님의 백성으로 극심한 경제적 재난으로 인하여 가난에 처하게 된 사람 혹은 외세의 침입 속에서 외세와 타협하지 않고 세상에 살면서 하나님의 말씀을 지키면서 살아야 하기 때문에 가난할 수밖에 없는 사람을 가난한 사람 혹은 하나님의 가난한 사람이라고 표현하다." 정우홍, 『(배경으로 본) 마태복음 강해(상)』(서울: 그리심, 2009), pp. 104-105.

68) 정훈택, "신약성경에 나타난 복 있는 사람들", 『목회와 신학』 통권 126호 (1999년 12월): 96.

69) 김우현, 가난한 자는 복이 있나니(서울: 규장, 2005)를 보라.

그 의미를 같이 하지만 구약의 축복문학에서는 기대할 수 없었던 '종말론적 축복의 현재화'에 근거한 축복이 '마카리오스'에서 나타난다.[70] 마태는 그리스도께서 이미 하나님의 나라를 이 땅에 가져오신 것으로 보았기 때문에 '천국이 그들의 것이다' 라는 현재형 동사를 사용했다. 팔복을 통해 보는 신약시대의 복에 때해 정훈택은 다음과 같이 말한다.

> 신약시대의 복은 예수님의 오심에 따라 사람들이 예수님과 어떤 관계에 들어가고 그 관계의 결과가 무엇인가에 결합되어 있는 것이다. 즉 '천국이 그들의 것'이 되는 그런 일은 예수님의 오심, 사역, 생애를 통해서 이루어진다. 예수님께서 말씀하신 모든 복들은 죽어서 저 하늘나라에서 얻게 되는 그런 복이 아니라, 예수님께서 이 세상에 오셔서 그 문을 여신 하나님의 나라와 함께 시작되는 그런 복이었다.[71]

4 (개역개정) 애통하는 자는 복이 있나니 그들이 위로를 받을 것임이요

(헬라어 직역) 애통하는 자들은 복(μακάριοι)이 있다. 왜냐하면 그들이 위로를 받을 것이기 때문이다(ὅτι αὐτοὶ παρακληθήσονται).

(영어 NIV) Blessed are those who mourn, for they will be comforted.

두 번째 복은 애통하는 자에게 주어지는 복이다. 누가복음에는 '지

70) 박수암, 『신약 주석: 산상보훈』(서울: 대한기독교출판사, 1990), pp. 95-96.
71) 정훈택, *op. cit.*, 96.

금 우는 자는 복이 있나니 너희가 웃을 것임이요' (6:21b)로 나타난다. 영어 성경(NIV, NASB)에는 'mourn', 곧 슬퍼하다. 애도하다, 한탄하다 등의 의미로 번역되었다.

당시 청중(제자이든, 무리이든)으로 하여금 슬퍼하게 하고 한탄하게 하는 것이 무엇인가? 현실적 삶의 정황에서 볼 때 그것은 경제적 문제, 건강의 문제 혹은 그들이 처한 정치적 상황 등으로 생각할 수 있다. 한마디로 매일 먹고 사는 데 필요한 현실적인 문제들이다.

그런데 예수님은 현실적 삶의 문제로 슬퍼하고 한탄하는 청중을 향해 미래의 위로에 대해서 말씀하고 계신다. 본문에서 '파라클레데손타이' (παρακληθήσονται)는 '파라칼레오' (παρακλέω)의 미래 수동태형으로 '위로를 받을 것이다' 라고 해석된다. 이것은 현재의 위로가 아니라 하나님에 의해서 주어질 미래의 위로다.

그렇다면 현재의 경제적 문제, 건강의 문제, 먹고 사는 문제로 슬퍼하며 한탄하는 청중을 향해 미래의 위로를 말씀하시는 것은 적절하지 않다. 더욱이 현재의 실제적 고통과 문제가 복이 될 수 없다. 타고난 가난함, 갑작스럽게 얻게 된 질병, 자녀의 문제로 한탄하는 것을 복이라 할 수 없다.[72]

결국 '애통함'이 복이 되게 하기 위해서는 어쩔 수 없이 슬퍼하는 것이 아니라, 내가 선택한 것으로 슬퍼할 때 그것이 복이 되고 하늘의 위로가 임하는 것이다. 그것은 '심령의 가난함'과 마찬가지로 '하나님 편에서', '하나님 때문에' 당하는 슬픔과 아픔과 눈물이다. 하나님만 전적으로 의지하기 위해 하나님 외의 것들을 다 내려놓는 아픔, 하나

---

72) 김우현, 애통하는 자는 복이 있나니(서울: 규장, 2008)를 보라.

님으로 인한 풍성함을 누리기 위해 세상의 풍성함을 포기하는 고통, 하나님께 순종하는 삶을 위해 하나님께 거역되는 세상을 끊는 쓰라림에 애통이다.[73] 바로 이런 자에게 하늘의 위로가 임하는 것이다.

'천국 소유'에 현재형 동사가 사용된 첫 번째와 마지막 복과, 미래형 동사가 사용된 그 이외의 복들은 무관하지 않다. 곧 '천국'은 이미 그들의 것이며, 또한 천국 백성의 현재적 믿음의 삶을 통해 장차 그들의 소유가 될 것이다.[74]

5 (개역개정)	온유한 자에게는 복(μακάριοι)이 있나니 그들이 땅을 기업으로 받을 것임이요
(헬라어 직역)	온유한 자들에게는 복이 있다. 왜냐하면 그들이 땅을 상속으로 얻을 것이기 때문이다(κληρονομήσουσιν τὴν γῆν)
(영어 NIV)	Blessed are the meek, for they will inherit the earth.

'온유' 는 사람의 표정이나 성질이 온화하고 부드러운 것을 말한다.

---

73) 정우홍은 "애통하는 자" 의 정체를 (1) 억눌린 삶으로 고통당하는 중에 철저하게 하나님을 의지하면서 하나님의 도우심을 간구하며 살아가는 사람, (2) 백성들의 죄와 그 결과로 인해 안타까워하며 울며 괴로움 속에서 살아가는 사람 등으로 설명한다. 정우홍, *op. cit.*, pp. 107-108. 해그너는 첫 번째 복과 두 번째 복에 대한 이해를 이사야서 61장에서 찾고, '애통하는 자' 가 '심령이 가난한 자' 와 무관하지 않음을 말하고 있다. 곧 구원의 시대에 가난한 자가 아름다운 소식을 듣게 되며 모든 슬퍼하는 자가 위로받게 될 것이다. Donald A. Hagner, *Word Biblical Commentary: Matthew 1-13* (Dallas: Word Books, 1995); 채천석 역, 『WBC 성경 주석: 마태복음(상)』 (서울: 도서출판 솔로몬, 1999), pp. 213-215.

74) *Ibid.*, pp. 214-215.

영어성경 NIV와 NASB는 '온유'에 대해 각각 'meek' (유순한, 온순한)와 'gentle' (부드러운, 점잖은, 친절한)로 번역하고 있다. 그러나 온유한 자에 대한 땅의 약속이 미래형으로 기록된 것으로 보아서 '온유'를 타고난 성격이나 성품으로 이해하는 것은 무리가 있다. 오히려 '만들어 가야할 성품'으로 이해해야 한다. 정우홍은 '온유'가 하나님과의 관계 속에서 주어지는 단어로서 하나님을 전적으로 의존하는 상태로 정의한다.[75)]

'의존'에는 그 대상에 대한 확신이 있어야 한다. 그래야만 의존의 대상을 향한 '따름'과 '순종'의 삶을 살 수 있다. 결국 '온유' 는 하나님에 대한 확신에서 나오는 순종과 순종의 눈물이다.[76)]

온유한 자들이 복된 것은 땅을 상속으로 얻을 것이기 때문이다. 가나안을 장차 들어갈 '천국'의 그림자로 볼 때, '땅을 상속으로 얻을 것이라'는 미래적 표현을 이 땅의 성도들이 가야 할 하나님의 나라로 이해할 수 있다. 이런 의미에서 세 번째 복은 '천국이 저희 것이요' 하는 첫 번째와 마지막 복과 거의 같은 의미로 쓰였다고 볼 수 있다.[77)] 곧 앞서 보았던 복들과 마찬가지로 현실적 역경 속에도 '천국'은 이미 그들의 것이며, 또한 천국 백성의 삶을 통해 그들의 소유가 될 것이다.[78)]

---

75) 정우홍, *op. cit.*, p. 109.

76) 온유한 자는 자신에 있을 상급을 깨달은 자이기도 하다. Donald A. Hagner, *Word Biblical Commentary: Matthew, vol. 33A* (Dallas: Word Book, 1993), p. 92; 양우석, "천국백성의 복을 어떻게 설교할까?: 팔복을 성경신학적으로 설교하기" (제6회 개혁주의 설교학회 설교학학술대회, 영동교회, 2014년 11월 24일): 149에서 재인용.

77) 정우홍, *op. cit.*, p. 111.

78) 김우현, 온유한 자는 복이 있나니(서울: 규장, 2010)를 보라.

6 (개역개정)	의에 주리고 목마른 자는 복이 있나니 그들이 배부를 것임이요
(헬라어직역)	주린 자들과 갈망하는 자들은 복(μακάριοι)이 있다. 왜냐하면 그들이 충분히 만족하게 될 것이기 때문이다 (ὅτι αὐτοὶ χορτασθήσονται)
(영어 NIV)	Blessed are those who hunger and thirst for righteousness, for they will be filled.

'의' 라는 단어 속에는 두 가지 의미가 있다. 앞에 '너희' 라는 소유대명사가 붙은 '윤리적 의' (마 5:20; 6:1)와 독립적으로, 혹은 '그의' 라는 소유대명사가 붙은 '하나님의 구원행위로서의 의' 가 있다.[79] 본문 속의 '의' 는 후자의 경우로 현재적 · 미래적 '하나님 나라' 혹은 '하나님이 다스리시는 나라' 다. 이런 의미에서 6절의 '의에 주리고 목마른 자' 는 '하나님의 종말론적인 통치를 통해 이루어질 의', 곧 '하나님의 나라'에 '주리고 목마른' 사람들이다.[80]

주리고 목마른 자에게 약속된 복은 '배부름' 이다. 배부름은 무엇인가에 굶주려 있고, 목말라 하는 자에게 약속된 최고의 복이다. 그렇다면 '의에 주리고 목마른 자' 는 이미 도래한 하나님 나라와 장차 임할 하나님 나라에 배고파하고 목말라 하는 자, 하나님 나라에 대한 갈망과 갈증과 열망[81]이 있는 자이다.

---

79) 박수암, *op. cit.*, p. 106.

80) Hagner, *op. cit.*, p. 216.

81) '열망' 은 때로 '구하는' (longing for), '탐내는' (딤전 6:10)으로, 혹은 '기쁨' (사 8:6)으로도 표현된다.

하나님 나라에 대한 갈망과 갈증과 열망은 (1) 하나님 나라를 위해 헌신하고자 하는 마음이 강하게 일어나는 것, (2) 하나님 나라의 법에 철저히 순종하는 삶을 살고자 하는 강한 결단, (3) 이 땅에서 하나님 나라를 누리며 장차 임할 하나님 나라를 확신하는 믿음으로 이해할 수 있다.

이것은 때로 오해도 받고 상처도 받고 핍박과 손해도 감당해야 하는 삶이다. 그럼에도 불구하고 하나님 나라에 인생의 초점이 맞춰진 삶, 하나님 나라를 위를 다 버릴 수 있는 삶이 '의에 주리고 목마른 삶' 이다.[82)]

'의에 주리고 목마른 자' 는 배부를 것이다. 그것은 단순히 배를 채우는 차원이 아니다. 만족함과 함께 생명을 건지고 살게 됨을 의미한다. '의', 곧 하나님 나라에 대한 갈망과 갈증과 열망의 삶은 오해와 상처와 핍박과 손해 가운데서도 하나님 나라를 누리게 하며, 인생의 만족함과 함께 생명의 복을 얻게 할 것이다(χορτασθήσονται).

7 (개역개정) 긍휼히 여기는 자는 복이 있나니 그들이 긍휼히 여김을 받을 것임이요

(헬라어 직역) 자비로운 자들은 복(μακάριοι)이 있다. 왜냐하면 그들이 불쌍히 여김을 받을 것이기 때문이다(ὅτι αὐτοὶ ἐλεηθήσονται)

---

82) 시편 42편 2절, "내 영혼이 하나님 곧 살아 계시는 하나님을 갈망하나니 내가 어느 때에 나아가서 하나님의 얼굴을 뵈올까" 와 시편 63편 1절, "하나님이여 주는 나의 하나님이시라 내가 간절히 주를 찾되 물이 없어 마르고 황폐한 땅에서 내 영혼이 주를 갈망하며 내 육체가 주를 앙모하나이다" 의 말씀 속에서 '의에 주리고 목마른 삶' 을 살고자 하는 시인의 마음을 느낄 수 있다.

(영어 NIV) Blessed are the merciful, for they will be shown mercy.

마태복음 5장 7절의 '긍휼히 여기는 자'에 관한 복은 8복 중 다섯 번째 복으로 구조상 제2 연의 시작이다.[83] 제1 연의 네 가지 복은 하나님과의 관계를 중심으로 한 더욱 내적인 마음의 성향에 대해서[84] 그리고 제2 연의 복들은 사람들과의 관계를 중심으로 한 보다 외적인 행위의 성향에 대한 말씀이다. 특별히 제2 연에서는 제1 연을 바탕으로 하여 그리스도인이 힘써야 할 천국 시민의 덕목들이 선언되고 있다.[85]

'긍휼'의 사전적 의미는 '불쌍하고 가엾게 여김으로 돕는 것'이다. 개역개정과 개역 한글에서 '긍휼'로 번역된 본문은 동시에 '자비'(공동 번역, 새 번역), '불쌍히 여김'(현대인의 성경), 'mercy'(NIV, NASB) 등으로도 표현되었다. 그 밖의 다른 본문들 속에서도 '긍휼'이 '자비', '인애'와 '사랑',[86] '불쌍히 여김', '측은히 여김',[87] '은혜'[88] 등으로 다양하게 표현되는 것을 볼 수 있다. 종합해 보면, 긍휼은 자비와 사랑과 인애로 남을 불쌍히 여기고 구체적으로 돕는 은혜를 베푸는 것이다.

---

83) 마태복음의 8복은 구조상 두 연으로 되어 있는데 3-6절이 제1 연, 그리고 7-10절이 제2 연으로 나눠진다.

84) 제1 연에 나타난 사람들에 대한 이해를 돕자면, 이들은 대제국 로마의 지배와 헤롯 가문의 폭력적 왕권 아래서도 모든 희망을 하나님께 두고 예수님에게 왔던 사람들이다. 예수님은 이들에게 위로와 축복의 시작을 선포하신 것이다. 목회와 신학 편집부, 『두란노 HOW 주석 시리즈: 마태복음 어떻게 설교할 것인가』(서울: 두란노, 2003), pp. 171-172.

85) 박수암, *op. cit.*, p. 108.

86) 시 85:10(개역개정, 현대인의 성경).

87) 눅 10:33(새 번역).

88) 말 1:9(새 번역, NIV, NASV).

예수님의 긍휼하심은 굶주린 자를 가엾게 여기는 것으로 그친 것이 아니라 먹을 것을 중심으로 배를 채워주셨다. 질병으로 고통당하는 자를 불쌍히 여기시고 안수하여 낫게 하셨다. 강도를 만나 거의 죽게 된 자를 향한 안타까움이 그를 돕게 하고 살리게 하는 데까지 가는 것이 긍휼이다.[89)]

예수님은 긍휼히 여기는 자는 긍휼히 여김을 받을 것이라고 말씀하신다. 이 말씀은 '최종적 심판' 과 관련시켜 이해할 수 있다. 야고보서 2장 13절의 말씀이 다섯 번째 복에 대한 약속을 더욱 실감나게 한다.

(개역개정) 긍휼을 행하지 아니하는 자에게는 긍휼 없는 심판이 있으리라 긍휼은 심판을 이기고 자랑하느니라

(현대인의 성경) 자비를 베풀지 않는 사람에게는 자비 없는 심판이 있을 것입니다. 자비는 심판을 이깁니다.

야고보는 '긍휼'에 대한 결과를 '심판'이라고 하는 주제에 연결시킴으로써 그 중요성을 강조한다. 곧 긍휼을 행하지 않은 자에게는 긍휼 없는 심판이 있을 것이다. 그러나 긍휼이 심판을 이긴다는 말씀을 통해 긍휼히 여기는 자에게 주시는 축복 또한 부각시키고 있다.

긍휼히 여기는 자에게 주어지는 복은 긍휼히 여김을 받는 것이다. 그 긍휼함을 받는 복은 현재적이면서도 미래적인 것을 볼 수 있다. 곧 '긍휼'의 현재성에 대한 약속은 '긍휼히 여김을 받을 것이라' 는 미래 시제

89) 긍휼은 사랑이 바탕이 된 구체적인 행위다. 예수님은 이웃을 네 몸과 같이 사랑하라는 말씀에 대해 '선한 사마리아인' 의 비유를 말씀하셨다. 선한 사마리아인은 강도를 만나 거의 죽게 된 자를 보고 긍휼한 마음을 가졌다(눅 10:33). 긍휼은 실제로 돕는 데까지 가는 구체적 행동이다.

로 나타나는데, 이것은 하나님의 복이 현재 이 땅에 임하게 됨을 의미하면서 동시에 미래적 · 내세적으로 복이 주어짐을 드러내고 있다.

8 (개역개정) 마음이 청결한 자는 복이 있나니 그들이 하나님을 볼 것임이요

(헬라어 직역) 마음이 깨끗한 자들은 복(μακάριοι)이 있다. 왜냐하면 그들이 하나님을 볼 것이기 때문이다 (ὅτι αὐτοὶ τὸν θεὸν ὄψονται)

(영어 NIV) Blessed are the pure in heart, for they will see God.

마태복음 23장에서 예수님은 바리새인들과 서기관들의 겉과 속이 다른 외식에 대해서 말씀하신다. 그들은 겉은 깨끗하나 속은 깨끗하지 않다. 겉으로는 아름답게 보이나 속은 죽은 사람의 뼈와 더러운 것이 가득하다. 겉으로는 사람에게 옳게 보이되 안으로는 '외식과 불법'이 가득한 자들이다. 이들을 향해 예수님께서는 먼저 안을 깨끗이 할 때 겉도 깨끗해질 것을 말씀하신다.

겉과 속이 다른 사람, 죽은 사람의 뼈와 더러운 것이 가득한 사람, 안으로 외식과 불법이 가득한 사람은 하나님을 볼 수 없다. 하나님을 보기 위해서는 겉이 아름다운 것처럼 속도 아름다워야 하고, 겉으로 옳게 보이는 것처럼 속도 정의와 양심과 옳음이 있어야 한다. 진실한 마음을 가진 자, 마음에 하나님을 두고 행동하는 자가 바로 마음이 청결한 자다.

마음이 청결한 자는 하나님을 볼 것이다. 물론 이것은 미래적 표현

으로 종말론적인 의미를 시사한다.[90] 그러나 출애굽기 3장을 통해 '하나님을 본다' 라는 것에 대해 다음과 같이 생각해 볼 수 있다.

본문에는 하나님께서 모세를 부르시는 장면이 나온다(출 3:4).[91] 하나님과 모세가 대면하게 되었을 때 모세는 하나님 뵙기를 두려워하여 얼굴을 가렸다.[92] 하나님을 본다는 것은 (1) 부르시는 하나님의 음성을 듣는 것이고, (2) 그 음성을 따라 하나님 앞에 서는 것이다. (3) 하나님과 대면하는 것이며, (4) 하나님을 경험하는 것이다. 모세는 하나님을 봄을 통해 '함께 하심에 대한 약속'[93]과 '구원의 약속',[94] 그리고 '능력의 하나님'을 경험했다.[95]

그러므로 마음이 청결한 자가 하나님을 보는 것은 삶 속에서 함께 하시고 인도하시며 도우시고 건지시는 하나님에 대한 현재적 경험이며, 동시에 하나님과 더불어 영원히 사는 미래적 천국의 삶의 경험이다.

9 (개역개정)	화평하게 하는 자는 복이 있나니 그들이 하나님의 아들이라 일컬음을 받을 것임이요
(헬라어직역)	화평을 만드는 자들은 복(μακάριοι)이 있다. 왜냐하면 그들이 하나님의 아들들이라 불려질 것이기 때문이다(ὅτι αὐτοὶ υἱοὶ θεοῦ κληθήσονται)
(영어 NIV)	Blessed are the peacemakers, for they will be called sons of God.

---

90) Hagner, *op. cit.*, p. 217.

91) "여호와께서 그가 보려고 돌이켜 오는 것을 보신지라 하나님이 떨기나무 가운데서 그를 불러 이르시되 모세야 모세야 하시매 그가 이르되 내가 여기 있나이다."

92) 출 3:6.

93) 출 3:12.

94) 출 3:8.

95) 출 3:20.

헬라어 'εἰρηνοποιοί'(화평하게 하는 자)는 'εἰρήνή'(에이레네; 평화)와 'ποιέω'(포이에오; 행하다, 만들다)의 합성어다.[96] '화평하게 하는 자'는 '화평을 행하는 자', '화평을 만드는 자'다. 공동 번역에서는 '평화를 위하여 일하는 사람'으로, 현대인의 성경에서는 '화평을 이루는 사람'으로 번역하고 있다. 이는 시끄러움과 분쟁을 피하기 위해 '화평을 유지함'이 아니라 시끄러움과 분쟁을 '평화로 바꾸는' 적극적 행동을 의미한다. 그리스도인은 화평과 평화를 이루기 위해 때로 적극적으로 부딪히고 싸워야 한다. 하나님과의 평화를 위해 사단의 세력과 싸워야 하고, 삶 속에서 하나님의 임재를 누리고 그로부터 오는 평화를 만들어 가야 한다.

화평하게 하는 자는 하나님의 아들이라 일컬음을 받을 것이다. '일컬음을 받음'은 존재의 변화를 뜻한다.[97] 이전과는 전혀 다른 모습으로의 '부름 받음'으로('they will be called'), '하나님의 자녀로서의 존재의 변화'를 의미한다. 아버지 하나님과 자녀 된 성도의 관계는 하나님의 성품을 닮고, 하나님과 교제하며, 화해되고 평화를 이루는 관계다. 이는 매일 존재의 변화를 이루어가는 현재적인 것이며 동시에 미래의 하나님 나라에서 완성되는 미래적 말씀이다.

10 (개역개정) 의를 위하여 박해를 받은 자는 복(μακάριοι)이 있나니 천국이 그들의 것임이라

(헬라어직역) 의 때문에 핍박을 받는 자들은 복이 있도다. 왜냐하면 하늘의 왕국이 그들의 것이기 때문이다(ὅτι αὐτῶν

96) Hagner, *op. cit.*, p. 218.

97) 박수암, *op. cit.*, p. 111.

ἐστιν ἡ βασιλεία τῶν οὐρανῶν)

(영어 NIV) Blessed are those who are persecuted because of righteousness, foe theirs is the kingdom of heaven.

10절에 나오는 '의'는 6절의 '의'와 병행되는 것으로 '하나님의 구원 행위로서의 의', 곧 '하나님 나라', '하나님이 다스리시는 나라'로 볼 수 있다. 이런 면에서 '의를 위하여 박해를 받는다'는 것은 하나님 나라의 확장과 보존을 위하여 핍박을 받는 사람들에 대한 언급이다.[98] 의를 위하여 박해를 받은 자들에게 천국은 그들의 것이다.

팔복의 시작과 마지막이 '천국의 소유'로 나타난다. 특히 '천국 소유'의 약속이 현재능동형 동사(ἐστιν)로 나타나는 것으로 보아 그리스도와 함께 시작된 현재의 천국이 전혀 무관하지 않음을 보여준다. 곧 완전한 하나님 나라는 마지막 때에 이루어지지만, 이미 도래한 하나님 나라는 시대마다 '의'를 위하여 핍박당하는 그리스도인들에게 위로가 되고 능력이 된다.

첫 번째 복과 마지막 여덟 번째 복을 제외한 나머지 여섯 개의 복은 모두 미래형으로 나타난다. 이것은 복의 현재적 요소와 미래적 요소가 같은 팔복의 말씀에 공존하고 있음을 말하는 것이다. 그렇다면 언제 이런 일이 일어날 것인가? 언제 위로를 받고, 땅을 기업으로 받으며, 배부를 것이고, 긍휼히 여김을 받으며, 하나님을 보고, 하나님의 아들이라 일컬음을 받을 것인가? 이에 대해 우리는 예수님께서 선언

98) 정우홍, *op. cit.*, p. 117.

하신 일들은 모두 '하나님의 나라'와 연결되어 있음을 기억해야 한다. 즉 미래형으로 약속된 여섯 개의 복은 천국이 그런 사람들에게 가져오는 결과들임을 알 수 있다.[99)]

하나님 나라는 단순히 죽음 이후에 상속하게 되는 미래적인 나라이거나, 아니면 이미 도래한 현재적 나라인 각각의 이분화 된 나라가 아니라, 예수 그리스도를 통해 이 땅에 도래한 하나님의 나라가 미래로 인하여 진정한 의미를 갖게 된다는 것으로 풀이할 수 있다. 이우제는 '이미와 아직'의 하나님 나라에 대해서 "하나님 나라의 현재성은 예수님의 오심을 통하여 구원과 축복이 이미 신자들에게 열리게 되었다는 것을 의미한다. 그런데 현존하는 하나님 나라는 미래적인 국면을 통한 온전한 완성이 있을 때 의미가 있는 것이다"라고 말한다.[100)]

2. 청중 중심으로 본 팔복의 성격

처음 언급한 대로 산상설교의 청중이 누구인가를 아는 것은 팔복의 복의 성격을 결정하는 데 중요한 단서가 될 수 있다. 청중에 대한 가능성은 크게 세 부류로 나눌 수 있다: (1) 예수님의 제자들, (2) 제자들과 예수님 앞으로 나온 무리(사람들), (3) 제자 중심, 아웃사이더로서의 무리다.[101)]

예수님의 말씀은 현재형 또는 미래형으로 선포되었다. 그러나 하나

---

99) 정훈택, *op. cit.*, pp. 92-104.

100) 이우제, *op. cit.*, pp. 83-86.

101) 정우홍, "마태복음 5장 1-12절에 나타나고 있는 복의 개념 연구", 49.

님 나라의 관점에서 본 예수님의 말씀은 현재형과 미래형으로 이분화된 말씀이 아니다. 현재형 속에서도 미래를 소망하게 하고, 미래형 속에서도 현재의 삶에 대한 복의 약속이 충실히 적용되고 있다.[102)]

마태복음과 누가복음을 통해 제1 청중으로서 제자들이 부각되고 있음을 부인할 수 없다. 마태는 '제자들이 나아온지라' (마 5:1)로, 누가는 '제자들을 보시고 이르시되' (눅 6:20)로 산상설교, 혹은 평지설교의 기록을 시작한다. 여기서 제자들을 '제1 청중' 으로 표현한 것은 '제2 청중' 으로서의 '무리' 를 무시할 수 없기 때문이다.

복음서에 소개되는 '무리' 는 예수님의 가르침을 받고, 천국복음을 듣고, 또한 각종 병까지 고침 받은 자들이다. 어쩌면 이들은 로마 식민지배 체제 아래서 이제 모든 희망을 예수님께 두고 나온 사람들일지도 모른다. 오랜 시간의 양육과 훈련을 통해 '제자화' 되는 데까지는 아직 미치지 못하지만 최소한 예수님의 말씀을 듣고 예수님의 능력을 경험한 자들이다.

'제2' 혹은 '청중' 으로서의 무리들은 예수님의 말씀을 다 듣고 난 후의 반응도 숨김없이 나타내고 있다. "예수께서 이 말씀을 마치시매 무리들이 그의 가르치심에 놀라니 이는 그 가르치시는 것이 권위 있는 자와 같고 그들의 서기관들과 같지 아니함일러라" (마 7:28-29).

'무리'에게는 제자들이 예수님의 말씀을 이해하는 것 같은 '이해력' 은 없었을지도 모른다. 그러나 그날 선포되었던 예수님의 '산상설교' 는 그 자리에 있었던 모든 청중에게 하나님의 아들이자 현세적으

---

102) 예를 들어, '긍휼히 여김을 받을 것' 이라는 미래형 말씀은 미래의 심판과 현재 도우시는 은혜의 의미를 모두 포함한다.

로 임한 하나님 나라의 왕이신 예수님을 알리는 초대이기도 했다.[103)]

목회적 혹은 설교자의 관점에서 볼 때 설교는 그날 예배 가운데 있는 청중 중 소수에게만 선포되는 말씀이 아니다. 청중의 이해력, 신앙 연조, 영적 깊이가 각기 달라도 말씀은 모든 청중에게 공평하게 선포된다. 말씀을 받고 적용하는 것은 청중의 몫이다(눅 8:5-15).[104)] 어떤 이는 이미 그 마음에 천국이 임했으므로 현재적 삶 속에서 매일 심령의 가난함으로 살 수 있다. 어떤 이는 미래의 약속을 통해 힘과 소망을 얻고 오늘을 견딜 수 있다.

이제 막 예수님을 경험하고 나온 '무리'에게 이미 임한 천국으로 심령의 가난한 삶을 살 것을 요구하는 것은 무리일 수 있다. 어쩌면 그들은 이해할 수도 없다. 그러나 '설교' 는 모든 청중으로 하여금 이 땅에서 하나님 나라 백성으로서의 삶을 살고, 동시에 장차 임할 하나님 나라를 준비하게 하는 도구다.

예수님의 설교 속에 등장하는 하나님의 나라는 '하나님의 임재'이며 '다스리심'이다. 우리가 예수님을 그리스도로 믿고 고백하는 순간 우리 안에 하나님의 임재와 다스리심, 곧 하나님의 현재적 나라가 임하는 것이다. 이미 임한 하나님의 나라는 불완전하나 장차 도래할 하나님의 나라를 맛볼 수 있고, 또한 미래적 하나님 나라를 향해 점진적으로 나아가는 과정이다.

우리는 하나님의 나라를 말할 때 보통 세속적이고 현세적인 세상과 분리하거나 반대되는 개념으로 생각한다. 이런 개념에서 '팔복'에 대한 연구도 지극히 영적이며 내세적 복으로 결론을 내리고 현세적인

---

103) MacArthur, 『팔복』, p. 52.
104) '씨 뿌리는 자' 의 비유.

복과는 차원이 다른 것으로 본다. 이는 '복의 내용' 보다 '복의 조건', 곧 심령의 가난함, 애통함, 온유함, 의에 주리고 목 말라함, 긍휼히 여김, 마음의 청결함, 화평케 함, 의를 위해 박해를 받는 것에 더 촛점을 맞추기 때문이다. 모두 세상적이니 행복과 대조되는 내용이다.

그러나 '복의 내용'에 그 촛점을 맞추면, 예수님의 가르침과 보여주신 행위는 결코 현세적/내세적으로 양분된 말씀이 아니었음을 알게 된다. 킷텔(Gerbard Kittel)의 말처럼, 현세적 가치가 하나님 나라의 지고한 선에 비해 이차적인 의미를 갖는다 할지라도,[105] 예수님은 하나님께 인간의 종교적인 삶, 내면적인 삶, 영적인 삶에서만 주가 되신 것이 아니라 삶의 모든 영역에서 주가 되신다고 단언하셨다.[106]

팔복은 하나님의 자비로운 구원과 그리고 그 구원에 참여한 자의 복에 관한 것이다. 그 복은 바로 오늘의 삶 속에서 하나님의 다스리심과 간섭하심을 경험하는 것이고 동시에 미래에 완전하게 경험하게 될 것을 소망하는 복이다. 그것은 미래의 하나님 나라를 소망하는 현재의 삶 속에서 나타나는 복이다. 스테슨(Stassen)의 팔복에 대해 다음과 같이 말한다.

> 예수님은 가난한 자들에게 아름다운 소식을 전하심으로 이사야 61:1-2[107]를 성취하신다(눅 4:16-21, 7:22; 마 5:3 이하, 11:5). 그

---

105) Kittel, 『킷텔 단권 신약 원어 신학사전』, p. 620.

106) Glen Stassen, *Living the Sermon on the Mount* (San Francisco: Wiley Imprint, 2006); 박지은 역, 『산상수훈으로 오늘을 살다』(서울: 국제제자훈련원, 2009), p. 46.

107) "주 여호와의 영이 내게 내리셨으니 이는 여호와께서 내게 기름을 부으사 가난한 자에게 아름다운 소식을 전하게 하려 하심이라 나를 보내사 마음이 상한 자를 고치며 포로된 자에게 자유를, 갇힌 자에게 놓임을 선포하며 여호와의 은혜의 해와 우리 하나님의 보복의 날을 선포하여 모든 슬픈 자를 위로하되".

분은 사회적 · 경제적으로 버림받은 사람들과 함께 하겠다고 제안하시고, 그들을 공동체로 초대하셔서 먹이시고, 제자로 삼으신다. 이것은 은혜를 바탕으로 한 구원이다. 팔복이 말하는 복음은 가난한 자, 압제당하는 자, 겸손한 자, 궁핍한 자, 약한 자, 낮은 자를 구원하시는 하나님의 정의에 대한 이사야의 예언적 칭송이 메시아이신 예수님 안에서, 그분의 제자들의 공동체적 실천 안에서 나타나고 있는 것이다.[108]

제2 청중으로서의 '무리'는 예수님께 연민의 대상이었다. 자신을 향해 구름처럼 몰려오는 무리를 보고 예수님은 찢어질 듯 한 아픔을 느끼셨다. 예수님께서는 이들이 육적으로 주린 것을 보시자 먹을 것을 주셨고, 이들이 영적으로 주린 것을 보시자 이들의 영혼에 필요한 것을 채워주셨다.[109] 흥미로운 것은, 산상설교가 끝난 후에 예수님께서 그들 속으로 들어가셨고 이미 임한 천국의 복을 맛보게 하셨다는 것이다.

'팔복' 은 '천국 백성의 삶'에 관한 말씀이다. 마태복음 8장과 9장에 기록된 예수님의 기적들은 예수 그리스도로 말미암아 임한 현재적 하나님 나라의 통치 결과를 보여준다.

마태복음 6장에 나타난 '예수님의 기도' 도 이와 무관하지 않다. 예수님의 산상설교가 계속되는 마태복음 6장에서도 '제자들에게 가르쳐 주시는 기도'를 통해 '일용할 양식'에 대해서도 분명히 언급하셨다. 이는 하나님께서 우리의 현실적 필요성도 공급하심을 보여준다.

---

108) Stassen, 『산상수훈으로 오늘을 살다』, p. 85.
109) MacArthur, 『팔복』, pp. 48-49.

〈표 10〉 산상설교 후의 예수님과 제2 청중(마태복음 8-9장)

마태복음 8장		마태복음 9장	
2-3	한센병 환자가 고침 받음	1-2	중풍병자가 고침 받음
5-13	백부장의 하인이 중풍을 고침 받음	9-13	예수님이 마태의 집에서 세리들, 죄인들과 식사하심
16	귀신들린 자들, 병든 자들은 다 고침 받음	18-26	죽게 된 관리의 딸을 고치심, 12년 혈루증 여인을 고치심
17	이는 선지자 이사야를 통하여 하신 말씀에 우리의 연약한 것을 친히 담당하시고 병을 짊어지셨도다 함을 이루려 하심이더라		
28-34	가다라 지방의 귀신들린 자들 고침 받음	27-31	두 소경을 고치심
		32-34	귀신 들려 말 못하는 사람 고치심
		35	예수께서 모든 도시와 마을에 두루 다니사 그들의 회당에서 가르치시며 천국 복음을 전파하시며 모든 병과 모든 약한 것을 고치시니라

일용할 양식에 대한 기도는 (1) 지금 우리가 살고 있는 이 세상에서 필요한 것들을 하나님께 간구하는 것은 하나님 앞에서 합법적이며 허락되는 간구의 기도이며, (2) 우리가 가진 모든 것은 위에 풍성하게 계시는 하나님으로부터 나오는 것이며, (3) 우리가 하나님에 대한 확고한 믿음을 가지는 것은 다른 어떤 것 즉, 이 세상의 필요한 것을 구하기 위해서가 아니라 하나님 그 자체에 우리의 만족이 있는 것이며, (4) 우리가 하나님으로부터 얻는 축복은 영적인 것에만 한정되어 있는 것이 아니라 육적인 모든 필요에도 관계되어 있으며, (5) 우리는 우리의 탐욕을 내기에는 절망해야 하며 검소한 삶을 살아야 하며, (6) 매일매일 우리의 가정은 하나님을 향한 예배를 드려야 하며, (7) 우리가 우리

에게 해주기를 원하는 것들을 우리는 이웃들에게도 행해 주어야 함을 말하는 것이다.[110)]

신약성경의 축복 개념은 종말론적인 것이 근본을 이룬다. 그러므로 세속적이고 물질적인 것보다 영적인 성격이 강하다. 그럼에도 불구하고 팔복 속에서 현세적/내세적 복을 모두 찾는 시도는 예수님께서 말씀하신 진정한 복의 의미를 축소하거나 놓치는 과정이 아니다. 그것은 팔복의 가치를 떨어드리는 것이 아니라, 예수 그리스도를 통해 이미 도래한 천국백성의 믿음의 삶의 결과 속에 현세적/내세적 복이 모두 포함되었음을 말하는 것이다. 이는 하나님의 언약에 대해 믿음으로 반응했던 아브라함이 현세적/내세적 복을 모두 누렸던 것과 무관하지 않다.

IV. 구속사적 관점에서 본 '복'의 점진성

'구속사' 란 삼위일체 하나님께서 구속의 경륜을 인간의 역사 안에서 이루어 가시는 일련의 과정들이다.[111)] 이는 아담의 타락으로 잃어버린 하나님의 '창조경륜'[112)]을 예수 그리스도의 죽으심과 부활, 그리고 재림을 통해 회복시키는 전 역사를 가리킨다.

---

110) Arthur Pink, *The Beatitudes and the Lord's Prayer*, 유관재, 최영희 역, 『예수님의 기도와 여덟 가지 축복』(서울: 도서출판 누가, 2004), pp. 169-170.

111) 이동수, 『신약의 구속사적 읽기』, p. 6.

112) '창조경륜' 은 하나님이 그의 백성을 가지시고 그의 백성 가운데 거하시며 그들의 찬양과 경배를 받으시는 것이다. 서철원, "설교의 촛점-하나님 중심적 설교", 『월간목회』 통권 413호(2011년 1월호): 45.

1. 하나님의 언약

하나님은 창조경륜을 이루시기 위해 사람을 자기 형상대로 지으셨고, 그들을 자기의 백성으로 삼기 위해 '언약'을 체결하셨다.[113] 곧 '아담 언약'[114]으로, 언약의 당사자가 아담이었기 때문이지만, 동시에 아담이 인류 전체를 대표했으므로 '아담'은 '사람' 곧 '모든 인류'를 의미한다. 하나님은 아담과 '선악과 계명'으로 언약을 체결하셨는데 서철원은 '아담 언약'에 대해 다음과 같이 말한다.

> 하나님은 언약을 체결하실 때 인간 언약 당사자에게만 법적 제약과 조건을 지우신 것이 아니라 하나님 자신에게도 언약의 법적 제약을 지우셨다. 하나님은 창조 경륜을 이루시려고 언약을 체결하셨으므로 어떤 경우에라도 그 언약을 기어이 성취되게 하셔서 자기의 백성을 가지기로 하셨다. 그러므로 만약의 경우에 인간 언약 당사자가 언약을 파기해도 하나님은 언약을 기어이 성취하기로 하셨다. 그리하여 파기된 언약을 성취하므로 처음 창조경륜에서 작정하신 자기의 백성을 가지시기로 하신 것이다.[115]

아담 언약은 하나님의 명령에 순종하는 것을 조건으로 영원한 생명을 약속받은 것이다. 그러나 설령 그 언약을 지키지 못했을지라도, 하나님은 순종하지 않은 백성을 돌이켜 자기 백성으로 삼으시는데, 곧

---

113) *Ibid.*

114) '아담 언약'은 '창조 언약', '행위 언약'으로도 불리운다.

115) *Ibid.*, 45-46.

'하나님의 은혜'에 근거한 '은혜 언약'(새 언약)을 통해서이다. 이는 인간의 불순종으로 아담 언약이 폐지된 것이 아니라 '다른 방식'으로 성취하신다는 것을 보여준다.[116]

하나님과의 언약을 깨뜨린 백성에게 주어진 형벌은 '죽음'이었다(창 2:17). 그렇다면 하나님은 자기의 형상을 따라 새로운 피조물을 창조하셔야 하는데, 앞서 언급한 대로 하나님의 계획은 이 순종하지 않은 백성을 돌이켜 다시 자기 백성으로 삼으시는 것이었다. 이것은 인간이 지은 죄의 문제가 해결되어야 함을 의미한다. 그러기 위해서는 그들이 범한 죄를 무효화해야 하는데 죄인이 죄의 문제를 해결할 수 없으므로, 죄가 없는 자가 죄의 문제를 전가 받아야 했다. 죄인이 불순종의 책임을 지고 언약이 파기되게 하는 것이 아니라, 죄가 없는 자가 죄인 대신 책임을 지는 것이었다.

그런데 아담의 영향 아래 있는 자는 모두 죄인이므로, 이 일을 위해서는 결국 죄가 없으신 하나님 자신이 감당하셔야 했다. 그런데 하나님은 사람이 아니므로 인간이 경험해야 하는 죄의 형벌에 대한 고통을 느낄 수 없으셨다. 결국 문제를 해결할 수 있는 유일한 방법은 죄가 없으신 하나님이 인간의 형상으로 이 땅에 오셔서 고통을 당하시고 죽으심으로 죄의 문제를 해결하는 것이었다.

결국 아담과 체결했던 '아담 언약', 곧 '행위 언약'이 성립되는 길은 인간에게 부과된 순종의 요구를 하나님이 이루시는 길 밖에 없다. 곧 하나님이 인간의 자리에서 순종의 요구를 성취해 드리는 것이다. 하나님께서 이 방법을 언약 성취의 길로 택하신 것이다.[117]

---

116) Sproul, 『언약: 철회할 수 없는 하나님의 은혜』, p. 59.
117) 서철원, 『하나님의 구속경륜』(서울: 총신대학교 출판부, 1996), pp. 90-91.

하나님은 창세기 3장 15절[118]의 말씀을 통해서 자신이 '여자의 후손' 으로 오실 것을 말씀하셨다. 그런데 하나님 자신이 여자의 후손으로 오기 위해서는 '사람'을 통한 생물학적 방식을 통해야 했다.[119]

하나님은 이 일을 위해 한 사람을 택하셨고, 그를 통해 새 백성을 조성하기로 하셨다. 그래야 그 백성을 통해 하나님이 사람으로 오실 수 있기 때문이다. 인간으로 오시는 하나님, 곧 구원자의 조상 아브라함의 등장이 이렇게 시작되었다.[120]

하나님과 아브라함 간의 언약에 대해서는 '복이 되는 복을 받은 자' (Blessed to be a blessing)라는 말로 표현할 수 있다. 곧 아브라함에게 약속하신 하나님의 축복이 아브라함만을 위한 것이 아니라 중요한 진리를 간명하게 나타낸 것이다.[121] 곧 아브라함 개인도 복을 받을 것이나, 아브라함과 언약을 체결하신 하나님의 목적은 그를 통해 오실 예수 그리스도로 말미암아 온 세상이 복을 받게 하는 것이었다. 결국 이 복은 그리스도 안에서 누리는 '구원'을 의미하며, 이 구속의 역사를 벗어나서는 '복' 이라고 할 것은 아무것도 없다.[122]

'아브라함의 언약' 은 (1) 인간으로 오시는 하나님, 곧 구원자의 조상이며, 그러므로 (2) 아브라함 한 사람만의 복이 아닌, 그를 통한 온 세상의 복(구원)에 목적이 있다.

---

118) "내가 너로 여자와 원수가 되게 하고 네 후손도 여자의 후손과 원수가 되게 하리니 여자의 후손은 네 머리를 상하게 할 것이요 너는 그의 발꿈치를 상하게 할 것이니라 하시고"

119) 사 9:6; 사 7:14; 빌 2:6-8.

120) 창 12:1-3.

121) Sproul, *op. cit.*, p. 110.

122) 신득일, 『구속사와 구약 주석』, p. 45.

2. 언약의 성취

우리는 종종 '언약 성취'에 있어서의 '조건'에 대한 의문을 갖는다. 결론부터 말하자면, 복을 주는 주체는 하나님이시다. 복은 하나님께로부터 오는 것이지 원하는 것을 인간이 스스로 얻을 수 있는 것이 아니다.

물론 죄인이 창조주이신 하나님께 순종해야 하는 것은 마땅하다. 그러나 언약은 하나님 편에서 자발적으로 자신을 낮추어야만 성취될 수 있는 것이므로, 인간의 순종 여부에 따라 성취의 가부가 결정되지 않는다.

실제로 하나님께서 아브라함과 맺은 언약, 곧 복의 약속은 '단동설' (monergism)에 근거하여 성취되었다.[123] 단동설은 구원 사역이 인간의 동역, 혹은 참여 없이 오직 하나님의 단독 사역으로 성취된다는 의미로, '신인협력설' (synergism)과 반대되는 의미다.

하나님이 아브라함과 맺으신 약속의 내용은 하나님과 아브라함의 공동 노력에 의해 성취된 것이 아니라, 하나님에 의해 주권적, 초자연적으로 성취된 것이다. 이런 면에서 볼 때 하나님께서 75세 때까지 무자했던 아브라함을 부르신 데에도 분명한 이유가 있다. 스프로울 (Sproul)은 이렇게 말한다.

> 하나님이 아브라함을 큰 민족으로 만들 거라는 약속을 성취해 나가기 전에 아브라함이 연로하고 그의 아내가 명백한 불임 상

---

123) Sproul, *op. cit.*, p. 131.

태일 때까지 기다리신 이유에 대해 우리는 주목해야 한다. 아브라함과 관련된 하나님의 모든 사역은 그 언약의 축복이 오직 하나님의 능력과 은혜에만 의존함을 명백히 보이시는 데 그 촛점을 맞추고 있다. 아브라함은 하나님의 초자연적인 개입을 떠나서는 언약 축복들을 얻을 수 없었다.[124]

정규남은 '언약 성취'의 '조건'에 대해 다음과 같이 말한다.

하나님이 약속한 언약의 궁극적 목표는 무조건적으로 성취된다. 결코 인간의 불순종이나 죄 때문에 취소되지 않는다. 이는 무조건적으로 성취되어야 하는 목표다. 하나님은 아브라함과 언약을 맺는 의식에서 쪼갠 고기 사이로 하나님 자신을 상징하는 횃불을 지나가게 하셨다. 이때 아브라함은 가만히 보고 있었다. 이는 아브라함이나 그의 후손의 행동에 구애됨이 없이 하나님이 약속한 목표는 하나님 스스로 꼭 이루실 것을 가르쳐준다(창 15:17).[125]

아담의 후손인 아브라함 역시 죄인이었다. 창세기 속에는 그의 지극히 인간적인 모습, 죄인의 모습을 종종 보여 준다. 이는 아브라함이 얻은 '구원'의 근거가 자신의 행위를 통해서가 아니라 의롭지 못한 그를 하나님이 의롭게 여기신 데 있다는 것을 보여 준다.[126]

그런데 모세 언약의 핵심이 되는 '십계명' 은 우리로 하여금 '구원의 방도' , 곧 율법에 순종하는 자에게 영생이 주어지는 것으로 생각하

124) *Ibid.*, pp. 112-113.
125) 정규남, 『구약신학의 맥』 (서울: 도서출판 두란노, 1996), p. 170.
126) "아브람이 여호와를 믿으니 여호와께서 이를 그의 의로 여기시고" (창 15:6).

겠금 한다. 그러나 성경에서 말하는 구원의 방도는 구약과 신약을 막론하고 오직 한 가지다. 곧 의롭지 못한 우리를 의롭게 하신 예수 그리스도의 사역과 그것을 믿는 우리의 믿음이다. 로마서에서도 이를 강조한다.[127)]

예수님의 사역을 통해 하나님의 의가 나타났는데(롬 3:21), 이 '의'는 모든 믿는 사람들에게 주어지는 하나님의 의다. 그러므로 죄인이 예수 그리스도를 믿음으로 '그리스도 안에 있는 구속으로 말미암아 하나님의 은혜로 값없이 의롭다 하심'을 얻는다(롬 3:24). 결국 모세 언약은 율법에 순종함으로써 영생을 얻는 행위 언약으로의 회귀가 아니라, 아브라함 언약의 연장이다.

인간의 타락 후 아브라함에서 시작된 하나님의 언약이 점진적으로 어떻게 성취되었는지 〈표〉를 통해 간략하게 나타내고자 한다.

언약의 성취

하나님의 창조경륜

아담 언약 ➡ 아담의 불순종으로 인한 언약 파기
(행위 언약)

은혜 언약(새언약)
: 파기된 언약을 회복하기 위해 하나님 자신이 여자의 후손,

127) 율법이 아니라 하나님의 은혜, 즉 화목제물이 되신 예수님의 대속으로 구원을 얻는다는 것이 로마서의 복음이다. 정훈택, 『신약개론』(서울: 대한예수교장로회총회, 1998), p. 196.

곧 인간으로 오실 것을 말씀하심(창 3:15).

아브라함을 부르심

: 아브라함 언약: (1) 큰 민족을 이룸(12:2), (2) 이름이 창대케 됨(12:2),
(3) 복의 통로가 됨(12:3), (4) 땅의 복을 누림(12:7).

이삭

: 하나님의 은혜로 이삭 출생

: '아브라함의 마지막 사명' ⇒ 이삭을 장가들여 가정을 이루게 하고 자손이 이어지게 하여, 그들로 하나님의 백성이 되고, 메시아가 오는 기반을 마련하도록 하나님께서 섭리.

야곱

: 야곱의 위치 = (1) 열두 지파의 조상, (2) 민족의 기초,
(3) 애굽에서 종족 단위로의 성장의 기초

요셉

: 하나님께서 요셉을 애굽으로 미리 보내심으로써 그 가족들을 애굽으로 초청할 수 있게 역사하심.

출애굽

: 애굽에 온 야곱의 가족은 400여 년을 거쳐 하나님의 독립된 국가를이룰 만큼 성장함.

: 아브라함에게 약속하신 백성 번창과 땅에 대한 약속을 이룰 때가아직 되지 않았으므로 하나님께서 모세를 통해 애굽에서 이스라엘을 구출하심.

모세

: 하나님께서 이스라엘을 애굽에서 구출하기 위해 만드신 자

: 하나님께서 모세를 (1) 이스라엘을 구원하는 구원자로

(2) 백성들과 관계를 맺는 일에 중보자로

(3) 구원의 역사를 이루는 구원자로 세우심.

: 메시아의 예표

유월절로 백성을 해방하심

: 생명을 대신하는 속량의 방식으로 해방하심 ⇒ 온 세상이 유월절 희생으로 구원을 얻음(고전 5:7; 요 19:36).

시대산 언약

: 이스라엘을 구출하신 하나님은 시내산에서 그들과 언약을 맺으시고 '자기 백성' 으로 삼으심(출 19:5-6).

여호수아

: 모세의 종 여호수아를 통해 가나안 입성을 허락하심으로써 아브라함에게 하신 '땅에 대한 약속'을 성취하심.

다윗

: 야곱의 축복이 장자 르우벤이 아닌 넷째 아들 유다에게 주어짐

: 야곱은 유다를 '사자' 로 지칭(창 49:8-9), 계시록 5장 5절에서 이 호칭이 예수께 적용됨.

: 야곱이 유다 지파에서 왕이 나올 것을 예언함(창 49:10a)

: 다윗이 유다 지파를 통해 옴(창 49:10b-12).

: 선지자 나단이 여호와께서 다윗을 위하여 집을 지으실 것을 예언함(삼하 7:3-11). 하나님이 약속하신 '집'을 '왕조' 임.

다윗의 후손들은 통해 왕조가 이어짐을 약속하신 것임.

예수 그리스도의 초림

: 아담이 불순종의 죄로 인해 영원한 생명을 얻는데 실패했으나, '두 번째 아담' 인 예수 그리스도께서 십자가 대속의 구원의 사건을 성취하심으로써 '가장 큰 복'을 주심(구속 언약을 이루심).

: 구속 언약에 근거한 '은혜 언약' 은 죄인들이 예수 그리스도를 믿음으로 말미암아 구원과 영생을 얻는 것으로, 행위 언약의 폐기가 아니라 성취임.

예수 그리스도의 재림

: 예수 그리스도의 재림으로 구속 언약, 행위, 언약, 은혜 언약이 완성됨.(하나님 나라의 완성)

: 인류의 소망은 오직 예수 그리스도와 하나님의 나라를 이루는 것으로서 이 소망은 구약시대 아브라함으로부터 가졌던 '메시아 약속' (예수 그리스도)과 '가나안 땅 약속' (하나님 나라)의 완전하고도 참된 성취임.[128]

128) 서철원, 『하나님의 구속경륜』, pp. 124-125.

제5장

한국 기독교의 '복'에 대한 윤리적 탐구

Blessing of God and Our Blessing Life

한국 기독교의 '복'에 대한 윤리적 탐구

한국의 기독교는 토착종교의 영향을 받아 기복적으로 변질되고 있음을 부인할 수 없다. 특히 일부 인사들이 기독교를 기복화 하는 데서 윤리적 문제가 제기되고 있다.

I. 한국 전통 종교의 '복' 개념이 한국 기독교에 미친 영향

한국인의 무의식의 저변과 문화 속에 담겨져 전승되어 온 무교는 한국 사람들뿐만 아니라 기독교에도 적지 않은 영향을 미쳤다. 긍정적인 측면에서 본다면 풍부한 종교성을 심어 주었으며 기독교가 한국 땅에 정착하기까지 가장 용이한 역할을 담당한 것이 바로 무교라 할 수 있다. 또한 불교나 유교 그리고 신흥 종교들이 그 명맥을 유지할 수 있었던 긍정적인 이유 중 하나가 바로 무교의 영향이다. 불교나 유교 같은 외래종교가 우리나라에 들어왔을 때 그 종교들은 한국 고유의 종교인 무교를 자기편으로 끌어들여 불교화 또는 유교화 시키지 못하고 오히려 그 종교들이 무교화 되었다고 많은 학자들은 평가한다.[1)]이러한 평가는 기독교에도 상당부분 적용된다.

1. 무교의 영향

무교에 대한 부정적 비판은 무엇일까? 기독교의 유일 신관(唯一神觀)에 어긋나는 다신다령관(多神多靈觀), 현세적 구원관, 물질적 축복사상, 신비적 질병관과 치유관, 개인 윤리의 결핍, 역사의식의 결핍, 예언자적 사회의식의 결핍 등이다. 여기에서 나오는 심적 태도, 즉 강자에 대한 의존성, 운명주의, 요행주의도 비판의 내용이다.

무교나 성경에서 추구하는 복은 그 내용에 있어 현실적이고, 물질적이라는 공통점을 가지고 있다. 무교의 복은 질병, 재난, 가뭄으로부터의 안녕의 문제, 성공과 실패의 문제, 장수와 자손의 번성, 재물과 가축, 토지소산의 증대도 포함되어 있다. 한마디로 제액초복, 무병장수, 사후복락을 비는 것이 무교의 핵심이다. 이와 비슷하게 구약에서는 특히 족장들에 대한 축복 중 자손의 축복을 강조했으며 질병이나 다른 것에는 해함이 없도록 보호하심도 표현되고 있다. 물론 그러한 가운데 장수의 복으로 인도하시며 가축의 번성도 보장되었으며 토지의 소산을 풍성하게 거두게 된다고 약속되고 있다. 복의 내용에 있어 현실적이고 물질적인 복이라는 공통점이 무교와 기독교에 있다.

---

1) 최준식, 『한국의 종교, 문화로 읽는다』 (서울: 사계절, 1998), p. 68.

현실적이고, 물질적인 복이 내용에 있어 서로 유사한 반면, 무교는 이를 극복하지 못하고 그 자치의 차원에서 그치고 말지만, 성경의 복은 현실적이며 물질적인 복을 긍정하면서도 이를 넘어서서 영적이고, 도덕적이고, 종말론적이며 때로는 세상적인 가치가 전도된 거룩한 역설적인 것으로 제시된다. 바로 예수님의 산상설교에서 가르쳐 주시는 팔복이 바로 그것이다.

기독교와 무교는 표면적으로는 이질적인 것 같지만 하나님에 대한 신앙과 숭배라는 점에서 공통되는 점을 가지고 있다. 물론 신을 지칭하는 이름이 같다고 하여 같은 성격의 신이라고 할 수는 없다. 그러나 기독교와 무교의 갈등은 피상적이었고 오히려 동질성이 더 많았다고 할 수 있다. 다신교적인 의식구조와 의례로 인해서 무교의 입장에서는 기독교를 또 하나의 외래종교로 별 저항 없이 받아들일 수 있었다. 이것 아니면 저것의 택일이 강요되지 않는 종교의식 속에서 기독교의 하나님을 받아들이고 그에 따르는 의례를 자연스럽게 받아들이는 것이다. 거기다가 무교가 한국종교사의 맥락에서 이미 가지고 있던 역사적인 경험도 기독교를 스스럼없이 받아들이게 하는 한 요인으로 작용했다.

한국종교사에서 무교는 이미 불교와 유교를 맞아들이면서 겪었던 문화변용(acculturation)의 경험이 있었던 것이다. 그 중에서도 1,500여년에 걸친 불교와 무교의 만남은 한국종교사의 흐름 속에 서로 융화되었다. 무교에서 대표적으로 신앙하는 산신과 칠성을 사찰에 모시며, 무의는 대부분 불교의례를 모방하여 그 외적인 형식을 갖추고 있다. 제석거리나 불사거리가 대표적인 사례에 해당한다. 유교로부터는 음사니 음풍이니 하는 폄하를 당하면서도 유교적 제사와 상호 보완관계를 이루고 있다. 제사는 남성 위주의 부계중심 사회를 유지하는 윤리관을 강조하였으나 무교는 부계와 모계를 모두 중시함으로써 유교의 윤리관과는 대립적이면서도 상호보완적인 관계를 유지하였다.[2] 이렇게 불교 및 유교와 맺었던 관계처럼 무교는 기독교와도 자연스럽게 받아들였고 기독교도 영향을 받게 되었다. 그들의 최고신 개념인 하나님과 같은 천신사상 등은 기독교와의 유사성으로 인해 자연스럽게 무교적 신관을 기독교적 신관으로 투영시켰다.

인간 세상에서 복락을 원하는 하늘 신앙, 이에서 파생되는 신의 명칭에 있어 발음상의 유사성, 그리고 섬기는 신이 바로 복의 근원이 된다는 공통점에도 불구하고 무교의 신 개념과 성경의 신 개념은 근본적인 차이점을 가지고 있다. 그것은 실체에 대한 이해이다. 기독교에서는 실체를 궁극적인 실체와 상대적인 실체로 구분한다. 궁극적인 실체는 창조주이신 하나님이시고, 상대적인 실체는 궁극적인 실체이신 하나님이 창조하신 피조세계이다. 상대적 실체 안에는 인간과 세상을 비롯한 유, 무형의 모든 피조물이 포함되어 있다. 궁극적인 실체인 하나님만이 절대적인 가치를 지니시고, 상대적인 실체인 피조물은 모두 상대적인 가치를 지닌다. 그러나 무교는 상대적인 가치가 절대적인 가치를 잠식했다. 궁극적인 실체의 자리에 상대적인 실체가 자리하고 있다. 목적이 수난을 이끄는 것이 아니라, 수단이 목적을 지배한다. 인간이 추구하는 '현실적인 복' 그 자체가 섬기고 예배드려야 할 하나님의 자리에 위치하고 있는 것이다.

무교는 모든 생활현상을 초월적인 신령계가 조작한다고 믿어 모든

2) 박일영, "무교적 관점에서 본 그리스도교", 『신학과 사상』, 1995. 12. 115.

운명과 생활을 천지신명께 의지하는 것이다. 샤머니즘적 신앙의 병폐는 권위에 대한 의존적 관계의 계속의 계속이라고도 볼 수 있다. 즉 종교의식을 조장한다는 것이다. 성도들은 스스로 미분화 상태에 두고 어린아이의 신앙으로 절대 의지하고 절대 복종하고 덮어 놓고 믿고 의심하지 않고 생각하지 않고 스스로 서지 않으려는 상태에 있다.[3] 성도들 가운데 문제가 생기면 바로 교회에 와서 기도로 응답받으려고 하거나 새벽에 기도제목을 적어 헌금을 드리면서 기도 응답으로 문제 해결을 받으려는 경우를 종종 볼 수 있다. 이 역시 스스로 문제를 해결하려는 노력이 부족한 어린아이의 신앙, 의타적인 신앙이다.

한국 기독교가 보여주는 특징 가운데 하나가 열광적인 성향이다. 교회의 중요한 연합 행사시에 여의도 광장에 수십만 명이 모였던 열성과 새벽기도에 꼬박꼬박 참여하는 성도들, 부흥회의 몰아경적인 분위기는 무교의 기본성향인 신바람 내지 신명과 결코 무관하지 않아 보인다.[4]

무교가 한국 기독교와 접촉하면서 성도들에게 끼친 긍정적인 면은 무엇일까? 첫째, 무교는 한국인에게 기독교의 하나님과 영적 세계를 쉽게 이해하고 거부감 없이 받아들이게 도왔다. 특히 무교의 천신사상은 기독교의 하나님에 대해서 거부감 없이 받아들게 하였다. 둘째, 무교의 열심 있는 신앙이 기독교에 긍정적인 영향을 주었다. 새벽에 일어나 정한수를 떠놓고 빌던 열성은 기독교의 새벽 기도와 철야 기도회로 바뀌었다. 한국인의 열심 있고 풍요로운 신앙은 무교적 심성

---

3) 이부영, 『한국 사상의 원천』 (서울: 양영각, 1973), p. 93.

4) 박일영, *op. cit.*, 125.

이 가져온 긍정적인 부분이라 하겠다.[5)]

선순화는 "무속에 대한 기독교 윤리적 평가"라는 그의 글에서 다음과 같이 무교를 긍정적으로 평가하고 있다. 첫째, 근대주의 병폐에 대한 대안으로 서구를 모델로 삼는 근대화 과정에서 민족 공동체의 정체성을 회상시키는데 도움을 준다고 한다. 자연과 죽은 자까지도 포함하는 공시적, 통시적 공동체성은 공동체 해체의 위기에 대안을 줄 수 있다. 둘째, 무교의 자연신에 대한 관심은 산업화로 인해 생태계 파괴를 지연시킬 수 있는 대안적 사고 체계로 평가 받기도 한다. 자연과 집에 신령이 깃들고, 인간의 몸에 신령이 내린다는 사고는 공허한 이원론적 초월주의보다 오히려 하나님의 창조 세계와 일상의 생활에 관심하게 하여, 충실한 삶을 살게 하는 동기를 부여할 수 있다. 셋째, 무속의 질병관과 치유관도 과학적 의료 기술의 비효율성이 부각되고 있는 싯점에서 상당한 대안적 사상으로 받아들여질 수 있다. 넷째, 무속의 여성 중심적 종교 조직은 가부장적 사회조직과 종교 조직에 대한 비판을 가능케 한다.[6)]

2. 불교의 영향

한국 교회 내에 신비주의와 부흥회가 성행하는 배경에는 바로 내세의 영혼구원을 강조하는 현실 도피적 신앙과 관련된다. 그들은 고통

---

5) 이러한 맥락에서 유동식은 한국인의 종교적 문화를 '무교문화론' 이라 말하기를 서슴지 않는다. 유동식, 『한국 무교의 역사와 구조』(서울: 연세대학교 출판부, 1997), pp. 351-353.
6) 선순화, "무교에 대한 기독교 윤리적 평가", 『基督敎思想』 제456호(1996. 12.): 43.

스러운 현실을 벗어나는 방법으로 내세적 신앙을 추구하면서 여전히 현실에서는 변두리 인생을 살아가면서 오직 천국만을 소망하게 된다. 이것은 과거, 그릇된 불교의 윤회사상과 연관되어 있다고 볼 수 있다.

오늘의 고통스러운 삶은 전생의 죄와 업보이며 지금 고통 받음으로 인해 다시 환생하게 될 때 행복한 삶을 살아갈 수 있으며, 현세에 모든 욕심을 버리고 이타적 삶을 살 때 이러한 윤회에서 벗어나 부처가 되며, 열반에 이를 수 있다는 불교적 가치관은 신약성경에서 예수님이 비유하신 부자와 나사로(눅 16:19-31)의 이야기처럼 이 땅에서 고난 받은 자는 천국에서 행복한 삶을 살게 된다는 단순한 진리로 이해함으로 기독교인들에게 내세적 신앙이 최고의 신앙목표로 삼는데 영향을 주었다. 그러나 하나님은 내세에 살고 계신 것이 아니라 이 세상을 사랑하시고, 지금 여기에 살고 있는 인간들을 돌아보시며 존재하신다. 하나님은 현재적 하나님이시다. 모든 하나님의 백성들이 하나님이 허락한 세상에서의 삶을 행복하게 살아가기를 원하신다.

불교의 교리가 말하듯이 불교는 깨달음의 종교이다. 깨달음을 통해 고통의 현실을 벗어나 윤회의 사슬에서 열반으로 들어가는 것을 최고의 목표로 삼는다. 따라서 무교와는 달리 지나치게 내세 지향적이다. 복의 추구에 있어서 적극적인 성향을 나타내기 보다는 오히려 고통을 제거하는 것으로 복을 얻으려 한다. 이러한 소극적인 복 개념과 내세 지향적인 신앙은 한국 기독교 안에서도 내세지향적인 모습을 보이면서 성도들로 하여금 이생은 고난의 생이요 천국은 안식의 장소로 가르치게 된다. 실제로 많은 교회들이 힘든 21세기를 지내면서 내세지향적인 믿음을 강조했다. 현실에서의 복을 강조하기보다는 믿음생활을 통해 천국에서 누릴 복에 대해 말했다. 실제로 성경은 구약에서의 율법적인 복, 순종을 통한 복의 개념을 예수 그리스도를 통해 넘어서면서 신약에서 영적인 복, 구원의 복을 말하고 있다. 그러나 성경이 말하는 복은 육신적 복과 영적 복 모두를 말하고 있다. 지난 세월 한국 기독교의 성장이 시대적 어려움 속에서 내세적 구원의 복을 강조를 통해 이루어졌다면 이제는 육신적 복, 영적인 복, 그리고 내세적 복과 현세적 복을 균형을 이루며 추구해야 할 것이다. 특별히 경제적 삶의 형태가 바꾸어지고 '웰빙(well-being)[7]문화'의 확산과 윤택해진 오늘의 삶에서 더욱 현세적 복과 내세적 복의 균형이 요구된다.

3. 유교의 영향

유교는 유학으로서의 모습이 더 강했지만 시대를 지나면서 사상이 체계화되고 복잡해지면서 점점 종교적 성향을 갖게 되었다. 조상제사의 개념이 체계화 되고 충과 효가 강조되었다. 성인이 되기 위해 인과 예를 행하고 극기복례하는 것을 삶의 목표로 삼았다. 이러한 성향들은 한국인들에게 예법을 중시하게 하였고 기독교인들에게는 이러한

7) 산업고도화는 인간에게 물질적 풍요를 가져다 준 반면, 정신적 여유와 안정을 앗아간 면도 적지 않다. 현대 산업사회는 구조적으로 사람들에게 물질적 부(富)를 강요하는 시스템을 가지고 있어서, 사람들은 대부분의 시간을 부를 축적하는 데 소비한다. 웰빙은 이러한 현대 산업사회의 병폐를 인식하고, 육체적 · 정신적 건강의 조화를 통해 행복하고 아름다운 삶을 영위하려는 사람들이 늘어나면서 나타난 새로운 삶의 문화 또는 그러한 양식을 말한다. 그러나 웰빙이라는 용어가 본격적으로 나타나기 시작한 것은 2000년 이후의 일이다. 이전에도 다양한 형태로 육체적 · 정신적 삶의 유기적 조화를 추구하는 움직임이 있기는 했지만, 이러한 움직임이나 삶의 문화가 포괄적 의미로서 웰빙이라는 이름을 얻은 것은 2000년 이후이다. 웰빙은 '복지 · 행복 · 안녕' 을 뜻하는 말이다. "웰빙", 『두산세계대백과사전』, (컴퓨터 파일).

유교적 영향으로 율법주의적인 신앙을 갖게 하기도 했다. 유교적인 가치관으로 기독교를 받아들이면서 예배의 본질보다는 형식에 더 많은 관심을 갖게 만들었다. 유교의 효사상은 효를 중요시하는 기독교와 만날 수 있는 좋은 접촉점이 될 수 있음에도 불구하고 오히려 형식주의와 율법주의로 인해 복음을 수용하는데 걸림돌이 되었다. 유교의 복은 철저히 인간중심주의이다. 불교가 무소유의 원칙으로 버림의 신앙이라면 유교는 철저히 자기를 갈고 닦는 수행의 신앙이다. 그러나 이러한 자세는 기독교적이지 않다. 기독교는 수행의 종교가 아니다. 기독교는 은혜로 복을 받을 뿐이다. 따라서 복을 받기 위해 어떤 행위를 하는 것이 아니라 복을 받은 것에 감사의 행위를 하는 것이다.

앞에서 유교의 인은 차등적인 사랑이라고 언급했다. 물론 유교인의 사랑이 자기 부모에 대한 효에서 끝나는 것만은 아니다. 그럼에도 불구하고 효 중심적인 사랑이 실제 역사 속에서 가족을 넘어서 확대되는 경우는 별로 보지 못했다. 대신에 나라나 사회보다는 내 가족 혹은 내 가문이 더 중시되는 내 가족우선주의라는 바람직하지 못한 폐단을 낳게 된다. 내 가족 내 가문 내 공동체 우선의 가치관은 교회 안에도 그대로 적용되어 기독교의 정신이 가족에서 이웃으로, 이웃에서 세상으로 향해야 하는데 가족에서 교회 공동체로 옮겨진 이후 더 이상 확대되지 못하는 경향을 많이 보이게 된다. 자기 부모를 먼저 사랑하고 자기 가족이 더 잘되기를 원하는 유교적 사고는 한국 기독교에 영향을 주어 하나님의 복의 범위를 축소시켜 자신과 자신의 가족에게로 국한시키는 경향을 갖게 한다.

인은 무조건적인 사랑이 아니다. "나를 미워하는 적에게도 인으로 대해야 되느냐"는 제자의 질문에 공자는 단호하게 그렇게 해서는 안 된다고 대답한다. "미움에 대해서는 그에 맞는 곧음(직, 直)으로 대처해야지 인으로 대하면 너의 인을 낭비하는 것"이라고 공자는 충고했다.[8] 기독교의 무조건적인 용서와 배치되는 사상이며 매우 실제적인 가르침이다. 따라서 인의 가르침에 생활하던 우리나라 사람들에게 기독교의 무조건적인 사랑은 실천적이지 않은 성경 속의 사랑이었고 실제적 삶에서는 제한적인 사랑을 표현했다.

여기에 조선 500년을 두고 유교가 형성해 준 형식주의와 율법주의가 바탕이 되어 한국교회는 점차적으로 바리새인적 특징을 보이고 있다. 주일성수하는 정성에 비해 하나님이 원하시는 이웃에 대한 사랑과 인간성을 존중하는 생활과는 거리가 먼 교회 생활이 이루어지고 있다. 대중이 고대하는 것은 종교의식이나 율법주의적 종교가 아니라 따뜻한 인간성과 진실한 인격을 갈망하고 있다.

II. '복'에 대한 바른 성경적 접근

복을 추구하는 마음은 인간의 기본 욕구이며 인간 본성에 속한다. 고대의 모든 종교는 주술적 기본신앙을 갖고 있었다. 구약성경 역시 복에 대한 지대한 관심 갖고 복의 근원인 여호와 하나님을 증언하였다. 이런 복의 개념이 구약성경에서 어떻게 발전되어졌는지 그 변천 과정을 살펴보고자 한다.

---

8) 최준식, *op. cit.*, p. 135.

1. 복의 근원

복의 근원은 유일하신 하나님이시다. 하나님은 복과 저주를 지배하신다. 하나님의 임재는 복의 상징이며, 다른 사람들은 오직 그의 이름에 힘입어서만 축복이 가능하다. 진실로 모든 축복의 핵심에는 하나님의 이름이 있고, 그분의 인격적이고 구속적이며, 언약을 지키시는 본성이 있으시다. 인간과 세상을 창조하신 하나님께서 첫 번째로 하신 일은 복 주시는 일이었다(창 1:27-28). 복을 베푸시는 하나님은 또한 복 자체이기도 하시다. 복의 수여자이고 복 자체이신 하나님이 복의 근원되기도 함을 알 수 있는 것은 '샬롬'이란 용어에서이다. 보통 '샬롬' 은 복된 상태를 표현하는데 쓰이며, 장소, 성공적인 삶, 자녀의 축복의 의미를 담고 있다. 야곱이 요셉에게 축복할 때 그는 하나님을 향한 기도의 형태로 이것을 행한다(창 49:25).[9] 물론 이러한 행위의 배후에는 모든 복을 소유하고 나누시는 이가 바로 여호와 하나님이시라는 전제를 바탕으로 하고 있다.

헴엘(Carl G. Hemel)은 복이란 생명과 번식을 뜻한다고 보았다. 아카디안과 아랍어 텍스트에도 생명력과 번식, 장수와 많은 자손이 복의 내용으로 되어 있는 것을 볼 수 있다. '샬롬'이라는 말이 복이 오는 것, 위협과 위험으로부터의 자유, 안전을 소유하는 것, 행운, 그리고 최상의 안녕복지, 이 모든 것을 포함하는 좋은 예를 보여준다. 서로 인사를 교환하면서 상대방에게 이 모든 것을 뜻하는 '샬롬'을 비는 것이다.[10]

---

9) 송인규, 『참된 복』(서울: 한국기독학생회, 1983), p. 13.

10) C. Westermann, *Blessing in the Bible and the Life of the Church*, p. 45.

인사와 복의 관계는 요셉이 자기 아버지를 바로에게 소개하고 야곱이 왕에게 복을 빌어주는 창세기 47장 7-10절의 내용처럼 구약성경의 여러 구절과 많은 다른 표현을 통해서 찾아볼 수 있다.

성경에서 가장 먼저 복이 언급되는 것은 하나님이 천지를 창조하신 후에 인간에게 복을 주신 "생육하고 번성하여 땅에 충만하라, 땅을 정복하라, 바다의 고기와 공중의 새와 땅에 움직이는 모든 생물을 다스리라(창 1:28)"로 자손의 번성과 산업의 번영이었다. 창세기 1장에서는 성경 어느 곳에서나 발견할 수 있는 광범위한 의미의 복 개념을 가지고 있다. 창조주는 그가 창조한 모든 피조물에게 복을 준다. 그리고 창세기 2장 3절에서 제 7일이 거룩하며 복되고 성별되었다고 말한 것은 하나님의 복에 대한 강력한 한계를 나타내는 것이다. 예배 때에 거룩한 의식과 그곳에 참석한 이들에게만 국한된 복도 실제로는 온 인류를 위한 복이기도 한 것이다. 예배를 드리기 위해서 모인 집단 위에 내린 복도 전 인류에게 즉, 모든 생물에게 적용이 되는 것이다. 왜냐하면 복의 원래 의미가 생명력을 뜻하기 때문이다.[11)]

족장시대로 넘어오면서 가장 먼저 복이 언급된 것은 아브라함에 대해서였다. 아브라함을 부르시면서 하나님은 그에게 복을 약속하셨다(창 12:1). 여기서도 그 내용은 자손의 번성과 산업의 번영이었다. 아브라함이 모든 민족의 복이 되도록 하셨다. 즉 단순히 복을 받는 자에서 떠나 세상을 향한 하나님의 선물이 되는 것이다. 아브라함은 자신이 이런 능력의 궁극적인 근원이라는 생각을 하지 않았다. 하나님을 원래의 복의 근원, 최초의 복의 수여자로, 그리고 자신은 복의 전달자

---

11) *Ibid.*, p. 92.

요, 복의 통로로 여겼다.[12] 아브라함과 마찬가지로 다른 사람도 하나님으로부터 복을 받을 때 그는 복을 나눠줄 수 있는 능력을 받게 된다. 다시 말해 그는 복의 근원이 되고 복의 전달자가 된다. 따라서 복 받는다는 것은 하나님의 신성한 능력에 참여해서 이 능력을 다른 사람들에게 나눠줄 수 있는 것이다. 복의 근원이신 하나님께서 이것을 사람들에게 나누어 주실 때 가장 중요한 요소는 순종이었다. 왜냐하면 하나님께서 사람들에게 복을 주실 때는 행위가 아니라 순종에 의해서 복을 베푸셨기 때문이다.

구약성경의 복은 여섯 단계로 구분할 수 있다. 첫째 단계는, 복은 하나님으로부터 주어짐을 인식하는 것이다. 복의 수여자는 하나님이시다. 받는 자들은 족장들을 위시한 일반 백성들이다. 둘째 단계는, 족장들이나 민족 영도자들이 복을 수여하는 단계이다. 이 단계는 족장시대부터 다윗왕국 수립까지이다. 임종 직전에 이삭이 야곱에게 복을 준 것은 유일회적이고 철회가 불가능한 것이었다. 하나님으로부터 받은 복은 가장을 통해 전수된다. 셋째 단계는, 다윗 왕국의 출현으로 복을 주는 자는 하나님의 위임 통치자인 왕과 백성과 하나님 사이의 중재자인 제사장뿐이었다. 넷째 단계는, 신명기 시대로 복은 하나님의 약속의 결과로 주어지는 것이 아니라 하나님의 말씀을 순종하느냐 않느냐에 따라 결정되었다. 신명기 27-28장은 하나님 명령 여하에 따라 복이 주어졌음을 명시한 장들이다. 하나님 말씀에 순종하면 복을 받고 구원을 얻게 되는 것이다. 신약시대에 와서는 다섯째 단계는, 현실적 지상의 복이 아니라 종말의 우주적 복을 찾던 때이다. 소위 묵시시

12) *Ibid*., p. 91.

대의 복에 대한 이해이다. 지금의 복은 잠정적인 것이지만 마지막 종말의 복은 영원한 하나님 나라를 기업으로 얻게 되는 것이다. 여섯째 단계는, 복이 신약에 와서 그리스도화 된 것이다. 구약의 여호와의 복이 신약에서는 그리스도의 복으로 변형된 것이다. 그렇다고 하나님을 배제한 것은 아니다. 하나님 안에서 그리스도의 복으로 표현된다.[13)]

성경 안에서 복에 대한 개념은 점차적으로 변화해 가는 것을 볼 수 있다. 구약성경 역사의 후기로 갈수록 세상에서 잘 되는 것이 그대로 복일 수 없다는 인식이 발전하는 것을 볼 수 있다. 이러한 생각은 이미 후기 예언서들의 예언자들에게서 이미 나타나고 있으며, 성문서들에서 더욱 분명히 나타난다.[14)] 시편에서는 부귀영화나 건강, 장수 같은 복을 빌거나, 그것을 얻기 위해서 어떻게 하면 되는가를 노래하는 것이 아니라 복 있는 사람을 보고 감탄하며 축하는 노래인데[15)] 여기서 복은 더 이상 부귀영화나 건강, 장수가 아니라 영적인 복을 말하고 있다. 묵시문학에서는 종말론적인 영원한 복의 실현을 보여주고 있다. 베스터만(C. Westermann)은 묵시문학이 사건적인 구원보다는 구원받은 상태의 영원한 지속, 즉 영원한 복의 상태의 지속을 훨씬 더 강조하고 있다고 본다.[16)]

---

13) *Ibid.*, pp. 33-35.
14) 현요한, "복의 신학", 323.
15) H. J. Kraus, *Psalms 1-59* (Minneapolis: Augsburg Pub. House, 1988), p. 113.
16) 현요한, *op. cit.*, 324-325.

2. 신약에서의 복

구약과 신약성경에 있어서 '복 개념'의 빈번도와 그 의미를 비교해 볼 때, 복이 구약성경에서는 중요한 위치를 차지하고, 여러 가지 복잡한 개념의 발전을 볼 수 있지만, 신약성경에 와서는 그 중요성을 상실했기 때문에 복이 신약성경에서는 아무런 중대성을 갖지 않는다고 쉥크(Wolfgang Schenk)같은 몇몇 학자들은 주장한다.[17] 그러나 신약성경에서 '복 개념'이 자주 언급되지 않는다고 결코 신약성경에서 복의 개념이 약화되었다고 생각하지 않는다. 여전히 교회의 생활과 활동에 복은 중요한 위치를 차지하고 있다. 그렇다면 신약성경 전체를 통한 복의 의미와 또 그리스도 안에서 이루어진 구원의 메시지라는 신약성경 중심 주제와의 관련성에서 연구해야 할 것이다.

복과 관련된 여호와 하나님의 성품, 즉 복의 수여자, 복 자체, 복의 근원되심이 동일하게 예수 그리스도에게도 적용된다. 신약에서 이 사실은 다음 세 가지 범주에서 살펴볼 수 있다. 즉 어린이들에게 복을 베푸신 일, 식전에 축사하신 일, 그리고 승천하시기 전에 제자들에게 복을 베푸신 일이다. 예수께서 어린아이들에게 복을 베푸실 때 아버지나 랍비들에 의해 베풀어지는 축복의 전통을 그대로 이어가고 계신다. 손을 얹어 어린아이들을 축복하셨다는 것은 예수의 활동이 비단 어른들에게만으로 제한된 것이 아니고, 모든 인간들에게 개방되어 있다는 뜻이다. 특히 어린 아이에 대한 축복에는 그들의 성장과 성숙과 건강과 안녕이 포함되어 있다. 또한 예수님은 어린아이의 축복을 하

17) C. Westermann, *op. cit.*, pp. 49-50.

나님 나라에 들어가는 것과 연관시키셨다. 즉 복이 하나님 나라에 들어가는 입구가 되는 것이다. 예수께서 식사 전에 축복하신 것은 새로운 행동이 아니라 전통적인 관습을 계속하신 것이다. 하나님이 복을 주심으로 성장한 들의 소산들을 겸손하고 감사하는 기도로써 창조주 하나님으로부터 주어졌다는 것을 확인하는 행위였다. 예수께서 승천하시면서 축복하시는데 그것은 자신이 두고 떠나는 무리에게 남겨 놓으신 능력을 나누어주신 것이다. 그리고 이 능력은 서로 헤어지는 사람들 사이를 계속 묶어 놓는다. 즉 예수께서 이 세상을 떠나심에도 불구하고 그가 세상 끝날까지 그들과 함께 머무시며, 그의 복을 베푸심으로써 제자들에게 능력을 남겨주고 계신다는 사상을 표현하고 있는 것이다. 복의 근원이신 예수님은 전통적인 관습과 형태를 그대로 사용하시면서 거기에 새로운 의미를 부여하신 것이다.[18)]

신약성경에서는 보다 분명하게 영적인 복에 대하여 말한다. 마태복음 5:3-12의 산상수훈을 보면 부귀영화나 건강, 장수가 복이 아니라, 심령이 가난하고, 온유하며, 의에 주리고 목마르며, 긍휼이 있으며, 마음이 청결하며, 화평케 하는 등의 정신적인 가치들이 복되다고 선포한다. 또한 신약성경에서의 복의 개념이 구약성경에서와 같은 이 세상적인 복보다는 그리스도의 구원에 집중되어 있다.

쉥크(Wolfgang Schenk)도 신약성경에서 하나님이 인간에게 복을 주신다고 할 때, 복과 구원이 일치되고 있으며, 신약성경에서 복은 그리스도 안에서 종말론적 구원의 선물을 설명하는 개념임을 강조한다. 사실 이점은 복의 궁극적 실현이라는 점에서 중요하다.[19)] 성경에서

18) *Ibid.*, pp. 74-75.
19) *Ibid.*, p. 326.

복이란 물질적 풍요로움에서부터 하나님과 그리스도의 구속의 영역까지를 다 포함한 광범위한 개념이다.[20] 그리고 이러한 영적 복과 함께 물질적 한계를 넘어선 삶의 모든 복을 주장하시는 복의 근원은 오직 하나님이심을 잊지 말아야 한다고 현요한 교수는 강조한다.[21]

3. 복의 거룩성

성경의 복은 현실적이며 물질적인 복을 긍정하면서도 이를 넘어서서 영적이고, 도덕적이고, 종말론적이며 때로는 세상적인 가치가 전도된 거룩한 역설인 것으로 제시된다. 바로 팔복이 그것이다. 그리스도인의 복은 영적이라는 것이 첫 번째 차이점이다. 둘째로는 고난 역시 축복과 동일 선상에서 받아들이고 있다는 점이다. 그러나 타 종교에서는 원하는 복을 얻기 위하여 이기적인 동기나 방법만을 허락하고 있다. 성경은 그리스도인에게도 복락과 마찬가지로 고난이 찾아든다고 가르치고 있다. 가난하기도 하고, 실패하기도 하고, 병약하기도 하며, 세상에서 비천한 자리에 있기도 한다는 것이다. 그럼에도 불구하고 그리스도인의 고난은 이 땅위에서 아프거나 건강하거나, 부하거나 모든 일에 구애받지 않고, 하나님께 모든 것을 위임하고 따를 때 하나님의 나라가 상급으로 주어진다는 것이다.

20) 강사문, "복에 대한 성서적 이해", 37.
21) 현요한, *op. cit.*, 331.

Ⅲ. '복'의 개념과 한국 기독교의 예배

모빙켈(Mobingkel)은 그의 저서 『종교와 문화』에서 복의 개념이 제의 행사에 있어서 매우 중요한 위치를 차지한다고 말한다.

> 모든 예배는 제사장의 축복의 말씀에 그 극점을 이룬다. 이스라엘은 한 집단으로서 그리고 한 개인으로서 축복을 받기 위해서 성전에 가고, 그곳에서 드리는 예배에 참여하는 것이다. 결국 예배와 거기에 관련된 모든 의식을 통하여 개인이나 집단을 위한 축복이 성취되고, 완전해지며, 또 증가되는 것이다. 야훼는 생명을 창조하고 계속해서 세상을 창조하신다. 제의 행사를 통해서 이스라엘 백성은 각자가 생명을 창조하고 유지하며, 축복을 베풀어 세상을 보존하시는 야훼 하나님을 만나게 되는 것이다.[22]

1. 예배의 참 의미

창조주 하나님의 세상을 향한 복이 예배를 통해서 개인과 집단에게 주어진다고 모빙켈(Mobingkel)은 말한다.

이스라엘 예배의 독특성은 역사, 즉 그의 백성을 위한 하나님의 활동의 역사가 결정적인 역할을 했다. 이스라엘 예배의 중심은 직접 복을 수여한 어떤 형태의 풍요제의(豊饒祭儀)가 아니라 그것은 역사와 계약 그리고 그 계약으로부터 파생해 나온 명령, 그리고 또 계약을 통

---

22) C. Westermann, *op. cit.*, pp. 42-43. 에서 재인용.

해 주어지는 약속, 이 모든 것을 주관하시는 하나님의 활동이다.[23]

민수기 6장 22-27절의 제사 문서에서의 제사장 축복기도는 원형 그대로 변함없이 고대 이스라엘의 예배로부터 포로 후기의 성전과 회당의 예배, 그리고 기독교 예배에까지 그대로 사용되어 오늘날까지도 교회의 축복기도 형태로 쓰이고 있다. 이 기도문에서 몇 가지 특색을 찾을 수 있다. 첫째, 복을 주는 행위의 참된 주역, 즉 제사장의 활동을 통해서 역사하시는 분은 하나님이시라는 것이다. 둘째, 복을 주는 행위는 언어와 의식을 포함한다. 셋째, 복은 하나님을 영접하는 자에게 하나님의 친근한 접근을 보여주는 것이다. 넷째, 예배 순서 중에 복을 선포하는 가장 적절한 위치는 예배의 마지막 공동체가 해산 할 때이다. 복받은 사람은 예배 밖, 그들 생활 속으로 복을 가지고 가야 하는 것이다.[24]

예배라는 말의 우리말 뜻은 "신앙하고 숭배하면서 그 대상을 경배하는 행위 및 그 양식"이라고 정의되어 왔다. 이러한 우리말의 뜻은 기독교 예배의 본질적인 의미와 매우 가까운 관계를 가지고 있다.[25]

그러므로 예배는 곧 하나님의 은혜의 부름에 대한 응답이요, 하나님과의 만남이요, 하나님이 먼저 우리에게 축복하신 그 은혜 안에서 우리 자신을 드림으로서 그에게 순종과 헌신을 드리는 것이요, 하나님께만 경배와 영광과 감사를 드리는 것이다. 그렇기에 우리는 예배 자체가 축복이요, 영광스러운 예배에 참여한 그 자체가 복임을 알아야 한다.[26] 따라서 예배하는 자는 삶 속에서도 하나님의 인도와 보호

---

23) *Ibid.*, p. 63.

24) *Ibid.*, pp. 72-73.

25) 정장복, 『예배학 개론』(서울: 종로서적, 1985), p. 7.

를 받게 되는 동시에 그의 뜻을 이루어 드리는 봉사적인 삶으로서의 예배가 이루어지도록 해야 하는 것이다.

2. 예배의 특징

기독교 예배의 특성은 예배를 역동적으로 움직이시는 성령의 계시이다. 하나님은 그의 영으로 예배의 현장에 직접 임재하신다고 증거한다. 우리가 예배 안에서 하나님을 인식하는 것과 그리스도를 인식하는 것 모두가 성령의 역사 안에서 이루어진다. 빌헬름 한(Wilhelm Hahn)은 이러한 성령의 역사를 구체적으로 "예배 가운데서 인간들로 하여금 하나님의 사역을 깨닫게 하고 그 인간들로 하여금 현재적인 응답을 하도록 역사하는 것이 성령이다"[27]라고 했다.

예배를 이해하는데 있어서 중요한 부분은 예배에 임하는 개인이 갖춰야 할 신앙의 문제이다. 예배자들이 어떤 심성을 가지고 무엇 때문에 예배를 드리고 있는지를 깨닫지 못한다면 그것은 시간 낭비일 뿐만 아니라 섬기는 신에 대한 불경건을 초래하는 결과를 가져온다. 아무리 화려하고 장엄한 의식 가운데 유창한 설교가 선포된다 할지라도 참여자의 깊은 신앙이 없이는 일종의 종교강연이나 종교의식에 지나지 않는다.

복은 언제 주고 받으며 어디에 어떻게 주고 받는가? 인사할 때, 헤어질 때, 임종 전에, 왕의 즉위식 때와 예배 때에 주로 복을 주고 받는

---

26) *Ibid.*, p. 288.

27) Wilhelm Hahn, *Worship and the Congregation* (Louisville: John Knox Press, 1963), p. 58.

다. 야곱과 바로가 처음 인사를 나눌 때 야곱은 바로에게 복을 빌어 주었다. 신약성경에서도 인사할 때 평안하리라는 말을 주고 받는다. 이런 평안을 비는 '샬롬' 도 하나님과의 수직적 관계가 우선적이다. 리브가가 결혼하기 위하여 집을 떠날 때 오빠들이 떠나는 동생에게 복을 빌어 주었다. 또한 이삭은 죽음이 임박해서 야곱에게 복을 주었고, 야곱도 임종 전에 여러 아이들과 요셉과 그의 손자들에게 자기의 영혼을 전달하였다. 모세도 신명기 33장에서 그의 임종 전에 이스라엘 자손들에게 복을 주고 있다. 가족이나 부족의 수장들이 마지막 그들의 '네페쉬' 가 복으로 후손들에게 주어졌음을 엿 볼 수가 있다. 그리고 복은 예배 시에 주어진다. 시편에 나타나는 복들은 대개가 제의 속에서 주어진 복들이다. 안식일에 모일 때마다 예배자들에게 복이 주어지는 것이다. 예배는 하나님과 만나는 때이므로 하나님으로부터 복을 얻게 되는 것이다.[28)]

많은 사람들은 예배의 기본 목적을 하나님의 은총에 대한 인간의 응답이라는 차원에서만 생각해 왔고 예배자의 사명적 차원에서의 임무는 깊이 생각하지 않았다. 그러나 하나님은 단순히 예배를 받으시는 존재로 끝나는 것이 아니라 예배자에게 사명을 부여 하신다. 그 사명은 하나님의 선교 사역에 동참하고 그 일을 위하여 앞장을 서야 하며 예배는 단순히 매 주일 단회적인 사건으로 이해될 수 없다는 것이다.[29)]

구약에서는 예배란 인간의 삶의 근거와 존재 기반이 하나님께 있

---

28) 강사문, "복에 대한 성서적 이해", 21-22.

29) Raymond Abba, *Principles of Christian worship with special reference to the free churches,* 허경삼 역, 『기독교 예배의 원리와 실제』 (서울: 대한기독교서회, 1974), p. 16.

음을 시인하는 행위로 하나님만이 인정되고 예배자는 아무것도 아닌 것으로 인식되는 뜻에서 하나님 앞에 굴복함을 뜻한다. 영어 예배를 뜻하는 "Worship"이란 가치(Worth)와 신분(ship)이라는 뜻을 가진 단어의 합성어인데 이는 "존경과 존귀를 받을 가치가 있는 자"로 이해 할 수 있다. 좀 더 구체화시키면 "하나님께 최상의 가치를 돌리는 것"이라는 뜻이 된다.[30] 즉 "하나님 앞에 무릎 꿇고 엎드린다"는 뜻으로 이마를 땅에 대고 인간 전존재를 하나님 앞에 굴복하여 예배 대상의 존재가치를 인정한다는 의미이다. 이 같이 예배란 본질적으로 가장 가치 있는 하나님께 그 가치를 선언하고 영광을 돌리며 축하는 행위이다.

인간이 할 수 있는 일 가운데 가장 중요하고 영광스러운 것은 하나님을 예배하는 일이다. 왜냐하면 하나님께서 우리로 하여금 하나님을 예배하도록 창조하셨기 때문이다.[31] 그렇기 때문에 예배는 인간들의 목적에서부터 시작되는 것이 아니라, 하나님의 목적에서부터 시작되는 것이다.

기독교의 예배는 삼위일체 중심적인 것이다. 예배는 하나님과 더불어, 하나님으로부터, 하나님께의 예배이어야 한다. 하나님의 그의 백성에게 말씀하시고 그의 백성은 그에게 응답하는 것이 참된 예배의 양식이다.[32] 또한 예배는 영이신 하나님이 인간으로 예배드리도록 인도하시는 것이다. 기독교 예배는 성령의 역사를 빼고는 예배를 말할 수 없다. 참된 예배는 성령의 역사로만 이루어진다.

---

30) 정장복, *op. cit.*, p. 9.

31) 정일웅, 『기독교 예배학 개론』 (서울: 도서출판 솔로몬, 1996), p. 116.

32) 안영복, "참된 예배의 성격과 방법" 『월간 고신』(1982. 8): 346.

예배는 고립된 개개인의 행위가 아니라 교회 전체의 행위이다. 교회에 대한 신약의 일반적인 용어는 에클레시아(ἐκκλησία)이다. 이 말은 '모임', 혹은 '회중'을 의미하는 구약의 '카할(קָהָל)'이란 용어와 상응한다.[33)]

예배는 성령의 능력으로 말미암아 그리스도의 몸인 교회 공동체 안에서 일어나며,[34)] 개인적 예배는 공동의 예배 곧 주님의 몸인 교회의 예배에 근거를 둔다.[35)] 따라서 모든 교회는 그 자체가 역사적이고 인간의 단체인 동시에 하나님이 창조하신 기구이며 예배의 공동체임을 인식해야 한다.

축복이 무슨 의미를 가졌느냐 하는 것은 신약성경만이 아니라 성경 전체로 하여 결정해야 하는 것이다.[36)] 축복에 있어서의 중대한 변혁은 축복이 그리스도와 활동과 결합된 것이다. 기독교 예배 도중에 축복이 전달된다는 것은 기독교 예배의 중심이 그리스도 안에서의 하나님의 구속행위기 때문에 축복을 그리스도 안에서의 하나님의 활동을 통해 변형된 축복개념의 입장에서만 축복을 이해할 수 있고, 전달할 수 있고, 또 받아들일 수 있다는 것이다.[37)]

예수 그리스도의 죽음과 부활의 결과로 인해 죽음이 이제는 더 이상 하나님의 복을 주시는 것을 제한하지 못하게 되었고, 따라서 축복

---

33) Paul E. Engle, *Discorering the Fullness of Worship,* 정광욱 역, 『예배학』 (서울: 나침반, 1988), p. 17.

34) R. E. Webber, *Worship Old and New,* 김지찬 역, 『예배학』 (서울: 생명의 말씀사, 1988), p. 17.

35) R. Abba, *Principles of Christian Worship with Special Reference to the Free Churches,* p. 64.

36) C. Westermann, *Blessing in the Bible and the Life of the Church,* p. 165.

37) *Ibid.,* p. 167.

은 그리스도의 십자가에 나타난 하나님 활동의 감춰진 면도 함께 나누게 된 것이다. 축복은 더 이상 자동적으로 나타나는 것으로 발견할 수 없게 되었고, 십자가의 죽음 속에 감추어지기도 한 것이다. 예수 그리스도의 이름을 통해 하나님의 복을 받아들인다는 것은 하나님의 복이 감춰졌다는 것을 확인하며 받아들이는 것이기도 하다.[38]

결국 예배라는 것은 하나님의 구원 활동과 그의 축복 활동이 두 가지에 다 관련된 것이라는 것을 시인할 때, 그리고 복을 주시는 하나님의 이름으로 축복을 베푼다는 것을 생각한다면, 우리는 오늘날 우리가 갖는 예배의 형태와 언어에 대한 질문, 그리고 예배 중에서 무엇인 일어나는 것인가에 대한 질문을 답할 수 있는 적절한 토대를 제공해 준다.[39]

3. 한국교회의 예배

초기 한국교회의 예배 형태는 선교사에 의해서 상황에 따라 자유롭게 드려졌다. 당시에는 특별한 예전의식을 갖지 않고 전도 집회 순서로 진행되었다. 미국의 선교사들을 통해 들어온 한국교회의 예배 형태는 초기의 노방예배의 형태로 발전해서 오늘날의 부흥회식 예배를 형성했다.[40] 열광적인 분위기에서 신앙적 공감대를 형성하며 사죄의 확신을 불어 넣어주는 부흥회의 양태는 당시의 시대적 암흑기에 젖어

---

38) *Ibid.*

39) *Ibid.*, p. 175.

40) 서광선 외 4인, 『한국교회 성령운동의 현상과 구조』 (서울: 대화출판사, 1981), p. 113.

많은 좌절감을 느껴야 했던 한국인의 심성 속에 큰 감명을 주었다. 이와 같은 뜨거운 심령 체험을 구하는 예배의식은 무당을 통해 입신이나 접신, 황홀경과 같은 비슷한 경험을 하게 되었고 부흥회는 무당의 푸닥거리와 동일시하고, 무당을 부흥사와 동일시하였다. 따라서 일부 부흥사는 무당과 흡사한 모습을 하며 대언자로서가 아니라 능력자로서, 심판자로서 군림하려는 경향을 보이기도 했다. 또 신유 은사 예배를 강조하는 목회자는 '병 굿'을 하는 무당과 비슷하며, 한국교회는 지나치게 목회자의 심방을 좋아하는데 이것은 무당들이 단골손님 집을 정기적으로 찾아다니며 복을 빌어주던 관습이 한국 기독교의 심방의 형태로 형성되었다고 보는 이도 있다.

한국 교회의 예배는 실제로 주일 낮예배만이 예배가 아니라 그리스도인의 삶 전체가 예배라는 것을 간과하고 있는 듯하다. 그리하여 주일 낮예배 참석의 열심에는 한국교회를 따를 교회가 없다고 해도 과언이 아닐 정도로 지금 한국교회는 모이는 일과 예배하는 일에 그 열심이 대단한 것으로 자찬하고 있다. 그러나 우리의 예배는 근본적으로 그리스도인의 삶 자체가 예배적 삶이라는 사실을 잊어서는 안 된다. 주일의 공예배가 하나님께 경배하며 그에게 영광을 돌리는 하나님을 사랑하는 일이라면, 삶으로의 예배는 역시 이웃에 대한 봉사와 사랑의 실천으로 나타나야 할 예배이어야 하며, 하나님의 뜻을 생활 속에서 실현하는 신앙적인 삶이라고 할 수 있을 것이다.[41]

예배의 대상은 하나님이요, 그 하나님의 계시에 대한 인간의 응답이 예배이며, 성령은 설교 말씀과 기록된 말씀을 통하여 우리를 예수

---

41) 정일웅, *op. cit.*, p. 287.

그리스도에게 연결시켜, 그리스도와의 신비적 연합이 성례전임을[42] 안다면 신령과 진정으로 예배를 드리게 될 것이고 형식주의의 예배를 드리지 않을 것이다. 그러므로 예배신학을 정립하고 가르쳐야 한다.

한국 개신교회의 예배는 설교 중심의 예배이기 때문에 설교 이전의 순서는 대수롭지 않게 생각하는 이른바 설교파 교인도 있다. 설교만 들으면 예배가 되는 것으로 착각하는 사람도 있다. 그래서 설교의 비중이 커짐에 따라 강단의 위치는 점점 높아지고 설교자는 그 높은 강단에서 축복과 저주를 자유자재로 구사하는 자리까지 올라가게 되었다.[43] 그러나 우리가 여기서 유의해야 할 것은 설교의 사역이 예배의 전부가 아니라는 점이다.

하나님께 봉헌하는 목적은 하나님께 감사하는 것이다. 따라서 무교에서의 굿을 하며 돈을 바치는 것과는 그 목적이 전혀 다르다. 굿을 할 때 돈을 바치는 것은 그 돈으로 인해 제악초복하려는 목적을 가지고 있다. 그럼에도 불구하고 한국 교회에서는 작정헌금, 감사헌금, 일천번제 헌금 등 많은 헌금들이 드려지고 있으며 그 드리는 성도들의 마음에는 이 헌금을 통해 하나님이 복을 주신다는 생각이 들어 있다. 그러나 기독교의 예배 안에서 드려지는 봉헌은 철저히 감사의 의미로 드려져야 한다.

공동체적인 예배는 신자들의 흥미를 되살리고, 기독교적 지성을 발전시키고 영적 분별력을 깊게 한다. 예배는 교회 안에서 이루어지는 행위이기는 하나 그 이상의 행위이며, 개인들이 예배자이기는 하나 그 이상의 공동체적인 참여가 예배의 핵심인 것이다.[44] 예배는 하나

---

42) 이형기, "종교개혁", 『신학사상』 (1984. 9), 419.
43) 정용섭, 『교회 갱신의 신학』 (서울: 대한기독교서회, 1980), pp. 226-227.

님께 대한 자기표현이다. 따라서 주일날 특정한 시간에 개개인이 교회에 모여서 공동적인 목표를 향해서 함께 학습하고 함께 생각한다는 것은 하나님께 대한 공동체적인 자기표현이다. 이런 예배의식을 통해서 하나님께 대한 공동생활을 표현한다는 데에 주일예배의 특별한 이유가 있다.[45)]

IV. '복'과 한국 기독교인의 삶

하나님이 주시는 복은 예배 안에서 일어난 일과 예배 밖에서 일어나는 일과 연결되는 다리이다. 예배 중에서 일어난 것이 이제 서로서로 헤어져 각자 자신의 일상생활로 돌아가는 이들에게 전달되는 것이다. 예배가 어떻게 성립이 되고 또 어떻게 해석이 되는지 간에, 모든 형태의 예배는 예배 중에서 일어나는 것과 예배 밖에서 일어나는 것과의 관련성을 결정짓는 것이기 때문에 바로 이 관련성을 중심으로 하여 예배 때 마치는 축복의 기능이 있게 된 것이다.[46)]

1. 복의 필연성

복은 필연성에 의해 더 개인의 순종과 경건심에 관련이 맺어지게 된 것이고, 신명기에서처럼 백성의 순종과 관련되어졌다. 그러나 점

44) 은준관, "예배의 본질과 형식에 대한 현대적 반성", 『基督教思想』 (1972. 7): 52.
45) 한완상, 『한국교회 이대로 좋은가』 (서울: 대한기독교출판사, 1992), p. 144.
46) C. Westermann, *op. cit.*, p. 169.

차적인 경험에 의한 결과 복이 순종에 의존한다는 신학적인 신조가 더 이상 유효하지 않다는 사실을 발견하게 되었다. 여러 가지 경우를 통해 보더라도 경건한 자가 복을 받는 것이 아니라, 오히려 경건한 자가 고통을 당하는 대신에 불손하며 악한 자가 복을 받게 되는 것이다. '복' 개념의 이 같은 위기는 시편의 여러 시, 특히 73편에 잘 나타나 있다. 욥기서는 이 같은 위기에 직면해서 나오게 된 것이고, 또 그런 입장에서 이해해야 한다. 복을 역사적 입장에서 보면 욥은 전통적 복의 신학, 즉 하나님의 복은 순종과 관련되었다는 신념이 현실에 부합하지 않는다는 것을 밝혀주는 것이다. 하나님이 주시는 복은 우리 마음대로 구사하는 것이 아니며, 하나님은 복을 받지 않는 사람들 편에 설 수도 있는 것이다. 축복에 대한 전통적인 신학적 입장에서 이같이 이탈함으로써 욥기는 구약성경의 한계를 넘어선 것이다.[47]

복은 영혼의 능력으로서, 한 집단과 그 집단의 구성인원들 속에 살고 있는 능력이며, 평범하고 의로운 사람은 복을 받은 사람이고, 그의 복으로부터 그에게 속한 모든 사람에게 물처럼 복이 흘러 나간다. 그러나 이러한 모든 복은 '야훼의 이름'을 통해서만 가능하다[48]고 모빙켈(Mobingkel)은 말했다.

구약성경에 있어서는 축복이 가족에게 시작되었고 공동체로서의 가족생활 형태와 관련이 되었었던 것이다. 교회의 의식인 세례식, 견신례, 결혼, 장례식 등이 근본적으로는 가족 단위이기 때문에, 교회가 이런 예식을 통해 베푸는 축복이 결국은 가족 내의 생활에 주어지는 것이다. 우리는 이제 다원화한 사회로 가고 있다. 따라서 축복과 가족

47) *Ibid.*, pp. 98-99.
48) ***Ibid.***, p. 43.

과의 관계가 매우 중대한 의미를 지니고 있다. 교회가 현 시대가 제공하는 임무와 가능성을 직면하는 이 자리에서, 교회는 축복의 중요성 특히 인생의 단계를 취급하는 그 같은 의식에 관한 축복의 적극적인 중요성을 새삼 명심할 필요가 있다. 이 교회의 중심에 곧 그리스도의 십자가와 부활의 메시지가 있는 것이다. 그리고 그런 다음에야 그리스도의 이름으로 베풀어진 축복이 참으로 가족의 생활과 활동 속에 도착하게 될 것이다.[49)]

우리의 믿음이 크게 결핍됨을 느끼는 것은 하나님을 더욱더 필요로 하기 때문이다. 우리는 하나님께로부터 구원을 선물받는다. 우리는 구원의 주된 복이 우리로 하여금 하나님과의 친밀한 교제를 가질 수 있도록 해주고, 그 교제를 회복시켜 주는 것임을 알지 못한다. 우리는 본래 하나님과의 사귐을 위해 지음 받았다. 하나님께서 언약을 세우실 때 자신의 백성을 위해 행하셨던 일은, 그 백성을 하나님 자신에게로 인도하고 하나님을 신뢰하도록 가르치며 하나님으로 인해 즐거워하고 하나님과 하나가 되도록 가르치는 일이 그 전부였다. 만일 하나님께서 선함과 영광과 아름다움과 복의 근원이시라면, 우리가 하나님의 임재를 경험하고 하나님의 뜻을 따르며 하나님을 섬기는 일에 참여하고 하나님께서 우리를 다스리며 우리 가운데서 일하시도록 하면 할수록 우리는 행복해 질 것이다.[50)]

---

49) *Ibid.*, p. 188.

50) Andrew Murray, *Covenants and Blessing,* 송광택 역, 『언약과 축복』(서울: 생명의 말씀사, 1991), p. 14.

2. 복의 현장성

우리가 부르심을 받은 것은 제각기 따로 떨어져서 그리스도적 생활을 하기 위한 것이 아니라 하나님의 가족에 속한 모든 사람들로 더불어 서로 협력하여 그리스도인다운 생활을 하기 위한 것이다.[51] 참된 경건은 하나님을 받아들여 하나님과의 하나 됨이라면 그 후에는 우주와 이웃과의 하나님의 과정을 통하여 원래의 인간의 참 모습을 회복하여 나가는 것이 인간회복이고, 거룩함의 목표가 된다고 볼 때 기독교 윤리란 율법의 매임에서가 아니요 율법의 완성자이신 예수 그리스도와의 사랑의 관계성 속에서 찾아져야 할 것이다.

한국 기독교인들의 예배와 생활 태도에 대한 의식은 주일날 교회에 나오고 예배하는 것에 머물러 있으면서, 기독교를 하나의 철학으로 받아들이는 경향이 많고 생활 자체를 수용하는 사람은 많지 않다. 그래서 관념적으로 기독교를 가지고만 있지, 생활화하고 있지는 않는다.[52] 이호형은 예배와 일상생활을 본질적으로 다른 것처럼 구별하는 가장 중요한 원인은 그리스도의 사역에 근거한 그리스도론적 예배관이 결여되었기 때문이라고 말한다. 예수 그리스도에게는 예배와 삶이 분리되지 않았으니 그의 삶이 예배였고, 예배는 그의 삶의 행위로 표현되었다. 그리스도에게서 삶을 떠난 예배가 따로 없고 예배가 아닌 삶이 없었다. 교회가 목표하는 것은 바로 이렇게 그리스도 예수에게서 온전히 가능하게 된 예배와 삶이 일치된, 예배하는 삶을 사는 것이

---

51) S. Cave, *The Christian Way*, 현영학 역 『신약성서와 윤리문제』(서울: 대한기독교서회, 1960), p. 270.

52) 박은규, "한국 그리스도인의 의식구조", 『神學思想』 (1983. 여름): 271.

다. 그럼에도 많은 그리스도인은 예배를 생각할 때 의례로서의 예배만 생각하면서 삶을 통해 진정으로 하나님을 예배한다는 점은 소홀히 하기 때문에 그들에게서 예배와 삶은 별개의 것으로 작용하는 경우가 많다. 그러나 그리스도인의 삶은 '예배하는 삶'[53]이다.

3. 복의 윤리성

피터 와그너(Peter Wagner)는 기복주의를 피할 수 있는 열쇠는 바로 성경의 거룩함에 대한 올바른 이해와 적용이라고 말한다. 그리고 그리스도인의 거룩함의 두 가지 주요 측면으로 관계(relationships)와 순종(obedience)이다.[54]

교회는 무교에서 추구하는 신앙과는 다른, 하나님에 대해 전하고 가르쳐야 한다. 바로 창조주와 지배자로서의 하나님을 전해야 한다. 칼빈(Calvin)은 그의 저서 『기독교강요』의 제일 첫 부분을 '하나님을 아는 지식'으로 시작하고 있다. 하나님을 안다는 것은 하나님의 존재를 생각하는 것뿐만이 아니라, 하나님을 아는 것이 곧 그의 영광에 얼마나 유익하며, 우리에게 얼마나 도움이 되는가를 이해하는 일이다. 하나님을 안다는 것은 우선 창조주로서, 그리고 그리스도의 얼굴을 통해 구속주로서 아는 것이다. 하나님께서는 자신이 창조하신 우주를 무한하신 권능으로 유지하시며 지혜로 다스리시고, 선으로 보존하시며, 인류를 의와 심판으로 지배하시며, 자비로 참으시고, 보호하심으

53) 이호형, "한국교회의 예배: 문제점과 개혁을 위한 방향", 『基督教思想』(1997. 10), 47.
54) P. Wagner, "기복주의의 함정을 피하는 법", 『목회와 신학』, 제32호(1992, 2), 193.

로 지켜 주실 뿐 아니라, 지혜, 빛, 의, 권능, 공의, 참된 진리 등 그 어느 것도 하나님으로부터 나오지 않은 것이 없다. 따라서 모든 사람은 이 모든 것을 그에게서 기대하며, 그에게서 찾으며, 또한 이미 받은 것들을 감사한 마음으로 그에게 돌리기를 배워야한다.

사람들은 막연하게 무당의 역할과 동일하게 예수 그리스도의 중보자 역할을 이해하기 쉽다. 그러나 교회는 하나님과 인간 사이의 중보자 되신 예수 그리스도에 대해 바르게 전하고 가르쳐야 한다. 온 세상 만물을 창조하시고 우주를 다스리시는 창조주로서, 죄로부터 구원하여 주시는 구세주로서, 자신의 몸을 속죄 제물로 단번에 드리신 속죄 제물로서, 하나님과 죄인 사이의 막힌 담을 허시고 화목케 하시는 평화의 왕으로서, 마귀의 권세를 물리치고 질병의 궁극적 치료자가 되시는 치유자이며 동시에 사랑과 은혜의 법률 제정자로서, 지금도 하나님 보좌 우편에서 우리를 위하여 쉬지 않고 중보의 기도를 드리는 중보자로서의 예수 그리스도를 전해야 한다.

복음서는 예수가 어린아이들을 축복했다고 기록하고 있다(막 10:13-16). 그는 또 식사 때에 복을 빌고(막 6: 41, 8:6-7), 그가 승천하기 전 제자들에게 복을 빌었다(눅 24:50-51). 그는 제자들에게 그들을 저주하는 자들에게 축복하라고 권고한다(눅 6:28).[55] 이 모든 구절들을 통해 볼 때 복에 대한 특별한 강조점보다는 오히려 제자들의 선교 사명을 강조한 점을 볼 수 있다. 이러한 사실은 복을 비는 것이 주님의 제자들이 선포해야할 메시지의 일부임을 보여준다.

하우어와스(S. Hauerwas)의 '인격적 자아'에서 이야기의 출발이 공

---

55) C. Westermann, *op. cit.,* p. 48.

동체라는 점은 의미가 있다. 즉 이야기의 중심이 공동체라고 하면 그 공동체는 이야기를 역사 속에서 구축한다. 따라서 공동체의 역사와 관련하여 자신의 이야기를 형성하는 자아는 바로 역사적 자아(historical self)가 된다.[56] 이 역사적 자아는 하나님의 실재(reality of God)에 대한 개인적 경험을 교회 공동체의 역사적 경험 밖에서 경험하지만 개인과 교회의 상호작용 속에 교회는 개인의 경험을 해석하고 평가하고 도출하는데 콘텍스트를 제공한다.

'샬롬' 은 구원받은 사람의 상태이다. 그것은 하나님과의 화해를 이룬 상태이며 이웃과의 막힌 담을 헐어버린 화목의 결과이다. 또 그리스도 안에서 자유를 얻은 상태이며 새로운 희망을 바라보는 기쁨으로 승리의 개선가를 부르는 상태이다. 이렇게 개인적 구원을 맛본 상태에서 그리스도인의 '샬롬' 은 성례전적 공동체의 삶에 연결되어야 할 것이다.

산상수훈에서 예수님은 여덟 가지의 복을 가르쳤는데 이것은 모두 현세적인 복이 아니라 믿음으로 받는 영적인 복이며, 또 야고보(약 1:12)와 베드로(벧전 3:14)는 시험과 고난을 이기는 것이 복이라고 말한다. 그리고 말씀을 듣고 지키는 자가 복이 있고(눅 11:28), 받는 것보다 주는 것이 복이라고 말한다. 기독교의 복은 이타적이며, 공동체적이며, 화합의 복이다. 따라서 기독교의 진정한 복을 통해 너와 내가 복을 받고, 너와 하나가 되며 그로 인해 삶으로 드리는 예배가 하나님께 영광을 돌려야 할 것이다.

교회는 바로 그리스도의 몸이다. 그리스도의 몸이 된다는 것은 곧

---

56) S. Hauerwas, *Vision and Virtue: Essay on Christian Ethical Reflection* (Notre Dame, IN: Fides/Clartian, Publishers, 1974), p. 74.

이 종말론적 집단 공동체의 한 사람이 된다는 것이다. 이 공동체의 윤리는 한 몸으로서 사귐 곧, 신비스런 사귐을 말하는 동시에 사랑이라는 윤리를 포함한다. 그것은 한 몸 안에 있는 지체의 관계와 같은 친교를 통해서이다. 그리하여 여러 지체가 되는 성도들의 도움과 형제애와 세계주의적 인도주의가 신비스런 한 몸의 교제의 원리로 이루어지는 신비운동을 향함으로써 열광적이고 소란스러운 그릇된 신비운동을 극복할 수 있을 것이다. 예수 그리스도와 한 몸이 된다는 것은 물리적이고 현실적이며 추상적인 그러한 경험이 아니다. 신비적 합일의 범신론적 경험이 아니라 복음적 신비요, 구체적 경험이다.[57]

그리스도께서 초대하는 잔치에 참여하는 기쁨과 자기의 몸을 떼어 나누어주는 나눔의 삶에 동참하는 성례전적 신비야말로 우리 교회의 나아가여 할 지향점이다. 하나님의 나라가 도래하기를 희망하며 그 희망의 선포를 책임져야 하는 교회는 하나님의 정의와 평화를 실현하도록 훈련되어야 한다. 하나님의 의는 사회적 윤리적 책임을 동반하여야 하며 크리스천은 조용한 혁명을 위한 누룩의 사명을 감당해야 할 것이다.

현대인들은 높은 종교성을 개인적으로 유지하면서도 다른 한편으로 제도 종교의 규범성을 거부하고 있다. '종교 없는 종교성'을 지닌 사람들이 현대인들이라고 종교학자들은 말한다. 이 종교에서 저 종교로 떠돌아다니는 가히 '종교철새' 라 할 수 있는 종교인구의 유동성이 확대되어 한 가정 안에서도 다양한 종교를 갖게 되었다.[58] 탈 중심주의를 표방하는 포스트모던한 시대의 조류 속에서 이러한 경향은 앞으

57) 이상호, "바울의 윤리", 『신학논단』 제8집(1964): 98-100.

58) 박일성, *op. cit.*, p. 128.

로도 더욱 거세질 것이다.

웰즈(Andrew F. Walls)의 통찰을 빌리면 복음과 한국인의 만남에는 '토착화 원리' (indigenizing principle)와 '순례자의 원리' (pilgrims principle)가 동시에 작용한다고 한다.[59] '토착화의 원리'에 따르면 하나님께서 이방인들을 기독교인으로 부르실 때, 그들을 현재 있는 그대로 부르신다는 것이다. 즉 이방의 문화, 역사, 삶의 방식, 집단적 기억 등을 갖고 있는 상태에서 복음으로 부르시는 것이지, 그들의 머리를 텅 비우게 하고 마치 백지 상태로 만들어 놓은 다음 그 위에 복음으로 색칠을 다시 시작하는 것이 아니라는 말이다. 설령 백지 상태로 만들려고 해도 가능하지 않다. 한국인인 이상 우리는 한국의 문화와 더불어 태어나고 한국의 문화 속에서 살게 된다. 그러므로 한국인이 한국인의 문화를 벗어나는 일이란 존재할 수 없고 또 존재하지도 않는다.

또한 '순례자의 원리'에 따르면, 새롭게 기독교인이 된 사람들이 이전에 가지고 있던 문화적 요소들 가운데는 복음의 빛에 의해 변화되고 부정되어지는 요소들이 있다는 것이다. 다시 말해 하나님께서는 이방인들을 있는 모습 그대로 받아주시지만, 그들은 복음에 의해 변화되어야 한다는 말이다. 문화적 요소들이 복음과 상호습합 되어지는 과정에서 일부는 복음에 의해서 긍정되고(affirmed), 일부는 수정되고(modified), 또 일부는 부정(rejected) 내지는 탈락(deleted)되어지는 현상이 발생하게 된다. 따라서 기독교 이전에 존재하던 의식의 세계 혹은 상징의 세계를 갖고 있는 한국인이 기독교의 복음을 접하게 될 때 복음에 대한 이해가 용이해지는 경우도 있지만, 반대로 복음에 대한

59) 이문장, "한국인의 기복적 성향을 어떻게 볼 것인가?", 『목회와 신학』 통권 126호(1999. 12): 53.

정당한 이해가 방해를 받는 경우도 발생한다.

이런 관점에서 볼 때 한국인이 가지고 있는 문화적 요소들이 복음의 어떤 측면들에 대한 이해를 용이하도록 만들어 주는 경우, 복음의 새로운 차원이 밝혀지고 드러나게 된다. 그러나 한국인의 문화적 요소들이 복음에 대한 이해를 방해하는 경우, 복음의 어떤 부분에 대해서 아무리 강조해도 이해를 못하게 되는 현상이 발생하게 된다.

니버(H. Richard Niebuhr)는 그의 저서 『기독교와 문화(*Christ and Culture*)』에서 교회가 사회에 적응해 온 다섯 가지 유형을 제시하고 있다. 즉 니버는 그리스도와 문화의 관계를 서로 대립되는 것으로 보는 대립형(contrast type), 서로 분리할 수 없는 긴장 관계로 파악하는 역설형(paradox type), 복음의 문화 초월성과 동시에 복음의 문화 변혁성을 강조하는 변혁성(reform type)으로 유형화하여 나타내고 있다.[60] 이러한 분류는 트뢸치(Ernst Troeltch)의 그리스도인의 윤리적 행동 유형의 분류를 세분화하여 전개한 것인데 트뢸취는 그리스도인의 윤리적 행동을 소종파(sect), 교회(church), 신비주의(mysticism)의 유형으로 분류하였다.[61] 한국적인 기독교 문화 형성이 성공하려면 문화의 타협이나 혼합이 아닌, 니버의 주장처럼 변혁주의(transformationism)의 입장에 서야 할 것이다. 물론 기독교적인 문화 변혁을 이루기 위해서는 복음에 대한 바른 해석과 문화에 대한 올바른 이해가 선행되어야 한다.[62]

---

60) H. R. Niebuhr, *Christ and Culture* (New York: Harper and Row, Publichers, 1951), p. 10.

61) Ernst Troeltch, *The Social Teaching of the Christian Churches* (New York: Harper Torchbooks The Cloister Library, 1960), p. 411.

62) 김남식, 개혁주의 신학과 문화(서울: 도서출판 베다니, 2022) 참조.

기독교인들이 지금 이 땅 위에서 살아야 하는 현실은 복된 상황과 그렇지 않은 상황이 공존하는 현실이다. 이러한 현실을 살아야 하는 기독교인들의 현실 해석은 '복'과 '화'라는 도식으로 일차원적으로 간단히 분리되지 않는다. 이 땅에서 복된 삶을 누릴 수 있는 것은 분명 하나님의 은혜임을 인정해야 한다. 그러나 고생과 수고가 하나님의 저주라고 여기는 일도 분명히 피해야 한다. 사도 바울은 고난의 긍정적 가치를 여러 곳에서 강조하고 있다(롬 5:3-4). 누가복음에 따르면 예수님은 복의 개념을 뒤집어 놓으셨다. "가난한 자는 복이 있나니 하나님의 나라가 너희 것임이요, 주린 자는 복이 있나니 너희가 배부를 것임이요, 우는 자는 복이 있나니 너희가 웃을 것임이요(눅 6:20)". 기복주의적 삶에서 보면 결코 가난한 자나, 주린 자, 우는 자는 결코 복을 받은 것이 아니다. 그러나 예수님은 이러한 사람들이 복이 있다고 선언하신다. 하나님께서는 모든 상황을 이용하셔서 하나님의 뜻과 경륜이 펼쳐지도록 역사하신다. 하나님의 백성으로 이 땅의 현실을 살고 있는 기독교인들은 상대적인 기준에 의해 현실을 파악하지 말고 하나님의 뜻을 기준으로 현실을 보라는 것이다.

기복신앙은 현실적이며 개인 중심적이기 때문에 복음이 제한적으로 이해된다는 사실이다. 현실적이라 함은 하나님 앞에서 최후 심판 받을 것에 대한 의식이 희박한 것이고, 개인 중심적이라 함은 공동체적 책임의식 혹은 사회정의에 대한 관심이 적다는 것을 의미한다. 기복신앙은 일단 이 땅에서 잘 먹고 잘 살 수 있는 결과를 가져다주는 것은 무엇이든지 가치 있는 것으로 여기기 때문에 하나님의 나라와 하나님의 의에 대한 관심은 적어질 수밖에 없다. 그러나 성경은 하나님의 백성이 하나님의 통치를 받으며 살아야 할 것과 공동체 안에서 사회정의를 이루는 것이 하늘의 이치임을 분명히 강조하고 있다. 다시 말해서 기독교인들은 현실적이면서 동시에 영적이며, 개인적이면서 동시에 공동체적이어야 한다는 것이다.

결론

창세기의 복과 우리의 복 비교

Blessing of God and Our Blessing Life

창세기의 복과 우리의 복 비교

창세기에 나타난 복을 한국교회에 바르게 이해시키고 적용하기 위해 우선적으로 우리나라 사람들의 복에 대한 이해를 정리해 볼 필요가 있다. 우리나라 사람들에게 있어서 복이 무엇이냐 할 때, 정신적으로나 육체적으로 건강한 것, 평안한 것이 복의 핵심적 내용으로 파악된다. 이런 관점에서 우리나라 사람들의 뇌리에 젖어 온 복은 심리적 육체적 건강을 누리는 것이라고 말할 수 있다.

복이 무엇이냐 할 때 우리나라와 동양에서는 흔히 수(壽), 부(富), 귀(貴), 다남(多男), 강녕(康寧) 등의 오복을 말한다. 오래 사는 것, 부자가 되는 것, 신분이 높은 사람이 되는 것, 아들이 많은 것, 평안과 안녕을 누리는 상태를 지칭하고 있다. 중국 고전 중의 하나인 서전(書傳)의 마지막 부분에서 오복은 장수를 의미하는 수(壽)와 재물을 많이 누리는 부(富)와 환란이 없이 건강하고 편안하게 사는 강녕(康寧), 심성이 후덕한 유호덕(攸好德), 횡사하지 않고 자연 수명으로 임종을 성취하는 고종명(考終命)이라 말한다.[1] 실상 성경에서도 예외는 아니다.

---

1) 정진경, "한국교인의 복 개념", 『기독교사상』(1977), 39.

위에서 말한 오복이 인간이 살아가는데 대다수의 사람들이 바라는 기본적인 욕구이기 때문이다. 성경에서도 기본족인 복에 대해 창세기뿐 아니라 레위기와 신명기 등 여러 곳에서 보여주고 있다.[2)]

하지만 우리나라 사람들의 복 이해는 샤머니즘 요소인 기복신앙에 근거하고 있다고 할 수 있다. 한국교회가 샤머니즘적 요소인 기복신앙에 깊이 젖어 있다는 것을 결코 부인하지 못할 것이다. 그래서 한국교회의 신앙이 샤머니즘적 요소와 결부될 수밖에 없었던 요인은 무엇인지를 알아야 한다. 이러한 과제를 위해서 한국인들의 심성에 깊이 뿌리박혀 있는 샤머니즘적 기복사상이 무엇인지를 이해해야 하며, 이런 샤머니즘적 기복신앙에 대한 연구를 위해서 먼저 우리나라의 무교(巫敎)를 이해할 필요가 있다.

I. 우리나라의 전통적 기복신앙 이해

성경적 복을 바로 이해하기 위해서는 여러 가지 오해를 가져다 줄 수 있는 우리나라의 전통적 기복신앙을 바로 이해하여야 한다.

1. 무교적 신앙 이해

유동식은 한국 무교의 특징에 대하여 다음 세 가지를 들어 설명하

2) 레 26:3-13; 신 28:1-14.

고 있다.[3)]

> 첫째, 한국 무교는 고대의 신화와 제례로부터 현대의 무속에 이르기까지 일관하여 한국문화사 속에 흘러온 역사적 종교현상으로 거기에는 불교적인 요소와 도교, 유교적인 요소까지 혼합되어 있다. 둘째, 무교의 외형적 특징은 가무로써 신을 섬긴다는데 있다. 고대에는 이 천제를 드릴 때 음주가무를 하였고 오늘날의 무제(巫祭)인 굿 역시 음주가무로서 진행된다. 가무는 교령(交靈)의 한 기술이며 교령의 목적은 신령의 영력을 빌어 재액을 물리치고 축복을 초래하자는데 있다. 무교란 제재초복(除災招福)하려는 주술적 종교현상이라 할 수 있다. 셋째, 무교의 종교적 구조는 부정(否定)을 매개로 새로운 세계와 인생을 창조하는데 가무에 의한 죽음의 체험과 신화적 재생은 무교의 구조적인 것이다.

무교가 우리나라 사람의 마음속에 강하게 작용하고 있었고 모든 삶에 있어서 중요한 위치를 차지하고 있었음은 부인할 수 없다. 정신적으로 불안해 있을 때 이를 해소시켰던 것이 무교였고 한(恨) 맺힌 우리 민족에게 이 한(恨)을 없앨 수 있었던 유일한 방법으로 이를 이용했고 특히 일반 민중에게 있어서는 더욱 중요하게 자리 잡았던 것이다.

무교는 한국인의 역사 속에 면면히 이어 내려온 기본 종교 심성인 것이다. 한국 민중들은 이런 신앙 습성을 통해 저 세상과 관계를 맺어 왔고 스스로의 병을 고치고, 화를 면했으며, 현세에서의 복을 빌고 맺힌 한을 풀어 왔던 것이다. 무교적 신앙으로 함께 울고 눈물을 흘리고

---

3) 유동식, 『한국 무교의 역사와 구조』(서울: 연세대학교출판부, 1975), p. 35.

회한에 잠기기도 했고, 강렬한 음악에 맞추어 격렬한 춤을 추므로 한을 풀었다. 조상귀신과 산천의 귀신들이 민중이 당하는 화를 면해 준다고 믿었고, 현세의 부귀와 복락을 약속한다고 믿으며 살아왔던 것이다.[4)]

무교는 인간의 현실 문제를 해결하기 위한 방편으로 궁극적으로 재앙을 피하고 복을 받으려는 종교로, 인간의 욕구와 깊은 관계를 맺고 있으면서 인간의 욕구를 채우려는 종교이다. 욕구 중에서도 물질생활인 생계유지나 병의 완치, 풍부한 재산을 가지려고 하는 것들과 관계가 깊다. 가치관 면에서 다분히 현세 중심적이다. 또한 가족 전체가 잘되고 안정됨으로 인하여 만족을 찾고 평안함 속에서 살려는 목적에서 다른 가족은 관심이 대상에서 제외되어 버리므로 이기주의적 요소를 내포한 가족 중심적으로 그 가치를 가지고 있다. 무교는 인류의 심오한 이상과는 별 관계가 없고 뚜렷한 영적인 이상이나 교리가 존재하지 않으며 인간의 현실 생활과 직접적인 관계를 맺는다. 도덕적 기준이나 윤리적 규범이 거의 없기에 도덕적 행동규범이 나올 수도 없으며, 자기 문제를 자기 것으로 긍정하고 그것을 자기의 책임으로 해결하려는 태도도 없다. 무교에는 역사의식이 없이 천편일률적으로 순환하는 기계적 반복만 있어 역사 문제 해결을 기대하기는 어렵다.

우리 민족 대다수가 이런 무교적 신앙적 토양 위에 오랜 세월을 살아왔으며 지금도 살고 있고, 자기결단이나 회개를 통한 보다 벌전적인 방향으로 나아가려는 영적인 노력이 없으며 서로 나눔으로써 더욱 커지는 성경적 신앙과도 전혀 다른 구조를 가지고 있다. 이런 무교의 영

---

4) 김영일, "한국인의 무속적 축복사상: 성경의 축복사상과 비교하여" (미간행 석사학위논문, 장로회신학대학교, 1990), 49.

향이 오히려 기독교인의 신앙 속에 자연스레 스며들어와 기독교인의 윤리의식과 역사의식 결여의 문제점들을 야기시켰다고 말할 수 있다.

2. 우리나라의 샤머니즘적 기복신앙

한국 샤머니즘의 축복관은 한 마디로 기복사상이라고 볼 수 있다. 새해에 사람들은 서로 "새해 복 많이 받으세요"라고 인사한다. 이것은 복 받기를 비는 것이다. 많은 생필품에 "복(福)"자가 새겨져 있다. "세시 풍속의 하나인 복조리가 있다. 섣달 그믐날 저문 뒤에 복조리 파는 소리가 여기저기서 들리는데 … 집집마다 사들여 붉은 실로 매어서 벽에 걸어둔다. 복조리나 갈퀴를 사서 문 위나 벽에 걸어두는 것은 그 해의 복을 긁어모아 건진다는 뜻이라고 한다."[5] "복이란 바로 사람들의 삶의 내용이요 목표와 의미이다."[6]

(1) 물질적이고 세속적인 복

샤머니즘에서 말하는 복이란 무엇인가? 일반적으로 샤머니즘에서 말하는 복이란 "수명을 단축하는 질병과 가난의 극치인 기근과 불만과 파고를 몰고 오는 난리 곧 삼재(화재, 수재, 풍재)를 피하고 그와는 반대로 연명장수(延命長壽), 부귀영화, 평강안녕의 3복을 누리는 것"[7]

5) 이시현, 장수근, 이광규, 『한국 민속학 개설』(서울: 보성문화사, 1982), p. 211.
6) 유동식, "토속신앙에 나타난 복의 이해", 『기독교사상』(1977. 1), 34.
7) *Ibid.*, 35.

을 의미한다. 이러한 복에 대한 이해는 무당굿에 잘 나타나 있다. 이 굿에는 축복과 행운을 비는 재수 굿, 안택 굿, 천신 굿 등이 있으며 이런 기복제(祈福祭)들은 봄, 가을에 제 신령에게 식재초복(息災超福)을 축원하는 것이다. 이들이 추구하는 복은 한 마디로 현세적 물질적 축복으로서 수복(壽福)과 재복(財福)과 평강이라 하겠다.[8)]

샤머니즘에는 인생의 모든 질병과 재앙을 가져 온다는 악령귀신을 제거하기 위한 기도가 있다. 신라시대부터 있었던 치병기도는 무당이 병을 고치기 위한 것이며, 고래로 무당이 의료기관 노릇을 해왔다. 이들은 질병을 악신의 범접이나 신령들의 노여움 때문이라고 믿었다. 그래서 굿을 하여 악신을 쫓아내고 질병에서 건짐을 받아 무병장수하려 하였다. 어째든 이러한 "기복 굿의 핵심은 신병과 재액을 물리치고 부자 되어 장수하며 평안히 살도록 하자는 데 있다."[9)]고 할 수 있다.

또 하나 기복신앙을 위하여 살펴 볼 것이 있는데 풍수신앙으로 인한 묘지에 관한 문제이다. 조선 초기부터 풍수신앙이 널리 퍼지고 묘지를 잘 씀으로 인하여 구복(求福)이 가능하다고 믿게 되었고 좋은 자리를 차지하려고 묘를 파내고 남에게 매매하는 일도 있고 시체를 버리거나 훼손하거나, 남의 묘지를 평지화 하여 전토를 만들거나 분실내의 수목을 도벌하거나, 방화하거나 하는 등의 범죄가 나오기도 했다. 이러한 이유는 생기왕성한 장소를 찾아서 부모를 묻으면 자손의 번식, 명예, 부, 지위의 획득을 위한 원천적 근원이 된다고 믿기 때문이었다.

---

8) 유동식, 『한국무교의 역사와 구조』, *op. cit.*, p. 296.
9) *Ibid.*, p. 303.

(2) 신령한 복

우리나라의 기복사상에서는 축구하는 점이 현세적인 면이 강하다 보니까 현실에서 건강하게 부요하게 지위를 누리면서 오래 평안히 사는 것이 복의 전부이다고 볼 수 있을 정도이다. 기복신앙에서는 천지신명이 인간의 운명과 생활을 좌우한다고 믿었지만 여전히 개인의 구복이 중심이었기에 사람의 궁극적이고 신령한 복은 거의 말하지 않는 것은 우리 조상들의 삶이 그 만큼 힘들었기에 이 땅에서의 복락을 최고로 여겼다고 볼 수 있다.

그렇기에 내세의 심판사상이나 종교적 궁극적 구원 관념이 희박하기에 내세를 지향하여 현재를 참고 견디며 구원을 바라는 것과 내세를 위한 윤리적 결단이 매우 희박하다.[10)]

지금까지 살펴 본 것을 종합하여 볼 때 전통적인 우리나라 민간 신앙은 기복신앙이었다고 말할 수 있다. 복 자체가 현세적인 복을 의미하는 자신의 안녕과 장수, 물질적 복이었으며 자손의 번영과 부를 얻는 것이었다. 그러므로 샤머니즘적 기복신앙은 현실주의적이요 물질적이라 할 수 밖에 없다. 물질적인 복과 자손의 번영, 안녕과 장수를 추구한다는 것 자체가 현실을 강조하고 미래를 무시하는 경향으로 흐를 수박에 없었다.

---

10) 조영석, "한국 무속신앙의 복과 성경의 복 비교 연구" (미간행 석사학위논문, 아세아연합신학대학교, 1997), 31.

3. 한국교회에 끼친 샤머니즘의 영향

유동식은 샤머니즘이 한국 기독교 형성에 중요한 영향을 미쳤다고 보고 이것을 네 가지로 밝히고 있다. 첫째는 기독교의 하나님과 그 세계를 쉽게 받아들이게 하였다는 것이고, 둘째는 모든 외래종교의 수용태도와 마찬가지로 기독교 역시 현실주의적인 제화초복의 종교로 받아들이게 했다는 점이다. 셋째로는 믿기만 하면 복을 받을 수 있다는 의타신앙이며, 넷째는 새로운 존재에 이르지 못하고 신앙이 정체되어 전통주의와 보수주의로 기울었다는 것이다.[11)]

샤머니즘이 기독교에 끼친 내용은 교회의 물질적 추구 경향, 샤먼적 치유문제였음을 알 수 있다. 샤머니즘의 기복사상은 철저히 현세적이고 물질적이었다. 이러한 현실지향적인 무교의 영향으로 기독교도 현세적이고 물질적인 방향으로 흘러가고 있다. 그래서 한국교회 교인의 신앙은 현세적인 재앙을 멸하고 목사가 현재적 복만을 빌어주기를 바라고 있는 경향이 있다.

한국교회의 눈부신 성장에도 불구하고 부정적인 결과중의 하나는 교회 내의 기복신앙의 만연이라는 것이다. 최근 많은 목회자들이 한국교회에서의 성공 기준을 큰 교회당 건축, 많은 교인수, 고액의 헌금 등으로 규정하고 있는 듯하다. 한국교회의 이러한 부정적인 성공 개념의 현실을 박근원은 다음과 같이 설명한다.

> 목회의 성공, 교회의 성공을 물량적으로 측정하는 것이 일반화되고 있다. 교인의 수, 건물의 크기, 예산의 규모, 교회의 버스의

11) 유동식, 『한국종교와 기독교』(서울: 대한기독교서회, 1979), pp. 37-38.

> 유무 … 이런 것이 오늘날 대부분 교회의 지대한 관심사가 되고 있다. 이런 세속적 성공을 거두기 위해서는 어떤 수단을 강구해도 정당화되는 것이 한국교회의 현실이다.[12)]

그래서 목회자들은 교회를 부흥시키기 위하여 예수 믿으면 복을 받을 수 있으며 세상에서 잘 될 수 있다며, 기복적인 축복관을 전하기 시작했다. 사람들은 복을 받기 위하여, 병 고침을 받고 잘 살기 위하여 교회로 몰려오기 시작했고, 목회자들은 교회성장을 위해 기복신앙을 교인들에게 가르치기 시작했다. "민간신앙인 샤머니즘의 영향으로 그렇지 않아도 기복적 종교심이 강한 한국인들에게 예수 믿으면 복 받는다는 물질 축복 강조의 설교는 교회를 양적으로 크게 부흥시킬 수 있었던 것이다. 결국 교회성장을 위하여 한국교회는 기복신앙을 부추기는 형태의 메시지와 성령운동을 도입했거나 성도들의 기복적 경향을 방관함으로써 교회의 양적 성장을 유지하려 하였다는 것이 오늘 한국교회의 문제점이라 할 수 있다. 그러므로 한국교인들에게 팽배해 있는 기복신앙은 교회의 급성장을 위한 목회자들의 신유 및 물질적 복의 강조가 또 하나의 요인이라고 할 수 있다. 기복신앙은 샤머니즘의 영향이나 교회성장을 위한 목회자들의 영향 뿐 아니라 사회적 여건도 함께 작용하여 형성되었다고 할 수 있다.[13)]

---

12) 박근원, 『한국교회 성숙론』(서울: 대한기독교출판사, 1986), p. 62.

13) 김병서, "한국교회의 종교성과 계층성 연구", 『한국사회와 기독교』(서울: 한국기독교문화연구소, 1984), p. 112.

II. 창세기의 복과 우리 복

창세기의 복과 우리의 복을 여러 각도에서 비교할 수 있다. 공통점과 차이점을 몇 가지로 정리한다.

1. 물질적 번영

창세기의 복과 우리의 복 모두 항상 물질적인 번영이 나타난다. 이러한 물질적인 복의 내용은 건강, 장수, 부귀, 다산, 평안함, 전쟁에서의 승리 등과 같은 것들이다. 인간이 살아가는 삶에 동일하게 나타나는 복들이지만 그 복을 추구하는 관점에 따라 다르게 구분되어지는 점이 있다.

첫째, 우리나라의 기복신앙은 역사의식이 결여되어 있고 이기주의적인 현세적 복인 반면, 창세기의 복 개념은 자손과 물질의 번성함을 추구하는 현세적인 면도 있지만 이웃과 더불어 살아가는 나눔과 역사성이 있고 미래에 성취될 복의 약속으로서의 미래성을 띠고 있다.

둘째, 우리나라의 기복신앙에 있어서의 복의 내용이 무병, 건강, 자손의 번영, 물질적 부요함을 강조하므로, 정신적이고 영적인 복이 없는 반면 창세기를 비롯한 구약성경의 복 내용은 구원이며, 하나님과 함께 함, 하나님의 보호와 평안, 죄 사함, 찬양과 감사 등 영적인 복을 말하고 있다. 그리고 복의 기초와 출발점을 복의 주체이신 하나님께 두었다는 점이 크게 다르다고 할 수 있다. 그러므로 성경에서의 물질적 복은 거대한 구원역사의 한 장면을 보다 구체화 시킨 것뿐이다.

셋째로, 우리나라의 기복신앙은 많이 바치면 많이 받을 수 있고 적게 바치면 적게 받는다는 신앙인 입장에서의 조건적 복이지만 창세기의 복은 하나님의 명령에 순응함에 따라 주시는 복이며 은혜의 선물이다. 왜냐하면 하나님은 우리의 선행이나 물질의 많고 적음에 관계없이 복을 주실 수도 있으시고, 주시지 않을 수도 있는 하나님이기 때문이다.

넷째로, 우리나라 기복신앙에서의 복은 철저히 개인적 차원이다. 물론 가정의 안녕을 이야기하나 그 이상을 넘지 못한다. 오히려 나 개인의 부와 안녕을 위해서는 남의 무덤까지 파헤치는 공동체성이 결여된 복이다. 그러나 성경에 나타난 복은 가정적이고 부족적 개념이면서도 공동체적이다. 또한 하나님 한 사람으로 인하여 모든 백성이 복을 받는 근원적인 복을 말하고 있다. 하나님의 복은 성전제사 때 성전에 모인 많은 무리들에게 선포되었다. 예수님도 많은 무리들에게 축사하셨다. 이것을 볼 때 기복신앙이 개인주의적이며, 개인 기복적이라면 창세기와 성경의 복은 공동체적이라 할 수 있다.

2. 복의 현세성

첫째, 우리나라의 기복신앙은 현세적이며 물질적 차원이며 조건적 투자를 통한 획득이기 때문에 그 받은 재물은 곧 나의 것이며 나의 노력을 통해서 된 것이다. 그러나 성경의 복 사상은 다르다. 하나님이 은혜로 주신 모든 것이므로 인간은 다만 선한 관리자이어야 하며 나의 것을 남을 위해 주므로 주님의 영광을 위해 사용할 수 있어야 한다는 것이다. 창세기에 족장들에게 주어진 약속의 주된 요소는 복에 대한 약속이다. 약속이 되어진 것은 어떤 특수 사건이 아니라 복의 상태인 것이다. 현세적이면서도 다분히 미래지향적인 성격이 짙다. 자손이 바다의 모래와 하늘의 별과 같을 것이라는 표현도 미래에 성취될 복을 의미하고 있다.

둘째, 우리나라의 기복신앙은 종교학적으로 "소원 성취"로서 그 수단과 방법이 큰 문제가 되지 않는다. 원하는 복을 얻기 위해서는 이기적인 동기나 방법이 허락되고 있다. 반면에, 성경의 복은 하나님의 뜻을 이루는 것이고, 하나님께서 복을 주시는 것으로 되어 있다. 따라서 복은 내 뜻과 소원을 성취하는 것이 아니라 하나님의 뜻을 따르는 것이라고 할 수 있다. 성경적 복에서 중요한 것은 하나님이 복의 근원이 되신다는 것과 그 복의 내용은 실지로 우리의 삶 속에서 섬김을 통하여 확인된다는 것이다. 우리에게 하나님을 위한, 의를 위한 고난의 모습이, 섬김의 현장이 있다면 그것이 바로 오늘 우리들의 복인 것이다.

셋째, 고난을 바라보는 시각에 따라 우리나라 기복신앙과 성경의 관점이 극명한 차이를 드러내고 있다. 우리나라 기복신앙에서 말하는 고난은 저주와 같은 개념이고 모두가 건강하고 잘되고 태평성대 하는 것이 복인 반면, 창세기를 비롯한 구약성경에서는 고난과 역경도 하나님의 은총이며 복이다. 아브라함에게 있어서 모든 것이 갖추어진 본토 친척을 떠나 아무것도 없는 황량한 곳으로의 이동은 우리나라 기복신앙 입장에서는 저주 같지만 성경에서는 이것이 복이며, 복을 향한 여정이라는 것이다. 우리나라의 기복신앙에서는 고생과 가난과 종살이를 꺼려하고 있지만 창세기에 나오는 요셉은 고생과 가난과 종살이를 통해 만민에게 복을 주는 자리에 까지 이르게 되었다. 그러므로 현재의 삶에서의 고난은 장차 나타날 영광이 되는 것이기에 고난이 복이 되는 것이다. 고난과 질병과 가난을 당할 때 우리나라의 기복신앙은 재앙을 없애는 굿을 하지만 하나님의 사람들은 그 고난과 질병과 가난을 통해 역사하시는 하나님의 큰 뜻을 찾아 인내하며 오히려 하나님께 제단을 쌓아서 하나님과 더불어 동행하는 삶을 살고자 했다.

넷째, 우리나라의 기복신앙에 있어서 복의 추구는 보응적이고 보상적인 면이 강하다. 지성이면 감천이라는 식으로 무엇인가 열심을 내고 복채를 많이 바치는 것을 통하여 복 내려 줄 것을 기대한다. 굿하는 이유가 여기에 있다. 이에 반해 성경은 하나님으로부터 무엇인가를 얻고자 함이 아니라 하나님께 무엇을 드리고 섬기고 찬양과 감사를 드림이 우선이며, 복을 받기 위함보다는 오히려 복을 베풀어주신 하나님께 감사드리는 것이 더 중요한 목적이다. 복의 조건이 아니라 복의 결과로 예배를 드린다 할 수 있다.

3. 복의 근원

창세기를 비롯한 구약성경에 나타난 복의 주체는 복의 근원으로서의 하나님이시다. 복의 수여자 역시 물론 하나님이시다. 하지만 기복신앙에서 복을 기원하는 신이 존재하기에 복을 빌지만, 사람이 신을 조정하여 신으로부터 사람의 욕구를 채워가는 사람 중심적이라 할 수 있다. 하지만 성경 거의 전체가 복의 수여자나 근원은 하나님으로 나타나 있다. 창세기 1장에서 하나님이 어떤 매개자 없이 "생육하고 번성하여 땅을 정복하라"고 복을 베풀고 아브라함에게도 하나님 자신이 복을 주실 것이라고 약속하고 있다. 그리고 인간이 축복하는 것처럼 보이는 야곱에게 행한 이삭의 축복도 복의 근원이 하나님임을 인정하고 있다. 야곱에게 받은 요셉의 축복도 야곱의 전능자의 손과 야곱의 하나님께로 말미암아 나오고 있다. 또한 제사장들이 선포하는 제의적 선포에서도 "여호와는 네게 복을 주시고 … 여호와는 그 얼굴로 네게 비취사 은혜 베푸시기를 원하며 여호와는 그 얼굴을 네게로 향하여 드사 평강주시기를 원하노라"라고 하여 복의 근원을 철저히 하나님께 두고 있다. 하나님 중심의 복 기원이다.

족장들이나, 모세나, 제사장들은 복의 근원이 아니라 "하나님으로부터 나오는 복의 인간 주재자"였던 것이다. 더 나아가서 복을 예수 그리스도의 구원의 활동으로 본다면 복의 근원은 예수 그리스도 안에서 역사하시는 하나님이다. 그래서 바울은 갈라디아에서 구약의 복의 주체이신 하나님이 신약에서도 복의 주체가 되신다고 말한다.[14] 이것은 히브리서 기자[15]나 사도행전 기자[16]도 마찬가지다. 또한 복을 예수 그리스도의 구속 사역이며 칭의라고 했을 때 복의 주체는 예수 그리스도가 될 수 있다. 여러 가지 복이 있겠으나 신구약 성경 전체를 지배하고 있는 복은 예수 안에 나타난 하나님의 구원활동이라는 것이다.

구약 전반에 나타난 물질적 복에 대한 바른 이해는 김의환에 의하면 "하나님이 아브라함을 택하시고 다시 그의 후손 이스라엘 민족을

---

14) 갈 3:8-9.
15) 히 6:13-15.
16) 행 3:25-26.

택하시고 그 민족 속에서 유다의 줄기를 좇아 그리스도를 보내서 온 세계 열방 속에서 자기 백성을 불러 모으사 하나님 나라를 완성하시는 과정에서 계시의 방법을 그 수용 수준에 따라 적용을 달리하셨다."[17]는 것이다.

하나님은 신령한 복을 가르칠 때 지상적, 초보적, 물질적 방법을 사용하셨으며, 또한 물질적 표현은 하나님이 함께 하심의 구약적 표현이요 복의 신약적 초보적 표현이라는 것이다. 어쨌든 복은 하나님의 구속 활동이며 그러므로 복의 근원은 하나님이실 뿐 아니라 그 복은 인간의 어떤 조건적 투자에 관계없는 것으로 전적으로 하나님의 권한이며 은혜의 선물임을 알아야 할 것이다. 그래서 기복 신앙에 물들어 있어 '내가 복을 누리기 위해 하나님을 이용하는' 듯한 신앙적 자세에서 복의 전적인 권한을 하나님께 돌려드리며 그 분께만 찬양과 영광을 돌려 드려야 할 것이다.

---

17) 김의환, 『성경적 축복관』(서울: 성광문화사, 1981), p. 27.

참고문헌

참고문헌

〈한글 서적〉

권성수, 성령 설교, 서울: 국제제자훈련원, 2010.

______, 신약성경 강해: 빌립보서 강해, 서울: 총신대학출판부, 1992.

김남식, 개혁주의 신학과 문화, 서울: 도서출판 베다니, 2022.

______, 시편묵상 Ⅰ-Ⅳ, 서울 도서출판 베다니, 2022.

김덕수 외 10인, 한국교회 설교분석, 서울: 두란노 아카데미, 2009.

김문조 외, 한국인은 누구인가: 38가지 코드로 읽는 우리의 정체성, 파주: 21세기북스, 2013.

김세윤, 빌립보서 강해, 개정판, 서울: 두란노서원, 2004.

김승혜, 김성례, 그리스도교와 무교, 서울: 바오로딸, 1998.

김열규 외 9인, 동북아 샤머니즘 문화, 서울: 소명출판, 2000.

김영진 발행, 칼빈 성경 주석, 서울: 성서교재 간행사, 1985.

김용남, 공자와 떠나는 행복여행, 서울: 너울북, 2010.

______, 붓다와 함께 하는 노자의 행복여행, 개정판, 서울: 너울북, 2011.

김우현, 가난한 자는 복이 있나니, 서울: 규장, 2005.

______, 애통하는 자는 복이 있나니, 서울: 규장, 2008.

______, 온유한 자는 복이 있나니, 서울: 규장, 2010.

김의환, 성경적 축복관, 서울: 성광문화사, 1981.

김이곤, 신의 약속은 파괴될 수 없다. 서울: 한국신학연구소, 1982.

김익수, 유가사상과 교육철학, 서울: 형성출판사, 1979.

김정우, 시편주석 I, 서울: 총신대학교출판부, 2005.

김중은, 구약의 말씀과 현실 I, 서울: 도서출판 한국성서학, 1996.

김태곤, 한국무속연구, 서울: 집문당, 1982.

김학규, 공자의 생애와 사상, 서울: 태양문화사, 1978.

김홍수, 한국전쟁과 기복신앙 확산 연구, 서울: 한국기독교역사연구소, 1999.

목회와 신학 편집부 엮음, 두란노 HOW 주석 시리즈: 마태복음, 어떻게 설교할 것인가, 서울: 두란노, 2003.

———, 두란노 HOW 주석 시리즈: 창세기, 어떻게 설교할 것인가, 서울: 두란노, 2003.
문상희, 한국의 샤머니즘, 왜관: 분도출판사, 1995.
박근원, 한국교회 성숙론, 서울: 대한기독교출판사, 1986.
박명수 외, 한국교회 설교가 연구, 서울: 한국교회사연구원, 2000.
박수암, 산상보훈, 서울: 대한기독교서회, 1990.
박영돈, 일그러진 한국 교회의 얼굴, 서울: 한국기독학생회출판부, 2014.
박요일, 구속사로 조망한 고린도후서, 서울: 강성위고, 2011.
———, 구속사로 조망한 빌립보서 · 골로새서 · 디도서 · 빌레몬서, 서울: 강성위고, 2011.
박일영, 무교의 이해, 서울: 사계절, 2005.
박태범, 韓國宗教研究 제2집, 서울: 서강대학교종교연구소, 2000.
서경수, "불교" 종교란 무엇인가?, 왜관: 분도출판사, 1982.
서광선 외 4인, 한국교회 성령운동의 현상과 구조, 서울: 대화출판사, 1981.
서철원, 하나님의 구속경륜, 서울: 총신대학출판부, 1996.
손진태, 조선민족설화의 연구, 서울: 을유문화사, 1947.
송병현, 엑스포지멘터리 창세기, 서울: 국제제자훈련원, 2010.
———, 엑스포지멘터리: 신명기, 서울: 국제제자훈련원, 2014.
———, 엑스포지멘터리: 여호수아, 개정판, 서울: 국제제자훈련원, 2010.
송인규, 아는 만큼 깊어지는 신앙, 서울: 홍성사, 2009.
———, 참된 복, 서울: 한국기독학생회 출판부, 1983.
신득일, 구속사와 구약주석, 서울: 기독교문서선교회, 2017.
신성남, 어쩔까나 한국교회, 서울: 신앙과 지성사, 2014.
양대연, 유학개론, 서울: 신아사, 1966.
양종승, 하늘과 땅을 잇는 사람들, 샤먼, 서울: 국립민속박물관, 2011.
유동식, 한국 무교의 역사와 구조, 서울: 연세대학교 출판부, 1997.
———, 한국문화의 상황분석, 서울: 삼성출판사, 1975.
———, 한국종교와 기독교, 서울: 대한기독교서회, 1979.
윤성범, 기독교와 한국사상, 서울: 대한기독교서회, 1977.
———, 우리 주변의 종교, 서울: 대한기독교서회, 1965.
윤이흠 외 7인, 한국인의 종교, 서울: 정음사, 1987.

이기경, 한국불교, 서울: 원광대출판부, 1973.
이동수, 계시록의 구속사적 읽기, 서울: 그리심, 2011.
______, 신약의 구속사적 읽기, 서울: 그리심, 2009.
이동원, 청중을 깨우는 강해설교, 개정판, 서울: 요단출판사, 2010.
이부영, 한국사상의 원천, 서울: 양영각, 1973.
이성희, 미래 사회와 미래 교회, 서울: 대한기독교서회, 1996.
이승호, 바울의 선교와 신학, 서울: 대한기독교서회, 2009.
이시현, 장수근, 이광규, 한국 민속학 개설, 서울: 보성문화사, 1982.
이윤근, 축복론, 서울: 성광문화사, 1993.
이장식, 한국교회의 어제와 오늘, 서울: 대한기독교서회, 1977.
이정현, 해돈 로빈슨의 설교학, 개정판, 서울: 도서출판 지민, 2008.
이한수, 이방인들의 구원과 삶을 위해 바울 사도가 쓴 러브레터, 서울: 도서출판 솔로몬, 2013.
임덕규, 언약과 그리스도의 복음, 서울: 기독교문서선교회, 2015.
장남혁, 교회 속의 샤머니즘: 한국 샤머니즘에 대한 기독교적 조명, 파주: 집문당, 2007.
장일선, 구약신학의 주제, 서울: 대한기독교서회, 1994.
______, 생명나무와 가시덤불, 서울: 전망사, 1979.
정규남, 구약신학의 맥, 서울: 도서출판 두란노, 1996.
정석규, 구조로 읽는 창세기, 서울: 프리칭 아카데미, 2006.
정승석, 간추린 불교 상식 100문 100답, 개정판, 서울: 도서출판 민족사, 2005.
정용섭, 교회 갱신의 신학, 서울: 대한기독교서회, 1980.
______, 설교란 무엇인가, 서울: 홍성사, 2011.
정우홍, (배경으로 본) 마태복음 강해(상), 서울: 그리심, 2009.
______, (배경으로 본) 마태복음 강해(하), 서울: 그리심, 2009.
정일웅, 기독교 예배학 개론, 서울: 도서출판 솔로몬, 1996.
정장복, 예배학 개론, 서울: 종로서적, 1985.
______, 한국교회의 설교학개론, 서울: 예배와 설교아카데미, 2001.
정훈택, 신약개론, 서울: 대한예수교장로회총회, 1998.
조성모, 구속사적 강해설교 & 팔복강해, 서울: 도서출판 첨탑, 2016.
차옥승, 한국인의 종교 경험 무교, 서울: 서광사, 1997.
최길성, 한국인의 조상숭배, 서울: 예전사, 1986.

최성수, "치병현상, 제사문화, 그리고 기독교", 신학과 목회, 그 뗄 수 없는 관계, 서울: 씨엠, 2001.
최정호, 복에 관한 담론: 기복사상과 한국의 기층문화, 파주: 돌베개, 2010.
최준식, 한국의 종교, 문화로 읽는다 1, 개정판, 파주: 사계절, 2015.
한국종교연구회, 세계종교사입문, 서울: 청년사, 1991.
한국철학사상연구회, 강좌 한국철학, 서울: 예문서원, 1995.
한기두, 한국불교 사상사, 서울: 원광대출판부, 1973.
한민수, 하나님의 구원역사 창세기, 서울: 그리심, 2011.
한완상, 한국교회 이대로 좋은가, 서울: 대한기독교출판사, 1992.

〈번역 서적〉

Abba, R. *Principles of Christian Worship with Special Reference to the Free Churches,* 허경삼 역, 기독교 예배의 원리와 실제, 서울: 대한기독교서회, 1974.
Allen, Ronald J. *Patterns of Preachinnng,* St. Louis: Chalice Press, 1998; 허정감 역, 34가지 방법으로 설교에 도전하라, 서울: 예배와 설교 아카데미, 2004.
Andrews, Stephen J. and Bergen, Robert D. *Holman Old Testament Commentary: I&II Samuel.* Nashville: B&H Publishing Group, 2009; 김창동 역, Main Idea로 푸는 사무엘상하, 서울: 디모데, 2011.
Archer, G. L. *A Servey of Old Testament Instruction,* 김정우 역, 구약총론, 서울: 기독교문서선교회, 1985.
Arnod, Bill T. & Beyer. Bryan E. *Encounting the Old Testament.* Grand Rapids: Baker Academic, 1998; 류근상 · 강대홍 역, 구약의 역사적 신학적 개론, 서울: 크리스찬출판사, 2009.
Aune, David E. *Word Biblical Commentary: Revelation 1-5.* Nashville: Thomas Nelson Publishers, 1998; 김철 역, WBC 성경주석: 요한계시록(상), 서울: 도서출판 솔로몬, 2003.
______. *Word Biblical Commentary: Revelation 6-16,* Nashville: Thomas Nelson Publishers, 1998; 김철 역, WBC 성경주석: 요한계시록(중), 서

울: 도서출판 솔로몬, 2004.

_____. *Word Biblical Commentary: Revelation 17-22.* Nashville: Thomas Nelson Publishers, 1998; 김철 역, WBC 성경주석: 요한계시록(하), 서울: 도서출판 솔로몬, 2005.

Baumann, Damiell J. *An Introduction to Contemporary Preaching,* Grand Rapids: Baker House Company, 1972; 정장복 역, 성공적인 설교자를 위한 길잡이, 서울: 예배와 설교 아카데미, 2008.

Berkhof, Louis. *Manual of Christian Doctrine,* 신복윤 역, 기독교 신학개론, 서울: 성광문화사, 1984.

Bruce, F. F. *1,2,3 John*; 이상원 역, 핸드릭슨 패턴 주석: 요한 1,2,3서, 서울: 아가페 출판사, 1988.

_____. *The Book of the Acts: The New International Commentary on the New Testament,* Grand Rapids: William Eerdmans Publishing Company, 1998; 김재영 · 장동민 역, F.F. 브루스 성경주석: 사도행전(하), 서울: 아가페출판사, 2014.

Cave, S. *The Christian Way,* 현영학 역, 신약성서와 윤리문제, 서울: 대한기독교서회, 1960.

Colin, W. Williams, *The Church,* 이계준 역, 교회, 서울: 대한기독교서회, 1973.

Cooper, Rodney L. *Holman New Testament Commentary: Mark,* Nashville: Broadman & Holman Publishers, 2000; 정현 역, Main Idea로 푸는 마가복음, 서울: 도서출판 디모데, 2004.

Craddock, Fred. *Preaching.* Nashville: Abingdon Press, 1985; 이우제 역, 귀납적 설교의 위대한 멘토: 크래독의 설교레슨, 서울: 도서출판 대서, 2007.

Dunn, James. *Word Biblical Commentary: Romans 1-8;* 김철 역, WBC 성경주석: 로마서(상), 서울: 도서출판 솔로몬, 2003.

Durham, John I. *Word Biblical Commentary: Exodus.* Texas: Word Books Publlisher, 1997; 손석태 · 채천석 역, WBC주석: 출애굽기, 서울: 도서출판 솔로몬, 2000.

Eliade, M. *Le Chamanisme et Les Technique Archaiques De L'extase,* 이윤기 역, 샤마니즘, 서울: 도서출판 까치, 1992.

Engle, Paul E. *Discorering the Fullness of Worship,* 정광욱 역, 예배학, 서울: 나침반, 1988.

Evans, Craig A. *Word Biblical Commentary: Mark 8:27+16:20.* Nashville: Thomas Nelson Publishers, 2001; 김철 역, WBC 성경주석: 마가복음(하), 서울: 도서출판 솔로몬, 2002.

Ezell, Rick. *Hitting A Moving Target: Preaching to the Changing Needs of Your Church,* Grand Rapids: Kregel Publications, 1999; 민병남 역, 설교, 변하는 청중을 사로잡으라, 서울: 생명의 말씀사, 2004.

Greidanus, Sydney. *Preaching Christ from Genesis,* Grand Rapids: William Eerdmans Publishing Company, 2007; 강성주 & 조호진 역, 창세기 프리칭 예수, 서울: 기독교문서선교회, 2010.

Guelich, Robert A. *Word Biblical Commentary: Mark 1-8:26.* Grand Rapids: Zondervan Publishinng House, 1989; 김철 역, WBC 성경주석: 마가복음(상), 서울: 도서출판 솔로몬, 2001.

Hager, Donald A. *Word Biblical Commentary: Matthew 1-13.* Dallas: Word Books, 1995; 채천석 역, WBC 성경주석: 마태복음(상), 서울: 도서출판 솔로몬, 1999.

———. *Word Biblical Commentary: Matthew, vol. 33A,* Dallas: Word Book, 1993; 채천석 역, WBC 성경주석: 마태복음(하), 서울: 도서출판 솔로몬, 2000.

Hanegraff, Hank. *Christianity in Crisis: 21st Century.* Nashiville: Thomas Nelson Publisher, 2009; 김성웅 역, 바벨탑에 갇힌 복음, 서울: 새물결플러스, 2010.

Hawthrne, Gerald F. *Word Biblical Commentary: Philippians,* Grand Rapids: Zondervan Publishing House, 1982; 채천석 역, WBC 성경주석: 빌립보서, 서울: 도서출판 솔로몬, 1999.

Hodge, A. A. *The Confession of Faith: A Handbook of Christian Doctrine Expounding The Westminster Confession.* London: The Banner of Truth Trust, 1964; 김종흡 역, 웨스트민스터 신앙고백 해설, 서울: 크리스챤다이제스트, 1996.

Holladay, William L. *A Concise Hebrew and Aramaic Lexicon of the Old Testament,* Grand Rapids: E.J. Brill and Wm. B. Eerdmans

Publishing Co., 1971; 손석태 역, 구약성경의 간추린 히브리어, 아람어 사전, 서울: 도서출판 솔로몬, 1994.

Jakes, T. D. *Six Pillars From Ephesians,* Grand Rapids: Baker Book House, 2003; 김유태 역, 부자 하나님의 부자 자녀들, 서울: 순전한 나드, 2005.

Kittel, Gerhard and Friedrich, Gebard. *Theological Dictionary of the New Testament,* Grand Rapids: William B. Eerdmans Publishing Company, 1985; 번역위원회 역, 킷텔 단권 신약원어 신학사전, 서울: 요단출판사, 1986.

Klein, Ralph W. *Word Biblical Commentary: I Samuel,* Texas: Word Books Publisher, 1983; 손석태 · 채천석 역, WBC 주석: 사무엘상, 서울: 도서출판 솔로몬, 2004.

Lischer, Richard. *Theories of Preaching,* New York: The Labyrinth Press, 1987; 정장복 역, 설교신학의 8가지 스펙트럼, 서울: 예배와 설교 아카데미, 2011.

Lloyd-Jones, Martyn. *True Happiness.* Bridgend: Bryntirionn Press, 1997; 원광연 역, 의인의 길, 죄인의 길, 서울: 도서출판 솔로몬, 1999.

______. *Sudies in the Mount, Vol. 1. 2,.* Grand Rapids: Eerdmans Publishing, 1959; 정정숙 역, 산상복음 강해설교, (上), (下), 서울: 세종문화사, 1975.

MacArthur, John. *The Only Way To Happiness,* Chicago: Moody Press, 1998; 전의우 역, 팔복, 서울: 생명의 말씀사, 2000.

Maclaren, Aexander, *Exposition of Holy Scripture: 1 Perter to Revellation,* Grand Rapids: William Eerdmans Publishing Company, 1959; 정충하 역, 맥클라렌 강해설교: 베드로전서-요한계시록, 고양: 크리스챤다이제스트, 2014.

Martin, Ralph P. *Word Biblical Commentary: 2 Corinthians.* Nashiville: Thomas Nelson Publishers, 1986; 김철 역, WBC 성경주석: 고린도후서, 서울: 도서출판 솔로몬, 2007.

McDoWell, J. Stewart, D. *Understanding Nonchristian Religions,* 이호열 역, 이방종교, 서울: 기독지혜사, 1989.

Miller, Calvin. *Communicator.* Nashville: Broadman & Holman Publishers, 1994; 최예자 역, 청중을 사로잡는 설교자, 서울: 프리셉트,

2006.
Milton. J. P. *God's Covenant of Blessing,* 이군호 역, 하나님의 축복의 언약, 서울: 컨콜디아사, 1982.
Murray, Aandrew. *Covenants and Blessing,* 송광택 역, 언약과 축복, 서울: 생명의 말씀사, 1991.
O'Brien, Peter T. *Word Biblical Commentary: Colossians, Philemon*. Nashiville: Thomas Nelson Publishers, 1982; 정일오 역, WBC 성경주석: 골로새서 · 빌레몬서, 서울: 도서출판 솔로몬, 2008.
Osborne, Grant. *Life Appllication Bible Commentary: Acts*. Illinois: Tyndale House Publishers, 1996; 김일우 · 임미영 역, 적용을 도와주는 사도행전, 서울: 한국성서유니온선교회, 2003.
_____. *Exegetical Commentary on the New Testament: Matthew*. Grand Rapids: Zondervan, 2010; 김석근 역, 존더반 신약주석: 강해로 푸는 마태복음, 서울: 도서출판 디모데, 2015.
_____. *Life Application Bible Commentary: Mark* II: Illinois: Tyndale House Publishers, 2001; 박대영 역, 적용을 도와주는 마가복음(상), 서울: 한국성서유니온선교회, 2002.
_____. *Life Application Bllble Commentary: Mark* II: Illinois: Tyndalle House Publishers, 2001; 박대영 역, 적용을 도와주는 마가복음(하), 서울: 한국성서유니온선교회, 2003.
Osteen, Joel. *Daily Readings from Your Best Life Now*. Brentwood: Warmer Faith, 2005; 정정묵 역, 긍정의 힘 성공편, 서울: 두란노서원, 2007.
Pieterse, H. J. C. *Communicative Preaching*. Pretoria: University of South Africa, 1991; 정창균 역, 청중과 소통하는 설교, 수원: 합동신학대학원대학교출판부, 2009.
Pink, Arthur. *The Beatitudes and the Lord's Prayer*. Gapids: Baker Book House, 1995; 유관재, 최영희 역, 예수님의 기도와 여덟 가지 축복, 서울: 도서출판 누가, 2004.
_____. *An Exposition of the Sermon on the Mount*. Grand Rapids: Baker Book House, 1982; 지상우 역, 산상수훈 강해, 고양: 크리스찬 다이제

스트, 2010.

Piper, John. *The Pleasures of God*. Colorado: Multnomah Books, 2000; 이상준 역, 하나님의 기쁨, 서울: 두란노서원, 2013.

Robinson, Hadon and others. *Mastering Contemporary Preaching*. Portland: Multnomah Press, 1989; 김진우 역, 현대설교, 어떻게 할 것인가?, 서울: 도서출판 횃불, 1992.

Smalley, Stephen S. *Word Biblical Commentary: 1,2,3 John*. Texas: Word Books, 1984; 조호진 역, WBC 주석: 요한 1,2,3서, 서울: 도서출판 솔로몬, 2005.

Smith, W. C. *The Meaning and End of Religion,* 길희성 역, 종교의 의미와 목적, 왜관: 분도출판사, 1991.

Sproul, R. C. *The Promises of God*. Colorado: David C. Cook Publishing, 2013; 김태곤 역, 언약: 철회할 수 없는 하나님의 은혜, 서울: 생명의 말씀사, 2013.

Stassen, Glen. *Living the Sermon on the Mount*. San Francisco: Jossey-Bass Publlishers, 2006; 박지은 역, 산상수훈으로 오늘을 살다. 서울: 국제제자훈련원, 2009.

Stott, John. *The Message of Acts: To the Ends of the Earth,* London: Inter Varsity Press, 1990; 정옥배 역, 사도행전 강해: 땅 끝까지 이르러, 서울: 한국기독교학생회, 1992.

Strecker, Georg. *Die Bergpredigt: Ein Exegetischer Kommentar,* 전경연 · 강한표 역, 산상설교–그 신학적 해석, 서울: 대한기독교서회, 1992.

Sumanasara, Alubomulle. *Buddha;* 한성례 역, 붓다의 행복론, 서울: 민족사, 2009.

Swindoll, Charles R.; 이종록 역, 찰스 스윈돌 성경연구 1: 사도행전, 개정판, 서울: 두란노, 1997.

Vigeveno, H. S. *13 Men Who Changed the World,* Delight: Gospel Light Publishers, 1986; 백도기 역, 세계를 변화시킨 13인, 서울: 홍성사, 1992.

Webber, R. E. *Worship Old and New,* 예배학, 김지찬 역, 서울: 생명의 말씀사, 1988.

Wenham, Gordon J. *Word Biblical Commentary: Genesis 1-15*.

Nashville: Thomas Nelson Inc, 1987; 박영호 역, WBC 주석: 창세기 (상), 서울: 두란노, 2000.

_____. *Word Biblical Commentary: Genesis 16-50*. Nashville: Thomas Nelson Inc, 1994; 윤상문 · 황수철 역, WBC주석: 창세기(하), 서울: 두란노, 2003.

Westermann, C. *Blessing in the Bible and the Life of the Church,* 성서와 축복, 장일선 역, 서울: 대한기독교서회, 1979.

Wilfred Cantwelll Smith, *The Meaning and End of Religion,* 길희성 역, 종교의 의미와 목적, 왜관: 분도출판사, 1991.

Williamson, Lamar. *Interpretation A Bible Commentary for Teaching and Preaching: Mark,* Louisville: John Knox Press, 1983; 소기천 역, 목회자와 설교자를 위한 주석: 마가복음, 서울: 한국장로교출판사, 2001.

Wright, Thomas. *Acts for Everyone(part 2)*. Louisville: Westminster John Knox Press, 2008; 양혜원 역, 모든 사람을 위한 사도행전 II부, 서울: 한국기독학생회출판부, 2012.

Young, Richard. *The Rise of Lakewood Church and Joel Osteen*. New Kensington: Whitaker House, 2007; 정성묵 역, 조엘 오스틴과 레이크우드 교회 이야기, 서울: 긍정의 힘, 2009.

〈외국 서적〉

Alubomulle Sumanasara, *Budda,* Tokyo: Chikumashobo, 2008.

Brander, B. G. *Staring into Chaos: Explorations in the Decline of Western Civilization,* Dallas: Spence Publishing Company, 1988.

Bruce K. *Genesis,* Grand Rapids: Zondervan, 2001.

Butler, Trent C. *Word Biblical Commentary: Joshua 1-12*. Grand Rapids: Zondervan, 2014.

Craddock, Fred B. *Interpretation: A Bible Commentary for Teaching and Preaching: Philippians*. Atlanta: John Knox Press, 1985.

Dumbrell, W. J. *The Fourth of Israel: A Theological Survey of the Old Testament,* Grand Rapids: Baker Academic, 2002.

Eliade, Mircea. *Shamanism: Archaic Techniques of Ecstasy*. Princeton: Bollingen Paperback Printing, 1972.

_____. *Shamanism, Techrique of Ecstasy,* New York: Princeton University Press, 1964.

Evans, Craig A. *Matthew*. New York: Cambridge University Press, 2012

Fernando, Ajith. *The NIV Application Commentary: Acts*. Grand Rapids: Zondervan Publishing House, 1998.

Fokkelman, J. P. *Narrative Art In Genesis: Specimens of Stylistic and Structural Analysis*. Orgen: Wepf and Stock Publishers, 2004.

Gaebelein, Frank E. *The Expositor's Bible Commentary: Isaiah-Ezekiel*. Grand Rapids: Zondervan Publishing House, 1986.

Guthrie, D. *New Testament Theology,* Downers Grove: Inter-varsity Press, 1981.

Hahn, W. *Worship and the Congregation,* Lousville: John Knox Press, 1963.

Hamilton, Victor P. *The Book of Genesis Chapters 1-17*. Grand Rapids: William B. Eerdmans Publishing Company, 1987.

Harbin, Michaell A. *The Promise and the Blessing,* Grand Rapid: Zondervan, 2005.

Harris, R Laird. Gleason L. Archer Jr. & Waltke, Bruce K. *Theological Wordbook of the Old Testament,* vol. 1, Chicago: Moody Press, 1981.

Hauerwas, S. *Vision and Virtue: Essay on Christian Ethica Reflection,* Notre Dame, Ind.: Fides/ Clartian, Publishers, 1974.

Hawthorne, Gerald F. *Word Biblical Commentary: Philippians*. Texas: Word Books, 1983

Hiebert, P. G. *Cultural Anthropology,* Grand Rapids: Baker Book House, 1983.

Hill, David. *The Gospel of Matthew: The New Century Bible Commentary*. Grand Rapids: Eerdmans Publishing, 1984.

Hoffmann, H. *Symbolik der Tkbetischen Religionen und des Schananismus,* Munchen: Anton Hiersemann Stuttgart, 1967.

Hultkrantz, A. *The Pace of Shamanism in the History of Religions, Shamanism: Past and Present,* Budapest: Ethnographic Institute, 1989.

Kraft, Charles H. *Appropriate Christianity.* Pasadena: William Carey Library, 2005.

Kraus, H. J. *Psalms 1-59,* Minneapolis: Augsburg Pub. House, 1988.

Mitchell, C. W. *The Meaning of brk "to bless" in the Old Testament,* Georgia: Scholars Press, 1987.

Mitton, Leslie. *Ephesians: The New Century Bible Commentary.* London: Marshall, Morgan & Scott Publishing, 1981.

Murtomen, A. & Mowvley, H. *The Concept and Content of Blessing in the Old Testament,* Guildford: Lutterworth, 1979.

Niebuhr, H. R. *Christ and Culture,* New York: Harper and Row, Publichers, 1951.

_____. *The Church Against the World,* Chicago: Clark and Company, 1935.

_____. *The Meaning of Revelation,* New York: The Macmillan Company, 1941.

_____. *The Purpose of the Church and its Ministry,* New York: Harper and Row, Publishers, 1956.

Osborne, Grant R. *Exegetical Commentary on the New Testament: Matthew.* Grand Rapids: Zondervan, 2010.

Pedersen, J. *Israel: Its and Culture,* vols 1(pp. 1-259), 2(pp. 263-546), London: Oxford University Press, 1959.

Siikala, A. *Siberian and Inner Asian Shamanism Studies on Shamanism, Studies on Shamanism,* Helsinki: Finnish Anthropological Society, 1992.

Strong, James. S*trong's Exhaustive Concordance of the Bible.* Boston: Hendrickson Publishers, 2005.

Tillich, P. *Theology of Culture,* London: Oxford University Press, 1967.

Troeltch, E. *The Social Teaching of the Christian Churches,* New York: Harper Torchbooks The Cloister Library, 1960.

Unger, Merrill F. *The New Unger's Bible Dictionary*. Chicago: Moody Press, 2011.

Waltke, Bruce K. *Genesis*. Grand Rapids: Zondervan, 2001.

Walvoord, John. and Zuck, Roy. *The Bible Knowledge Commentary: New Testament*. Illinois: Victor Books, 1983.

______. *The Bible Knowledge Commentary: Old Testament*. Illinois: Victor Books, 1985.

Wenham, Gordon J. *Word Biblical Commentary: Genesis 1-15*. Texas: Word Books Publisher, 1987.

Westermann, C. *Blessing in the Bible and the Life of the church,* New York: Fortress Press, 1978.

Williamson, Lamar. *Interpretation A. Bible Commentary for Teaching and Preaching: Mark,* Louisville: John Knox Press, 1983.

Wright, N. T. *Jesus and the Victory of God,* London: Biddles Ltd, 1996.

Young-Dong, Kim. *Der Schamanismus und das Christentum in Korea,* Ammersbek bei Hamburg: Verlag an der Lottbek 1993.

〈논문〉

1. 학술지

강사문, "복에 대한 성서적 이해", 「목회와 신학」, 제23집(1991).

강춘오, "복(福)과 축복(祝福)", 「풀빛 목회」, 1984년 11월호.

김기곤, "샤머니즘이 한국인의 기독교 신앙에 끼친 영향", 「삼육대학 논문집」, 제14집(1982).

김병서, "한국교회의 종교성과 계층성 연구", 「한국사회와 기독교」, 서울: 한국기독교문화연구소, 1984

김영운, "샤머니즘을 극복하자: 나눔과 섬김의 영성으로", 「월간목회」(2001년 7-9월).

김의환, "성경적 축복관 1", 「신학지남」, 190호(1981. 봄).

______, "성경적 축복관 2", 「신학지남」(1981. 여름).

김인회, "무속과 외래종교", 「자유」(1986. 1.).

김정준, "성서에 나타난 복", 「새생명」(1979. 2.).
김중기, "복의 근원과 가치론적 분석", 「기독교사상」 통권 33호(1980년).
라은성, "번영신학 바로보기", 「월간 프리칭」 (2008년 9월).
류응렬, "설교에서의 기복신앙, 무엇이 문제인가", 「월간목회」 통권 418호(2011년 6월).
류장현, "번영신학에 대한 신학적 비판", 「신학논단」 (2010년 8월).
문상희, "샤머니즘과 한국교회", 「새생명」(1969. 7.).
박원근, "예배에서의 기복신앙, 무엇이 문제인가", 「월간목회」 통권 418호(2011년 6월).
박은규, "한국 그리스도인의 의식구조", 「神學思想」(1983. 여름).
박일영, "그리스도교에서 본 무속신앙", 「종교신학연구」, 제7집(1994).
———, "무교적 관점에서 본 그리스도교", 「신학과 사상」(1995. 12.).
박진석, "한국교회 부흥을 위한 설교 분석과 그 대책", 「월간 목회」 통권 405호(2010년 5월).
서철원, "설교의 초점-하나님 중심적 설교", 「월간목회」 통권 413호(2011년 1월).
선순화, "무교에 대한 기독교 윤리적 평가", 「基督敎思想」, 제456호(1996. 12.).
성종현, "기독교와 한국 재래종교에 대한 성서적 조명", 「神學思想」, 제91집(1991. 12.).
소광희, "종교와 기복의 문제", 「철학과 현실」 통권 92호(2012년 3월).
신성종, "신약성경이 말한 축복이란 어떤 것인가", 「월간목회」 통권 391호(2009년 3월).
안영복, "참된 예배의 성격과 방법", 「월간 고신」(1982. 8.).
오성춘, "구약성경이 말한 축복이란 무엇인가", 「월간목회」 통권 391호(2009년 3월).
유동식, "토속신앙에 나타난 복의 이해", 「基督敎思想」, 1977. 1.
은준관, "예배의 본질과 형식에 대한 현대적 반성", 「基督敎思想」(1972. 7.).
이만식, "바른 신학 균형목회를 위한 한국 기독교 문제에 관한 실태조사", 「월간목회」 통권 405호(2010년 5월호).
이문장, "한국인의 기복적 성향을 어떻게 볼 것인가", 「목회와 신학」, 제126호(1999. 12.).
이상호, "바울의 윤리", 「신학논단」, 제8집(1964).
이윤재, "그리스도가 증발된 설교, 그 문제점", 「월간목회」 통권 403호(2010년 3월).
———, "크리스천 윤리의식 속의 기복신앙, 무엇이 문제인가", 「월간목회」 통권 418호(2011년 6월).
이형기, "종교개혁", 「神學思想」, 1984. 9.
이호형, "한국교회의 예배: 문제점과 개혁을 위한 방향", 「基督敎思想」, 1997. 10.
장수근, "한국 민간신앙의 조상숭배: 유교 이전의 전승 자료에 대하여", 「문화인류학 15」한국문화인류학회, 1983.
정성구, "설교, 왜 그리스도 중심인가: 성경에서 그리스도가 왜 중요한가", 「월간목회」, 2001년 3월.
정진경, "한국교인의 복개념", 「基督教思想」(1977).
정진홍, "기독교와 무속", 「基督教思想」제456호(1996. 12.).
정훈택, "신약성경에 나타난 복 있는 사람들", 「목회와 신학」 통권 126호(1999년 12월).
정희수, "무속과 그리스도 세계관의 유비", 「基督教思想」제456호(1996. 12.).
조홍식, "한국 기독교 문제 분석과 그 대책", 「월간목회」 통권 405호(2010년 5월).
최갑종, "샤머니즘이란 무엇인가: 무당과 굿 그리고 한국교회", 「월간목회」(2001년 7-9월).
최성수, "조상제사가 갖는 신학적인 문제", 「基督教思想」제478호(1998. 10.)
현요한, "복의 신학", 「장신논단」 제18집(2002).
Wagner, P. "기복주의의 함정을 피하는 법", 「목회와 신학」, 제32호(1992. 2.).

2. 학술발표

김진규, "아브라함의 복의 3중적 의미와 현대 설교에의 적용", 개혁신학회 학술대회, 경향교회, 2012년 10월 13일.
김추성, "마태복음 5장 1-12절에 나타나고 있는 복의 개념 연구에 대한 논평", 제6회 개혁주의 설교학회 학술대회, 영동중앙교회, 2014년 11월 24일.
양우석, "천국백성의 복을 어떻게 설교할까?: 팔복을 성경신학적으로 설교하기", 제6회 개혁주의 설교학회 설교학 학술대회, 영동중앙교회, 2014년 11월 24일.
이우제, "하나님 나라 관점으로 바라본 '차별화 된 복의 선언' 으로써의 팔복에 대한 이해", 제6회 개혁주의 설교학회 설교학 학술대회, 영동중앙교회, 2014년 11월 24일.
정규훈, "동양종교의 '축복' 개념 고찰", 제6회 개혁주의 설교학회 설교학 학술대회, 영동중앙교회, 2014년 11월 24일.
정우홍, "마태복음 5장 1-12절에 나타나고 있는 복의 개념 연구", 제6회 개혁주의 설교학회 설교학 학술대회, 영동중앙교회, 2014년 11월 24일.

3. 학술지

김영일, "한국인의 무속적 축복사상: 성경의 축복사상과 비교하여", 미간행 석사학위논문, 장로회신학대학교, 1990.

김호진, "한국교회 축복신앙의 무교적 영향과 기독교 교육적 극복 방안", 종교교육학석사학위, 연세대학교, 2006.

김홍수, "한국전쟁의 충격과 기독교회의 기복신앙 확산에 관한 연구", 종교학박사학위, 서울대학교, 1998.

박영식, "기독교 신앙의 샤머니즘적 요소와 호주 한인교회 목회", 기독교학박사학위, 한남대학교, 2014.

방재홍, "무속신앙이 한국교회 축복관에 미친 영향", 선교대학원석사학위, 고신대학교, 2005.

이병권, "히브리서에 나타난 '안식' 연구(히 4:1-13을 중심으로)", 신학박사학위, 웨스트민스터신학대학원대학교, 2015.

이재정, "구약의 복(바라크)에 관한 연구", 구약신학석사학위, 목원대학교, 2007.

이종춘, "조용기 목사의 설교 속에 나타난 무속적 기복 사상 탐구", 실천신학석사학위, 감리교신학대학교, 1999.

임은지, "산상수훈에 나타난 예수님의 가르침: 마태복음 5장 팔복 중심으로", 신약신학석사학위, 대신대학교, 2014.

정광야, "한국교회 부흥에 대한 샤머니즘적 문제점과 대안", 실천신학석사학위, 대신대학교, 2014.

정해윤, "한국교회의 기복신앙 분석과 목회적 대처 방안", 실천신학석사학위, 목원대학교, 2008.

조기제, "산상수훈에 나타난 복의 의미 연구: 마태복음 5:3-12을 중심으로", 신약신학석사학위, 대신대학교, 2007.

조영석, "한국 무속신앙의 복과 성경의 복 비교 연구", 미간행 석사학위논문, 아세아연합신학대학교, 1997.

최성남, "기복신앙에 대한 성경적 연구", 목회학석사학위, 칼빈대학교, 2004.

〈백과사전〉

기독교대백과사전, 제7권, 서울: 기독교문사, 1982.

_____, 제8권, 서울: 기독교문사, 1983

두산세계대백과사전, 서울: 두산동아, 컴퓨터 파일.

종교학대사전, 서울: 한국사전연구사, 2000.

이연상 발행, 브리태니커세계대백과사전 v.11, 서울: 삼화인쇄, 1993.

_____, 브리태니커세계대백과사전 v.15, 서울: 삼화인쇄, 1993.

종교학사전 편찬위원회 편, "연기", 종교학대사전, 2000.

옥스퍼드 원어성경대전, 서울: 제자원, 2005.

도서출판 베다니는 "성경은 정확무오한 하나님의 말씀으로 신앙과 생활의 유일한 규범"이란 원리를 바탕으로 기독교적 세계관의 정립과 확산을 위해 노력한다. 예수님께서 베다니에서 가난하고 병든 자들을 위해 사역하시고 말씀을 가르치신 것을 본받아 이 땅에 하나님의 나라를 확장하며 하나님의 주권을 선포하는 데 최선을 다한다.

*120

혜강문집 · 23

하나님이 주신 복과 우리의 복된 삶

지은이 • 김남식

내는이 • 김성혜

내는 곳 : 도서출판 **베다니**

등록번호 : 제1-1363호
서울 강남구 테헤란로 19길 20(역삼동)
(02) 567-2911 / FAX 567-2912
홈페이지 : www.kicm.org
이메일 : kicm69@hotmail.com

2022. 2. 10 제1판 1쇄 인쇄
2022. 2. 15 제1판 1쇄 발행

값 15,000원

ISBN 978-89-8305-120-2 03230